MIGUEL CALATAYUD

TRÀNSIT IL·LUSTRAT

Centre del Carme, València
28.07.2023 - 12.11.2023

Lonja del Pescado, Alicante
10.07.2024-08.09.2024

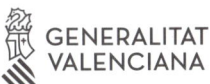 GENERALITAT VALENCIANA CONSORCI DE MUSEUS DE LA COMUNITAT VALENCIANA 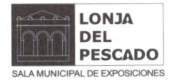 LONJA DEL PESCADO — SALA MUNICIPAL DE EXPOSICIONES 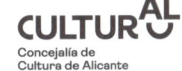 CULTURAL — Concejalía de Cultura de Alicante

CONSELL GENERAL DEL CONSORCI DE MUSEUS DE LA COMUNITAT VALENCIANA

President d'honor
Carlos Arturo Mazón Guixot
President de la Generalitat

Presidente
Vicente José Barrera Simó
Vicepresidente Primero y
Conseller de Cultura y Deporte

Vocales
Paula Añó Santiago
Secretaría Autonómica de Cultura
y Deporte

Antonio Pérez Pérez
Presidente de la Diputación
Provincial de Alicante

Marta Barrachina Mateu
Presidenta de la Diputación
Provincial de Castellón

Vicente Jóse Mompó Aledo
Presidente de la Diputación
Provincial de Valencia

Luis José Barcala Sierra
Alcalde de Alicante

Begoña Carrasco García
Alcaldesa de Castellò de la Plana

María José Catalá Verdet
Alcaldesa de València

Dolors Pedrós Company
Presidenta del Consell Valencià de
Cultura

Secretaria
Virginia Jiménez Martínez
Subsecretaria de la
Vicepresidencia Primera y
Conselleria de Cultura y Deporte

Dirección - Gerencia
Nicolás S. Bugeda i Cabrera

CONSORCI DE MUSEUS DE LA COMUNITAT VALENCIANA

Dirección - Gerencia
Nicolás S. Bugeda i Cabrera

Jefe de unidad de coordinación museística
Ignacio Ubeda Amago

Coordinación de exposiciones
Lucía González Menéndez
Isabel Pérez Ortiz
Vicente Samper Embiz

Programas públicos
Eva Doménech López

Educación y mediación
José Campos Alemany

Jefa de Soporte Gestión Publicaciones
Claudia Hernández Pérez

Administración
Rosario Campos Saborido
Antonio Martínez Palop
Ana I. Moreno Miñana
Germà Sánchez Eslava
Teresa Soto Ortego
Ana Viña Sanchis

Secretaria de dirección
Francisca Pérez Royo

EXPOSICIÓ

Organització
Consorci de Museus de la
Comunitat Valenciana

Centre del Carme

Lonja del Pescado de Alicante

Comissariat
Felipe Hernández Cava
Loreto Rodríguez Pellicer

Coordinació de l'exposició
Tatiana Muñoz López (València)
Eva Doménech López (Alicante)

Disseny expositiu
La f@ctoria_innovació
i disseny (València)
WalkThimk Studio (Alicante)

Disseny gràfic
demartes estudio (València)
WalkThimk Studio (Alicante)

Transport, muntatge i il·luminació
Espais d'Art (Valencia)
JoseArte (Alicante)

Producció retolació
Cambaluc

Pintura sala
Sebastián López Valero

Emmarcació originals
Tapinearte

Reproducció fotogràfica
Nómada Producción

Gráfica Muntatge audiovisual
Sara Cortés

Assegurances
One Underwriting

Difusió comunicació
Belén Fernández

Difusió xarxes
Eva Rausell
Paula Sahuquillo
Alejando Vidal

CATÀLEG

Textos
Miguel Calatayud
Julio Camba
Américo Castro
Paul Cezanne
Flaubert
Felipe Hernández Cava
Josep Pla
Loreto Rodriguez Pellicer

Coordinació de la publicació
Tatiana Muñoz López
Susana Vilaplana Sanchis
Eva Doménech López

Disseny gràfic i maquetació
demartes estudio

Fotografia
Paco Benedito (P. 152)
Juan R. Peiró (P. 15, 22, 23, 44, 62, 68, 69, 76, 77, 94, 110, 111, 116, 132, 133, 148)
Marta Rodríguez (P. 8, 9)

Traducció al valencià
Maria Delfina Lloret Galiana

Impressió i enquadernació
Nómada Producción Gráfica

Distribució
Llig – Llibreria de la Generalitat
Valenciana

ISBN: 978-84-482-6986-9

Depòsit Legal: V-2538-2024

Obra portada:
Autocaricatura de Miguel
Tinta i aquarel·la sobre paper
Tinta y acuarela sobre papel
21 x 29,7 cm

El Centre del Carme Cultura Contemporània ha dedicat una exposició a Miguel Calatayud (Aspe, Alacant, 1942) amb el títol de "Miguel Calatayud. Trànsit Il·lustrat", que, com el títol indica, pretén fer un recorregut per una de les moltes facetes d'aquest creador polifacètic (dissenyador, cartellista, historietista...): la d'il·lustrador. I més concretament la d'il·lustrador aquests últims vint anys, amb una doble vessant: la dirigida a un públic infantil, encara que les mateixes coordenades del seu treball depasse de llarg els límits d'aquest qualificatiu, i la dirigida explícitament a un públic adult. El projecte està comissariat per Felipe Hernández Cava i Loreto Rodríguez, amb la implicació de l'artista mateix.

En cap moment del seu desenvolupament la iniciativa s'ha plantejat com un homenatge en què es done compte d'un quefer vinculat al passat, sinó com l'acotació d'un trànsit obert a la seua projecció en el futur que permeta per igual als responsables i a l'autor fer una revisió de diverses de les línies mestres, sovint poc o superficialment examinades, que fan del seu personal llenguatge un dels més interessants del dibuix internacional, sancionat entre nosaltres, a diferència del que sol ser habitual, amb la consecució en tres ocasions del Premi Nacional d'Il·lustració, com també de molts altres reconeixements (un dels més recents, la Distinció al Mèrit Cultural de tota una vida que concedeix la Generalitat Valenciana).

Més de 220 originals, i un bon grapat de reproduccions, diverses de les quals ampliades, a més d'esbossos i imatges projectades, es van aplegar per a convidar l'espectador a desentranyar unes imatges complexes, cadascuna en si mateixa un artefacte artístic, carregades d'un significat últim en què fins als més petits detalls compleixen la funció d'erigir una dignificació de la visió, tan sovint pervertida per elements aliens a la pràctica artística (com, per exemple, la moda, un dels que més evidentment ha enterbolit les nostres mirades).

Esperonat per algunes pistes que se li brindaven, aquest espectador, seduït per una cosmogonia que incita amb la utilització carnal que fa del color a la celebració dels sentits, fet que realça el disseny expositiu, és convidat a una resposta reflexiva sobre els secrets de la contemplació, tan necessitada de temps i de calma.

Miguel Calatayud, i per això també el títol de l'exposició, ha sigut i és un dels exemples més evidents que el projecte modern, sorgit a recer de la Il·lustració, no sols no està liquidat, sinó que, en tant que aconsegueix resistir-se a les pressions passatgeres, evidenciat en l'etern apogeu i caiguda de les avantguardes, pot ser i estar perennement present.

Davant l'anèmia gràfica que ho envaeix tot, les petjades d'aquest artista són les d'algú que, exposat a la realitat, ha sabut anar més enllà de la imaginació buscant una revelació de la qual ell mateix fora el primer sorprés.

Instal·lat a l'interior de cadascun d'aquests dibuixos, des d'on sorgeixen els seus propis eixos d'equilibri i ruptura, la poètica libèrrima de Calataiud expressa com poques un temps transparent en el qual, per moments, semblara que la seua vida mateix, i la mateixa sang que circula per cadascuna de les seues línies, fa d'ell algú condemnat voluntàriament a insistir a posar en escac les fórmules merament decoratives. Algú, fet i fet, conscient que l'originalitat té el seu fonament, com el nom indica, a tendir conscientment cap als orígens fins al caire de la total preocupació.

Sí que inclou, però, un petit homenatge aquesta mostra en tant que se celebra a la Sala Carlos Pérez, mort l'any 2013, que, des de la seua condició de conservador en el MUVIM i de gestor cultural va ser una de les figures capitals per al coneixement i la divulgació de la cultura gràfica a València, i que impulsara fa dotze anys a un major coneixement de Miguel Calatayud amb una prolixa exhibició del seu treball al llarg de quatre dècades en les quals el nom del nostre creador va estar associat a la renovació d'una llibertat segrestada per una prolongada postguerra i a la necessitat, secundat per igual en l'Alta i la Baixa Cultures, d'establir les bases d'un imaginari pactat en primera i solemne instància amb l'obra mateixa.

El Centre del Carme Cultura Contemporània ha dedicado una exposición a Miguel Calatayud (Aspe, Alicante, 1942) con el título de *"Miguel Calatayud. Trànsit Il·lustrat"*, que, como el título indica, pretende hacer un recorrido por una de las muchas facetas de este creador polifacético (diseñador, cartelista, historietista...): la de ilustrador. Y más concretamente la de ilustrador en estos últimos veinte años, con una doble vertiente: la dirigida a un público infantil, aunque las propias coordenadas de su trabajo rebasen con mucho los límites de ese calificativo, y la dirigida explícitamente a un público adulto. El proyecto está comisariado por Felipe Hernández Cava y Loreto Rodríguez, con la implicación del propio artista.

En ningún momento de su desarrollo la iniciativa se planteó como un homenaje en el que se diera cuenta de un quehacer vinculado al pasado, sino como la acotación de un tránsito abierto a su proyección en el futuro que permitiera por igual a los responsables y al autor una revisión de varias de las líneas maestras, a menudo poco o superficialmente examinadas, que hacen de su personal lenguaje uno de los más interesantes del dibujo internacional, sancionado entre nosotros, a diferencia de lo que suele ser habitual, con la consecución en tres ocasiones del Premio Nacional de Ilustración, así como de otros muchos reconocimientos (uno de los más recientes, la Distinción al Mérito Cultural de toda una vida que concede la Generalitat Valenciana).

Más de 220 originales, y un buen número de reproducciones, varias de ellas ampliadas, amén de bocetos e imágenes proyectadas, se sumaron para invitar al espectador a desentrañar unas imágenes complejas, cada una de ellas en sí misma un artefacto artístico, cargadas de un significado último en el que hasta los más pequeños detalles cumplen la función de poner en pie una dignificación de la visión, tan a menudo pervertida por elementos ajenos a la práctica artística (como, por ejemplo, la moda, uno de los que más evidentemente ha enturbiado nuestras miradas).

Acicateado por algunas pistas que se le brindaban, ese espectador, seducido por una cosmogonía que incita con su utilización carnal del color a la celebración de los sentidos, lo que realza el diseño expositivo, es invitado a una respuesta reflexiva sobre los entresijos de la contemplación, tan necesitada de tiempo y de calma.

Miguel Calatayud, y de ahí también el título de la exposición, ha sido y es uno de los ejemplos más evidentes de que el proyecto moderno, surgido al socaire de la Ilustración, no sólo no está finiquitado, sino que, en tanto consigue resistirse a las presiones de lo pasajero, evidenciado en el eterno apogeo y caída de las vanguardias, puede ser y estar perennemente presente.

Ante la anemia gráfica que lo invade todo, las huellas de este artista son las de alguien que, expuesto a la realidad, ha sabido ir más allá de la imaginación buscando una revelación de la que él mismo fuera el primer sorprendido.

Instalado en el interior de cada uno de esos dibujos, desde donde surgen sus propios ejes de equilibrio y ruptura, la poética libérrima de Calatayud expresa como pocas un tiempo transparente en el que, por momentos, pareciera que su propia vida, y la propia sangre que circula por cada una de sus líneas, hace de él alguien condenado voluntariamente a insistir en poner en jaque las fórmulas meramente decorativas. Alguien, en suma, consciente de que la originalidad tiene su fundamento, como el nombre indica, en tender conscientemente hacia los orígenes hasta lo rayano en la total preocupación.

Sí encierra, empero, algo de homenaje esta muestra en tanto se celebra en la Sala Carlos Pérez, fallecido en 2013, que, desde su condición de conservador en el MUVIM y de gestor cultural fuera una de las figuras capitales para el conocimiento y la divulgación de la cultura gráfica en Valencia, y que impulsara hace doce años a un mayor conocimiento de Miguel Calatayud con una prolija exhibición de su trabajo a lo largo de cuatro décadas en las que el nombre de nuestro creador estuvo asociado a la renovación de una libertad secuestrada por una prolongada posguerra y a la necesidad, apoyado por igual en la Alta y la Baja Culturas, de sentar las bases de un imaginario pactado en primera y solemne instancia con la propia obra.

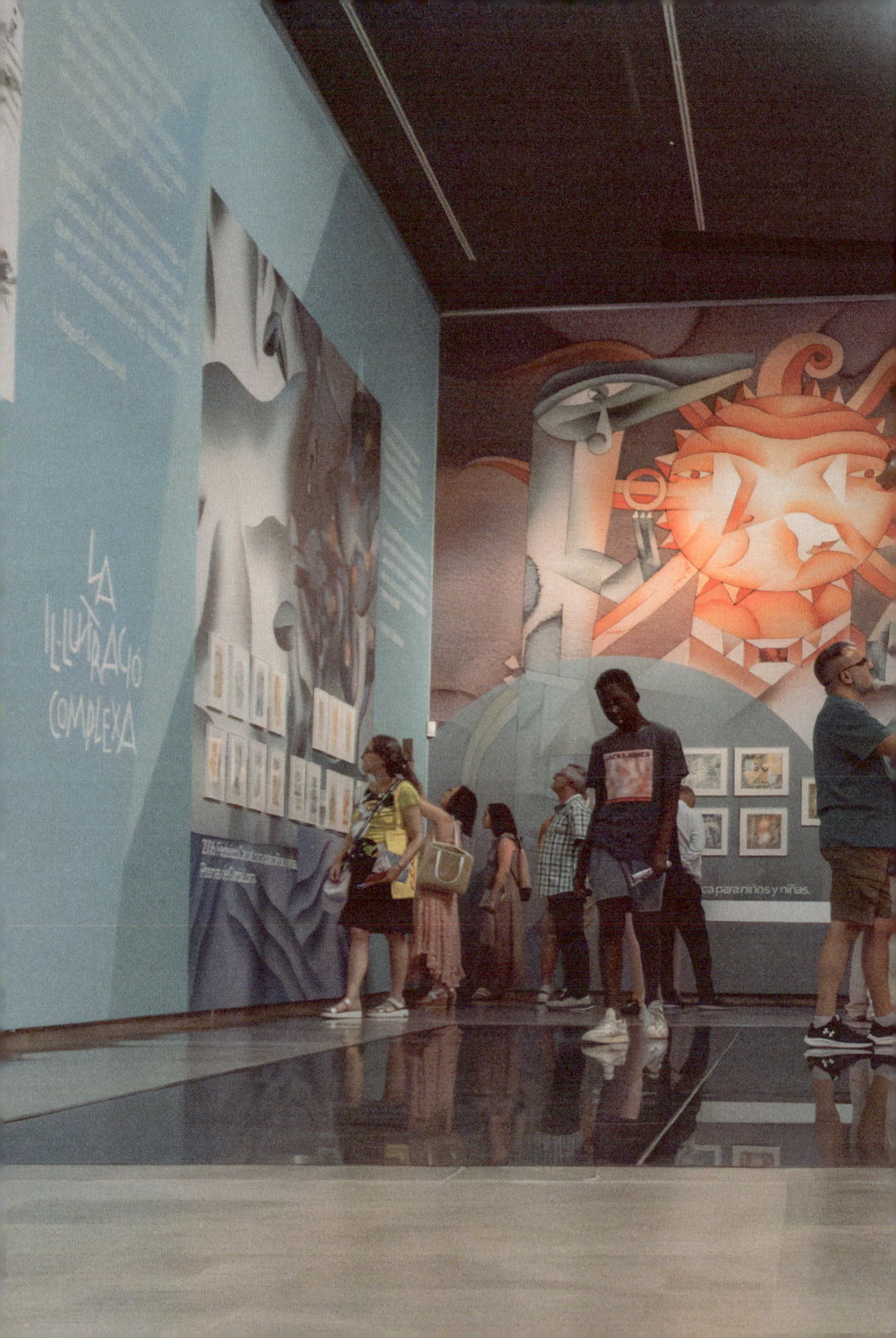

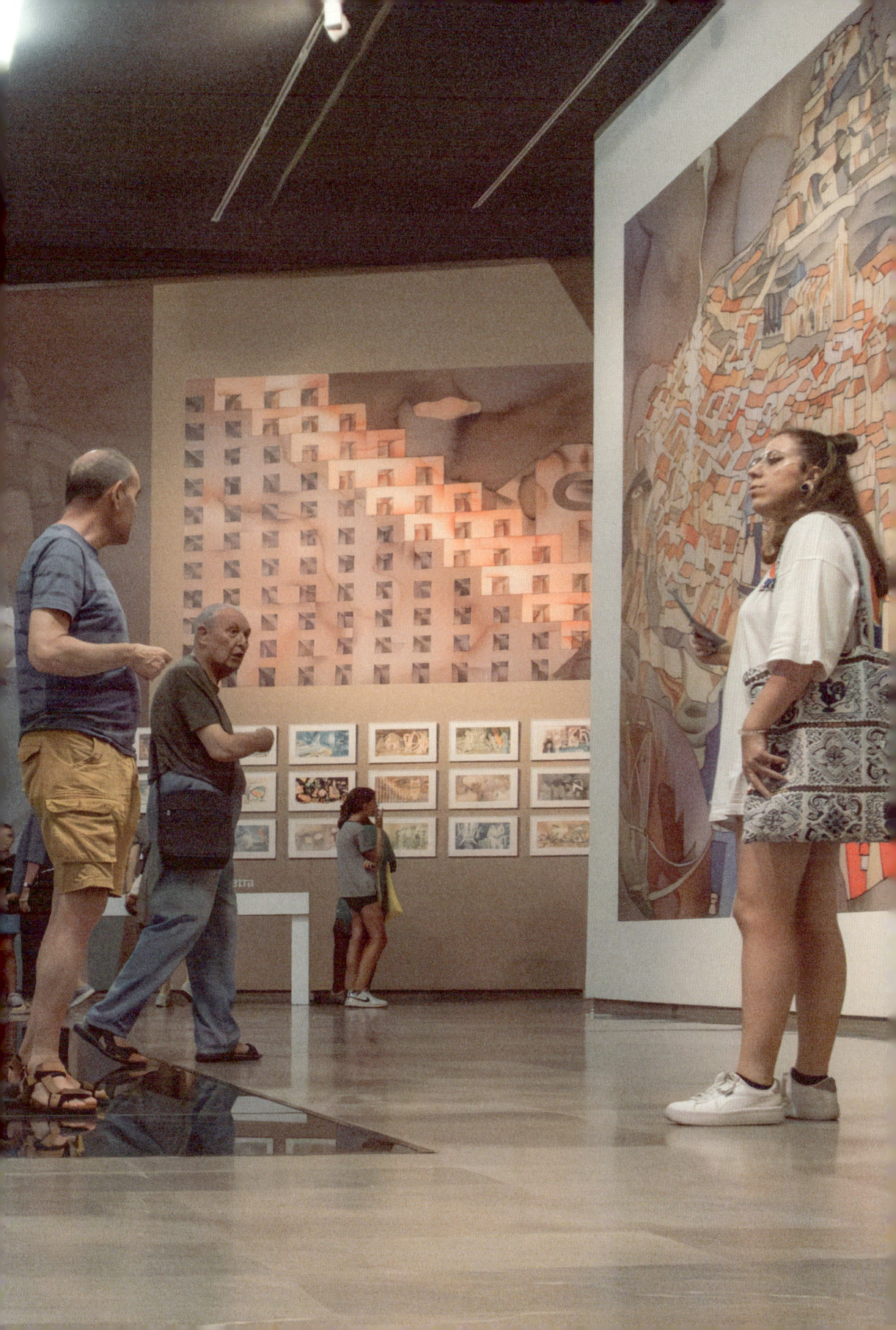

Primers enlluernaments
Primeros deslumbramientos

"Mai no ens avorrirem quan el quefer i la pròpia voluntat ens conduïsquen a un estat d'agitació que sol provocar la il·lusió posada en la trobada amb l'inesperat"

"Nunca nos aburriremos cuando el quehacer y la propia voluntad nos conduzcan a un estado de agitación que suele provocar la ilusión puesta en el encuentro con lo inesperado"

Miguel Calatayud

Són els altres i la resta els que ens construeix i per aquesta raó existim en ells. Aquesta circumstància fa que la nostra memòria albergue les imatges que han anat prenent-ne possessió, i que comencem a col·leccionar des de la nostra mateixa infància, imatges que semblen irradiar cadascuna tot un microcosmos i que atresorem juntament amb les sensacions que anem recol·lectant. El xiquet Calatayud, passejant de la mà de son pare per aquest abrupte paisatge dels voltants d'Aspe (l'etern equivalent per a ell al que va ser la muntanya de Sainte-Victoire per a Cezanne) participa d'aquesta dialèctica en la qual ell mira i és mirat (al fons, el famós mural de Nitrato de Chile, que seguim sense saber si atribuir al gran Mauricio Amster o al no menys gran Mariano Rawicz) i va component en el seu cervell un mosaic en el qual, al costat de les seues percepcions d'aquesta naturalesa agresta, hi ha: els còmics de *Pulgarcito*, les primeres pel·lícules, les portades de Manolo Prieto, les il·lustracions de Bartolozzi en els llibres infantils, les auques, els dibuixos animats de l'UPA, l'embolcall de les conserves, els cartells publicitaris, els motius de les ceràmiques, els rètols dels establiments...

Son los demás y lo demás los que nos construye y por esa razón existimos en ellos. Esa circunstancia hace que nuestra memoria albergue las imágenes que han ido tomando posesión de ella, y que empezamos a coleccionar desde nuestra misma infancia, imágenes que parecen irradiar cada una de ellas todo un microcosmos y que atesoramos junto a las sensaciones que vamos recolectando. El niño Calatayud, paseando de la mano de su padre por ese abrupto paisaje de los alrededores de Aspe (el eterno equivalente para él a lo que fue la montaña de Sainte-Victoire para Cezanne) participa de esa dialéctica en la que él mira y es mirado (al fondo, el famoso mural de Nitrato de Chile, que seguimos sin saber si atribuir al gran Mauricio Amster o al no menos grande Mariano Rawicz) y va componiendo en su cerebro un mosaico en el que, junto a sus percepciones de esa naturaleza agreste, están: los tebeos de *Pulgarcito*, las primeras películas, las portadas de Manolo Prieto, las ilustraciones de Bartolozzi en los libros infantiles, las aucas, los dibujos animados de la UPA, el envoltorio de las conservas, los carteles publicitarios, los motivos de las cerámicas, los rótulos de los establecimientos...

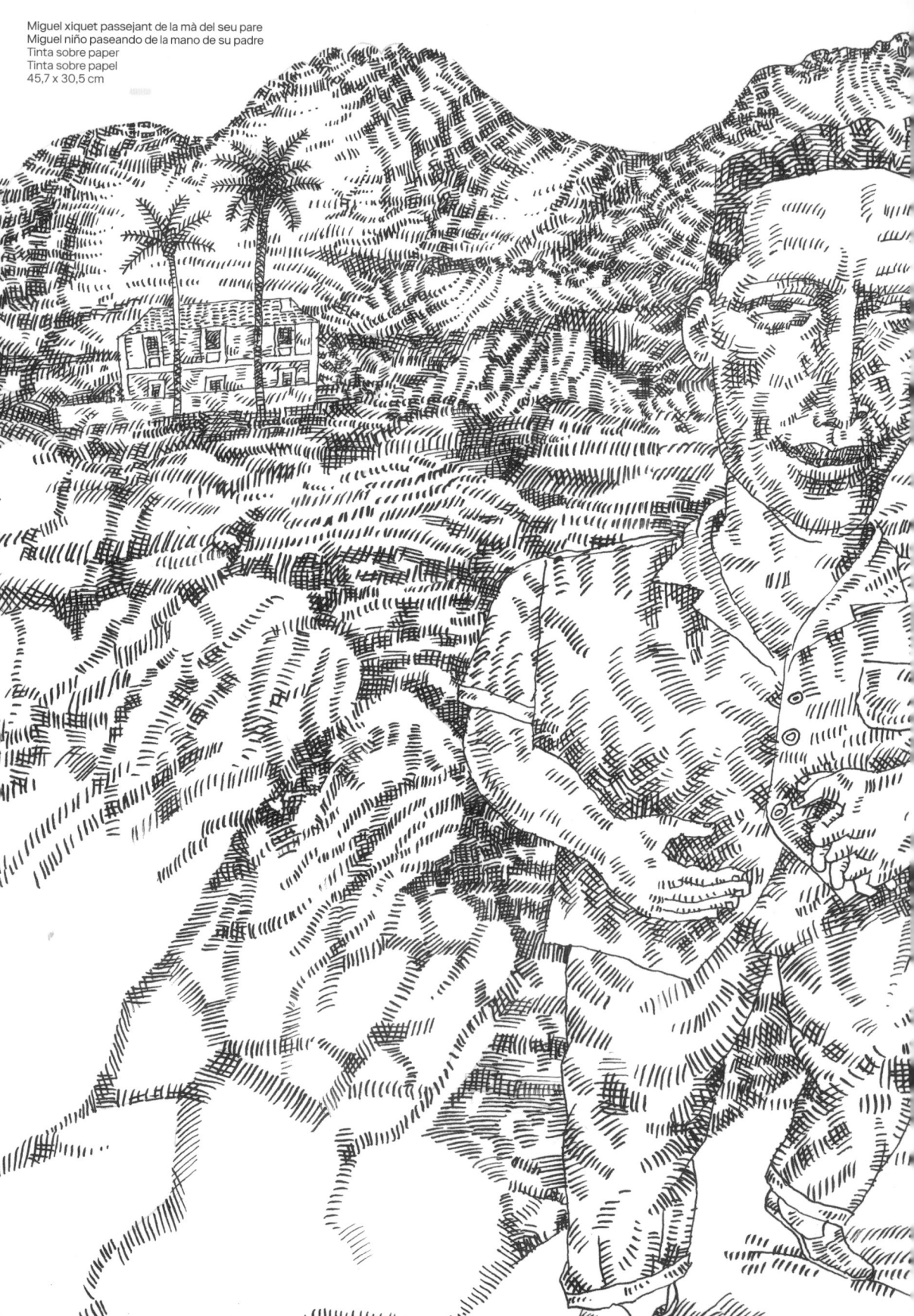

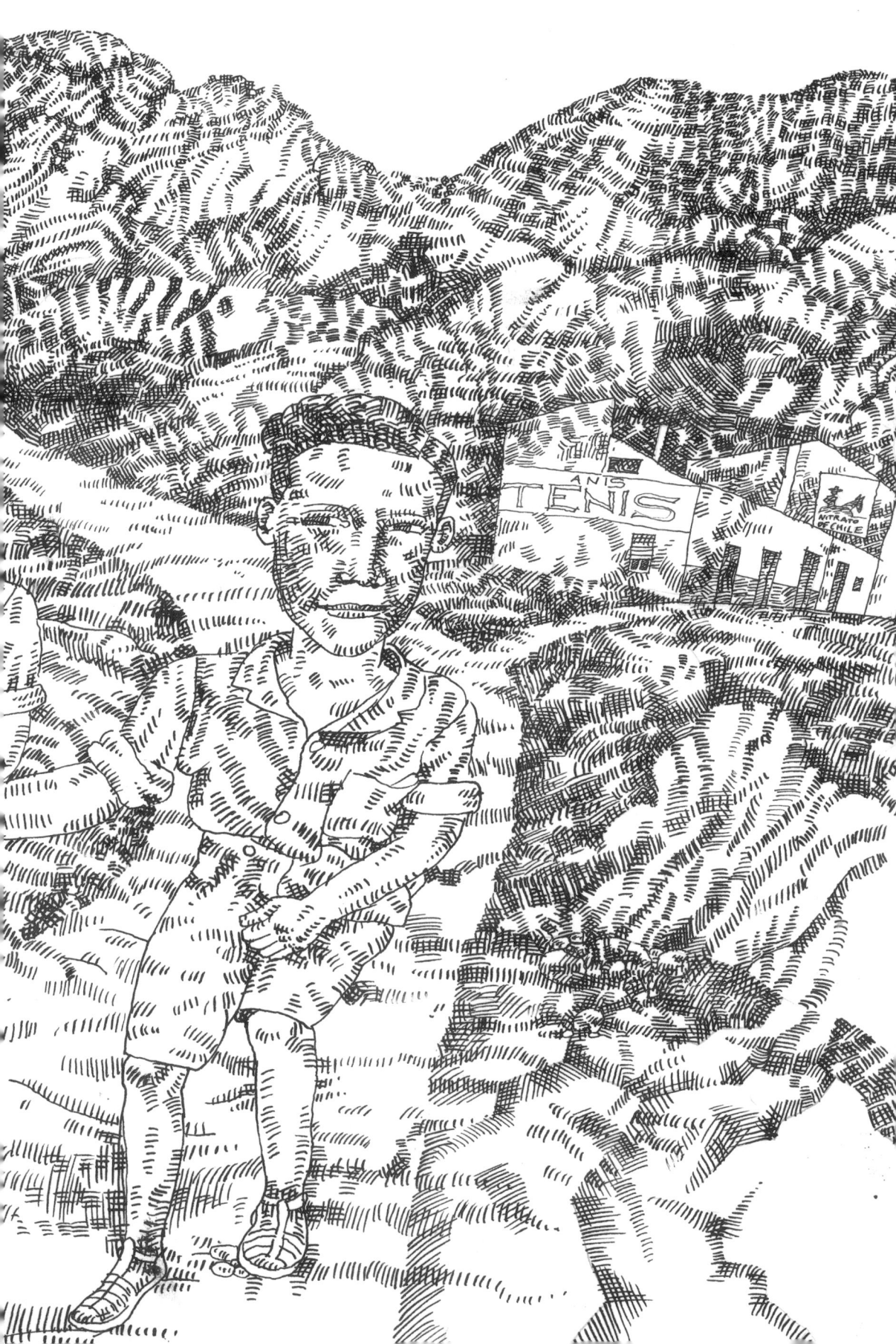

La il·lustració complexa
La ilustración compleja

"La il·lustració complexa es nodreix d'un estudi previ i esmicolat de xicotets detalls, i qualsevol d'aquests, desvinculat del total, podria tindre sentit"

"La ilustración compleja se nutre de un estudio previo y desmenuzado de pequeños detalles, y cualquiera de ellos, desvinculado del total, podría tener sentido"

Miguel Calatayud

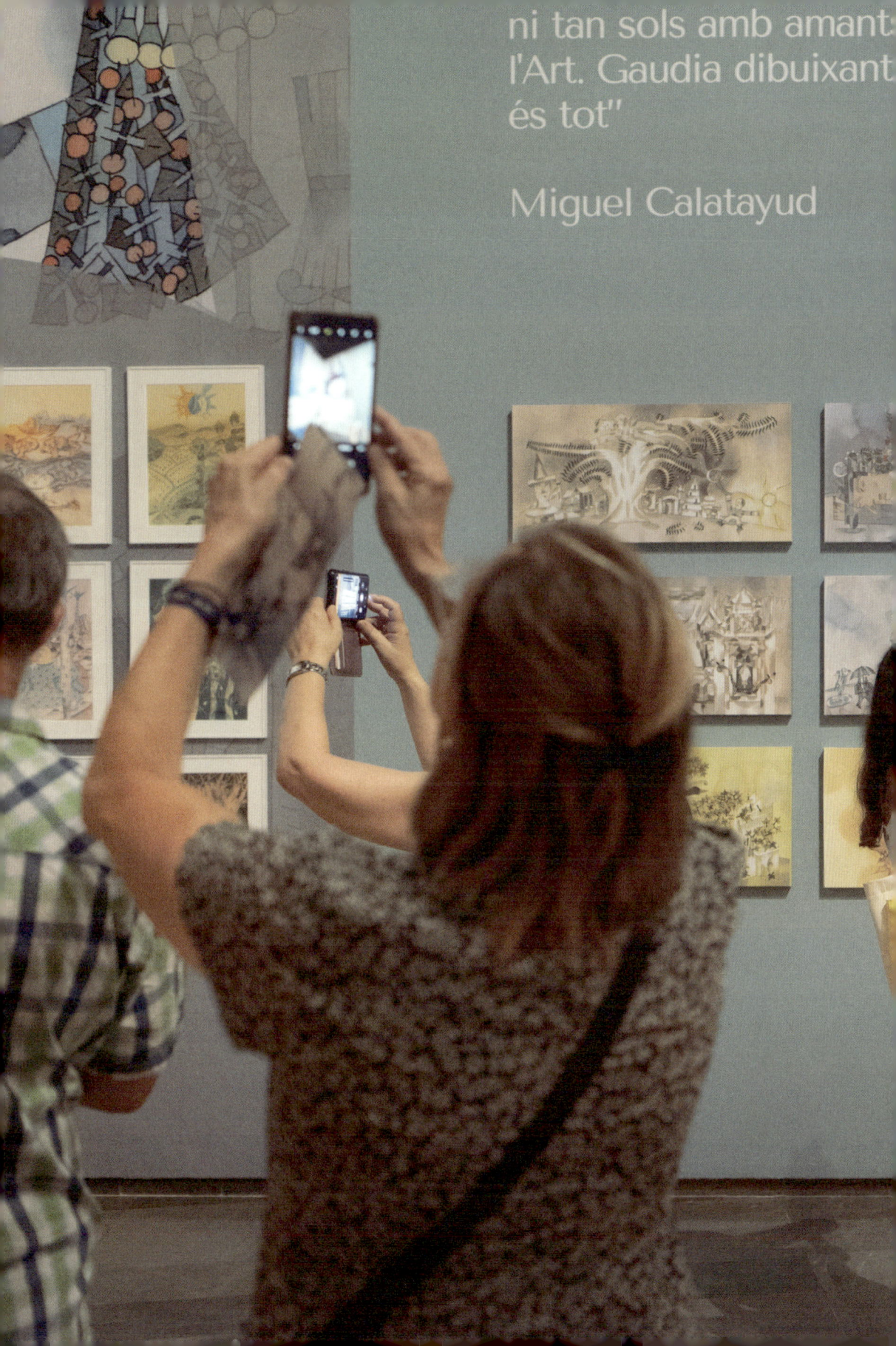

Federico García Lorca para niños y niñas. Poemas de García Lorca

Cometríem un error si consideràrem Calatayud un il·lustrador infantil. Amb aquesta etiqueta ha fet una bona part de la seua marxa professional, però, davant dels criteris quasi hegemònics dels editors d'aquestes publicacions i de bona part dels pedagogs, apel·lant en general a una simplificació formal com la més idònia per a atraure l'atenció dels xiquets, els seus dibuixos s'han caracteritzat sempre per la seua acurada complexitat. Diem que la millor il·lustració és aquella que emmagatzema en si mateixa tal quantitat de temps, que és tant com dir de memòria, que no pot ser examinada mitjançant una ràpida ullada. Afortunadament, Miguel va tindre en el seu camí la insòlita sort de creuar-se amb alguns directors editorials que van saber valorar aquesta rebel·lia i amb alguns escriptors que el van reclamar perquè dialogara amb els seus textos. En poques ocasions s'ha exigit tant a la nostra visió d'espectadors perquè es detinguera i trobara la manera d'entrar en aquestes obres.

Cometeríamos un error si consideráramos a Calatayud un ilustrador infantil. Bajo esa etiquetación ha hecho una buena parte de su andadura profesional, pero, frente a los criterios casi hegemónicos de los editores de estas publicaciones y de buena parte de los pedagogos, apelando en general a una simplificación formal como la más idónea para atraer la atención de los niños, sus dibujos se han caracterizado siempre por su cuidada complejidad. Decimos que la mejor ilustración es aquella que almacena en sí misma tal cantidad de tiempo, que es tanto como decir de memoria, que no puede ser examinada mediante un rápido vistazo. Afortunadamente, Miguel tuvo en su camino la insólita suerte de cruzarse con algunos directores editoriales que supieron valorar esa rebeldía y con algunos escritores que le reclamaron para que dialogase con sus textos. En pocas ocasiones se ha exigido tanto a nuestra visión de espectadores para que se detuviera y hallase el modo de entrar en esas obras.

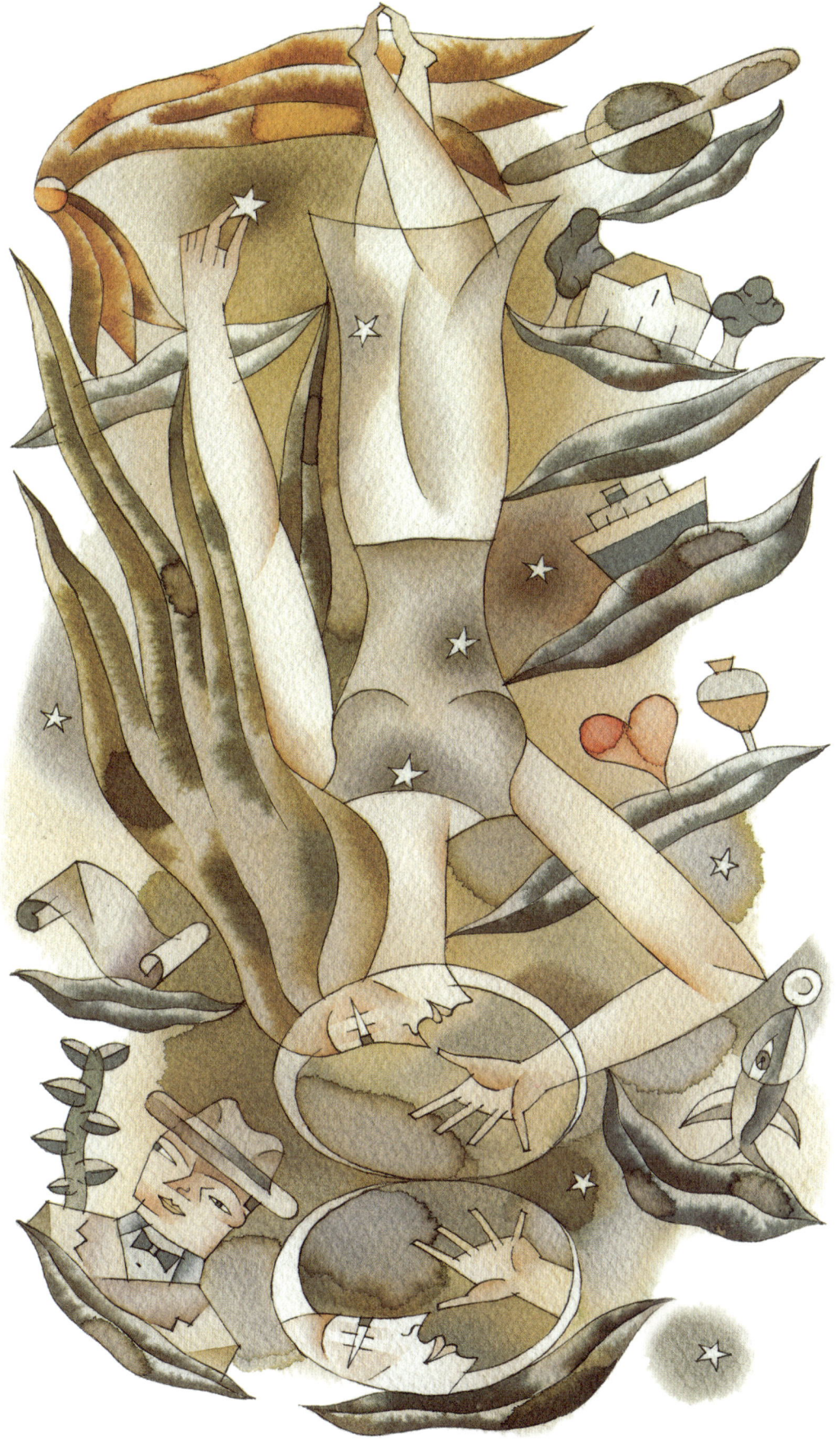

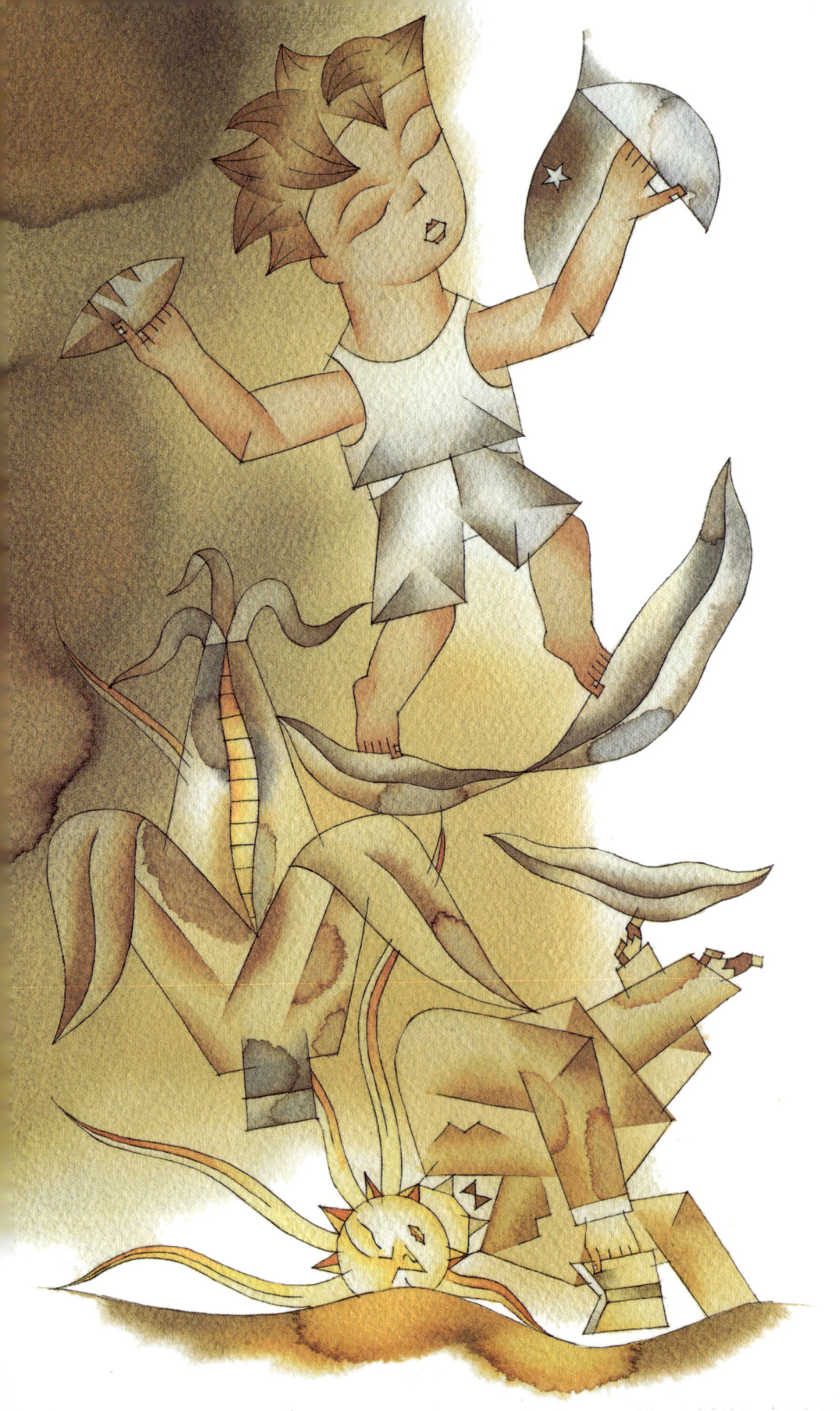

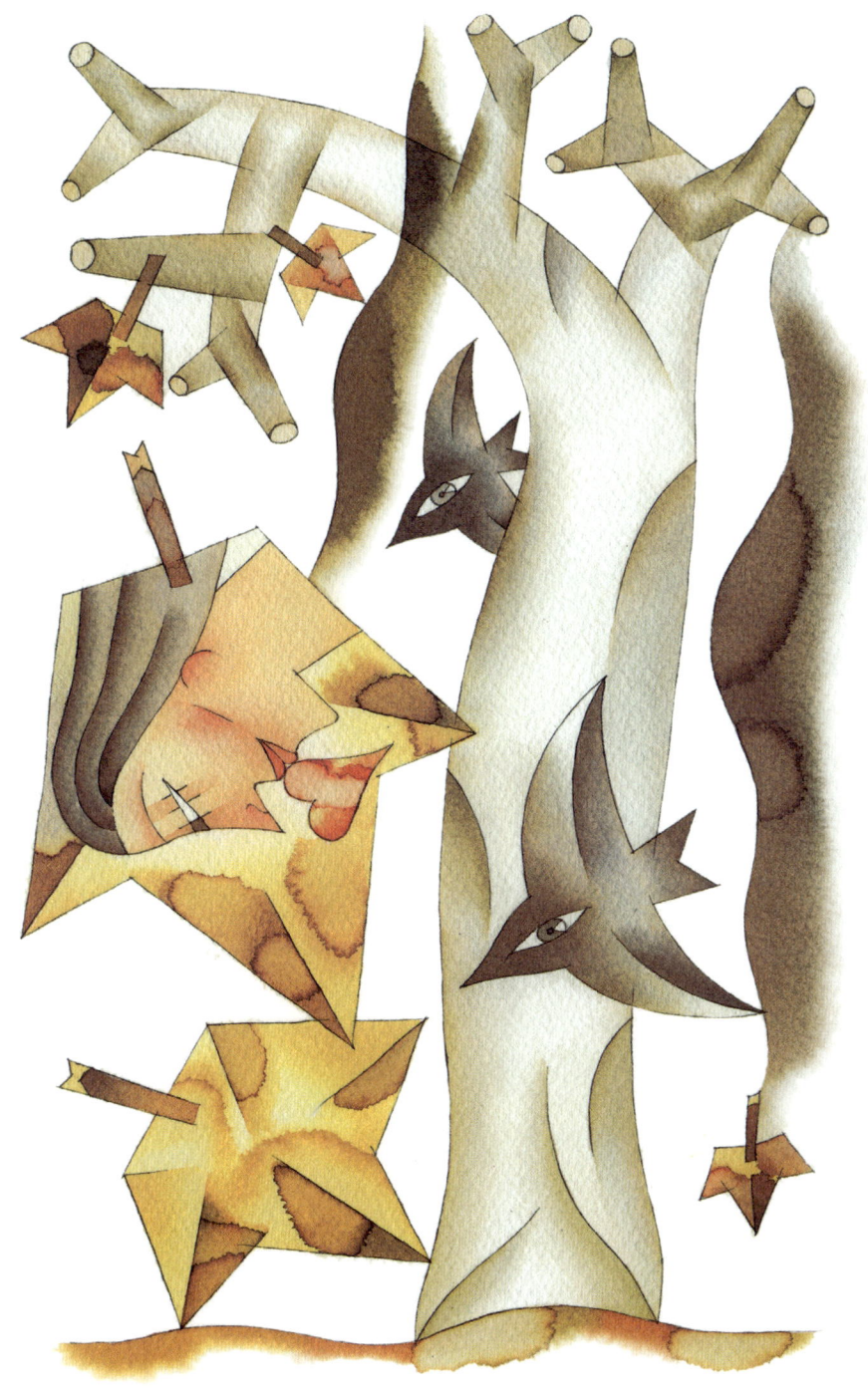

FEDERICO GARCÍA LORCA PARA NIÑOS Y NIÑAS. POEMAS DE GARCÍA LORCA

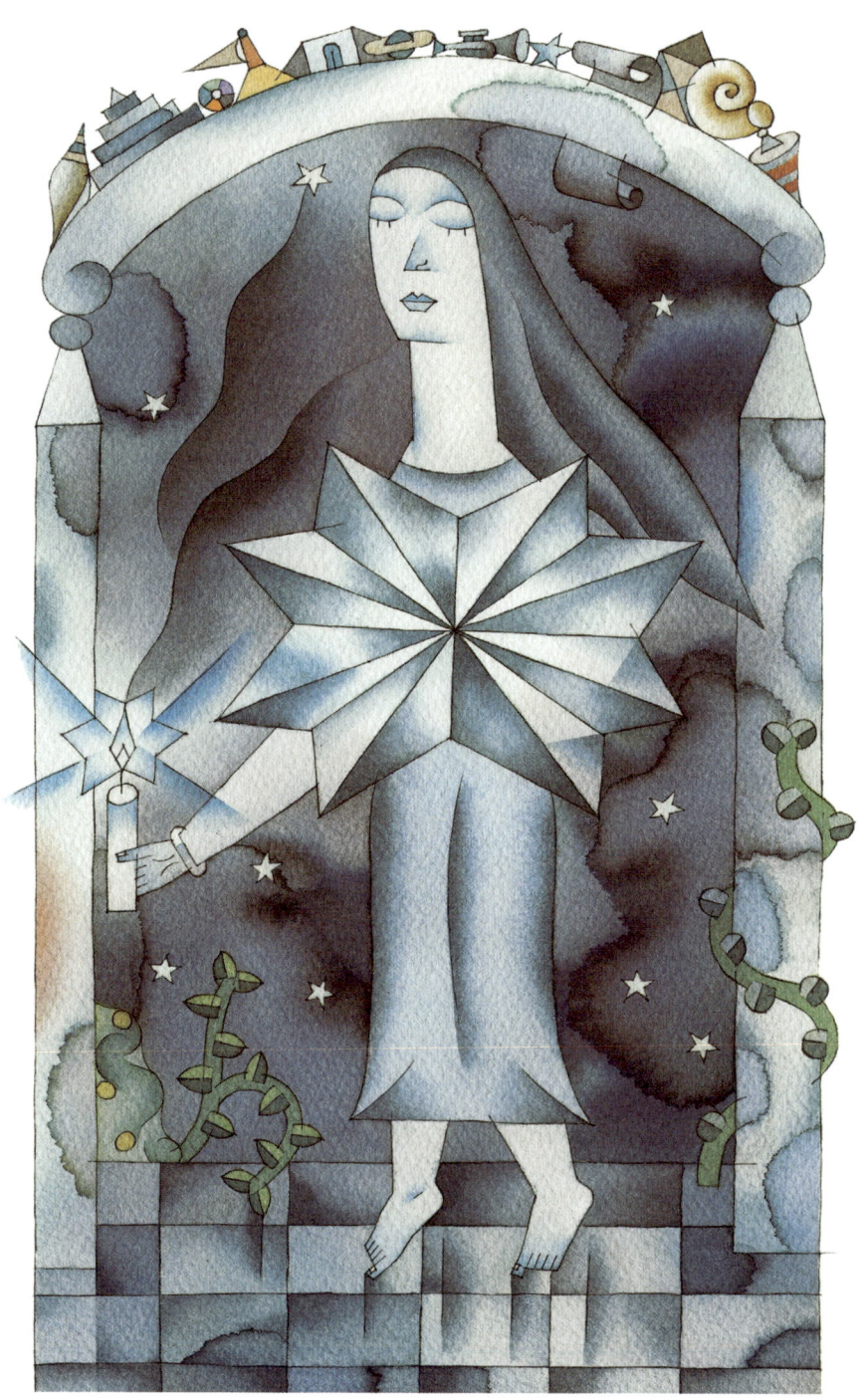

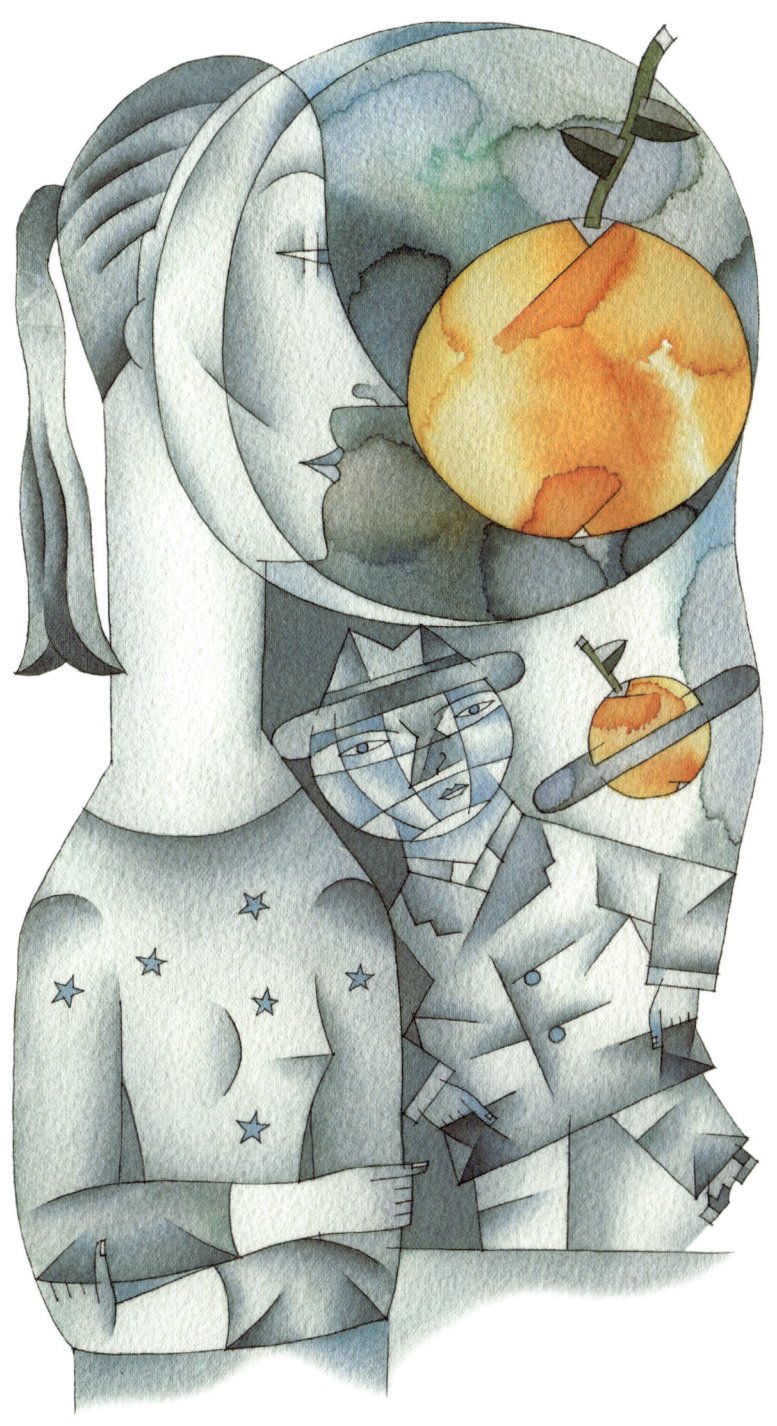

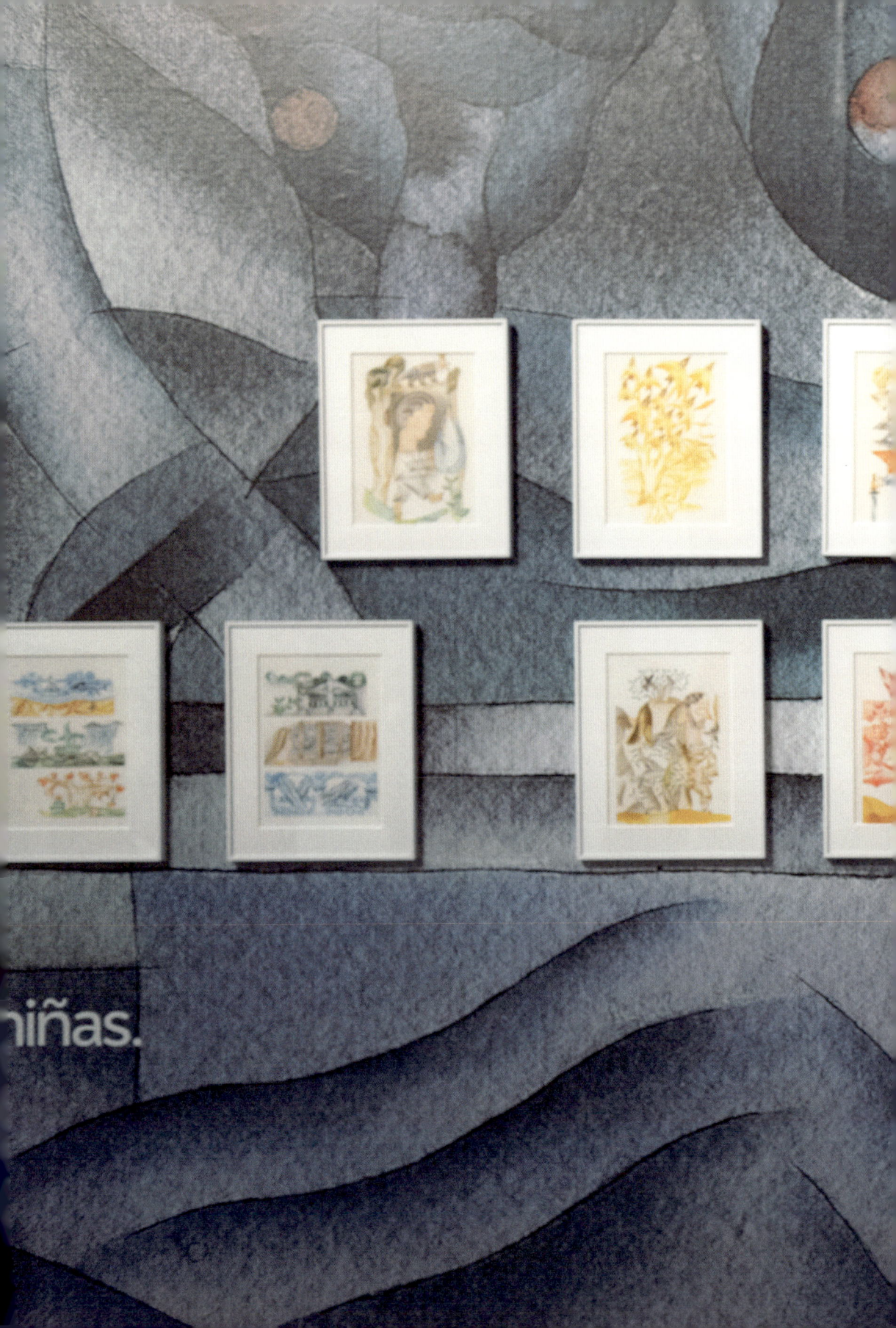

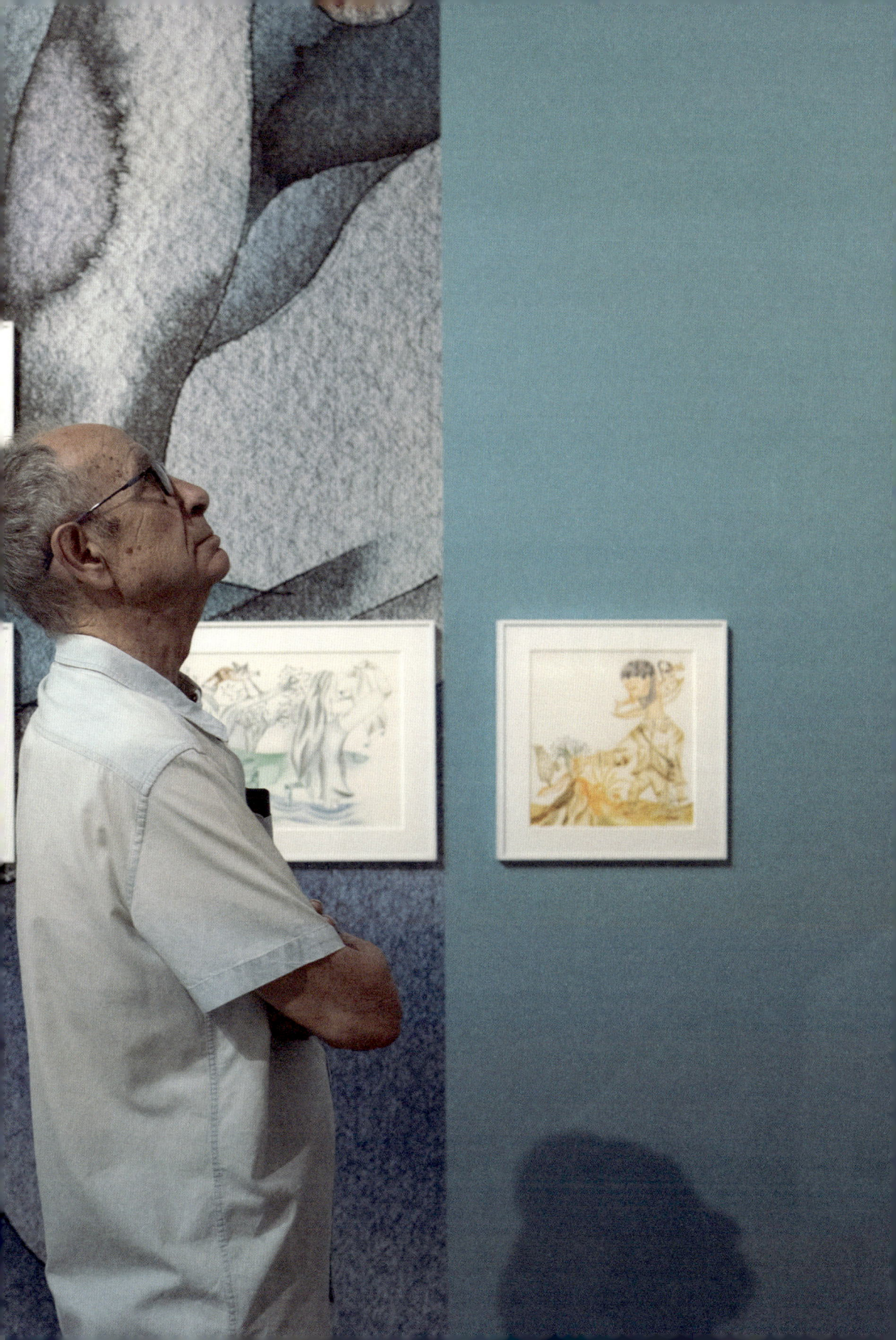

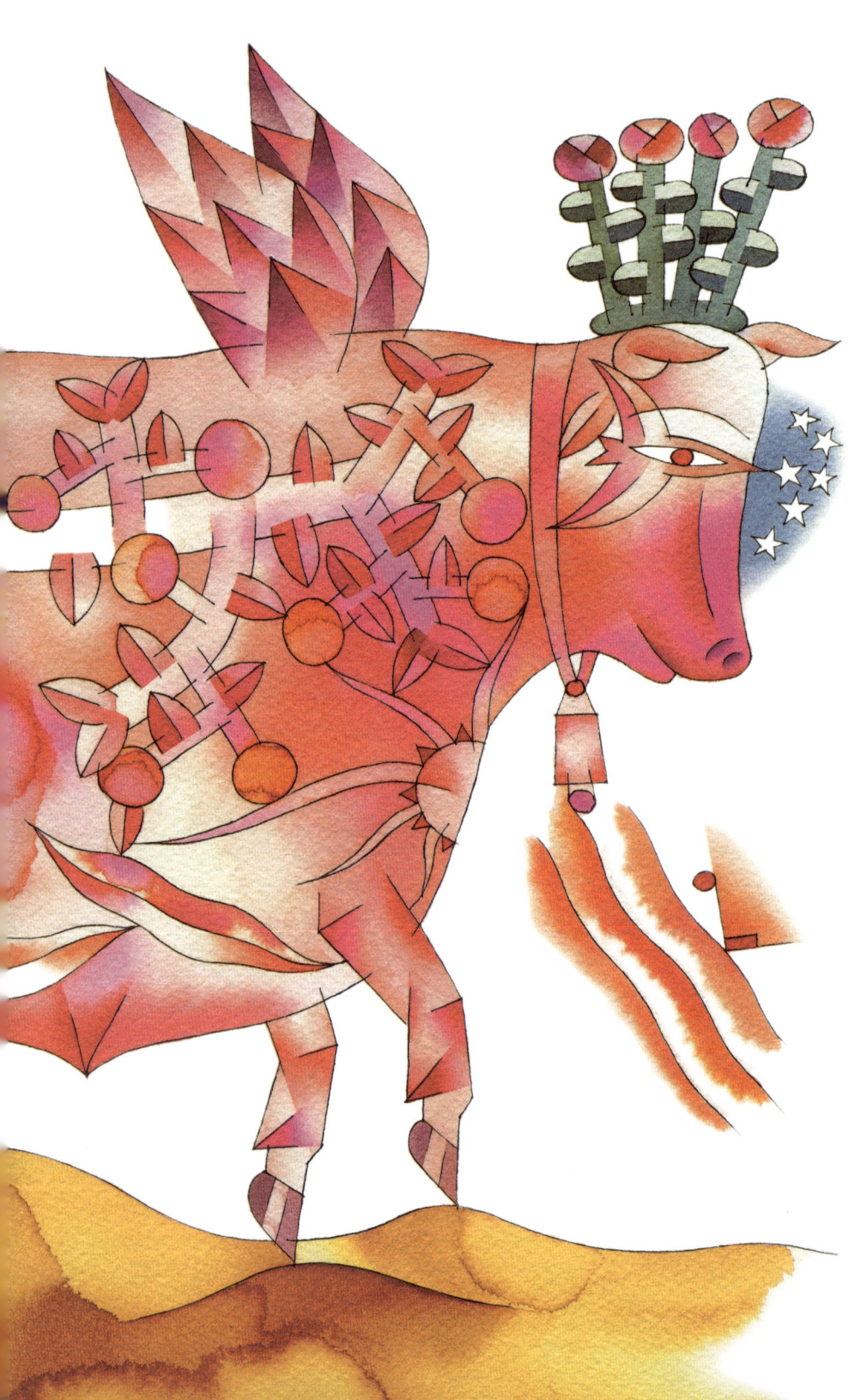

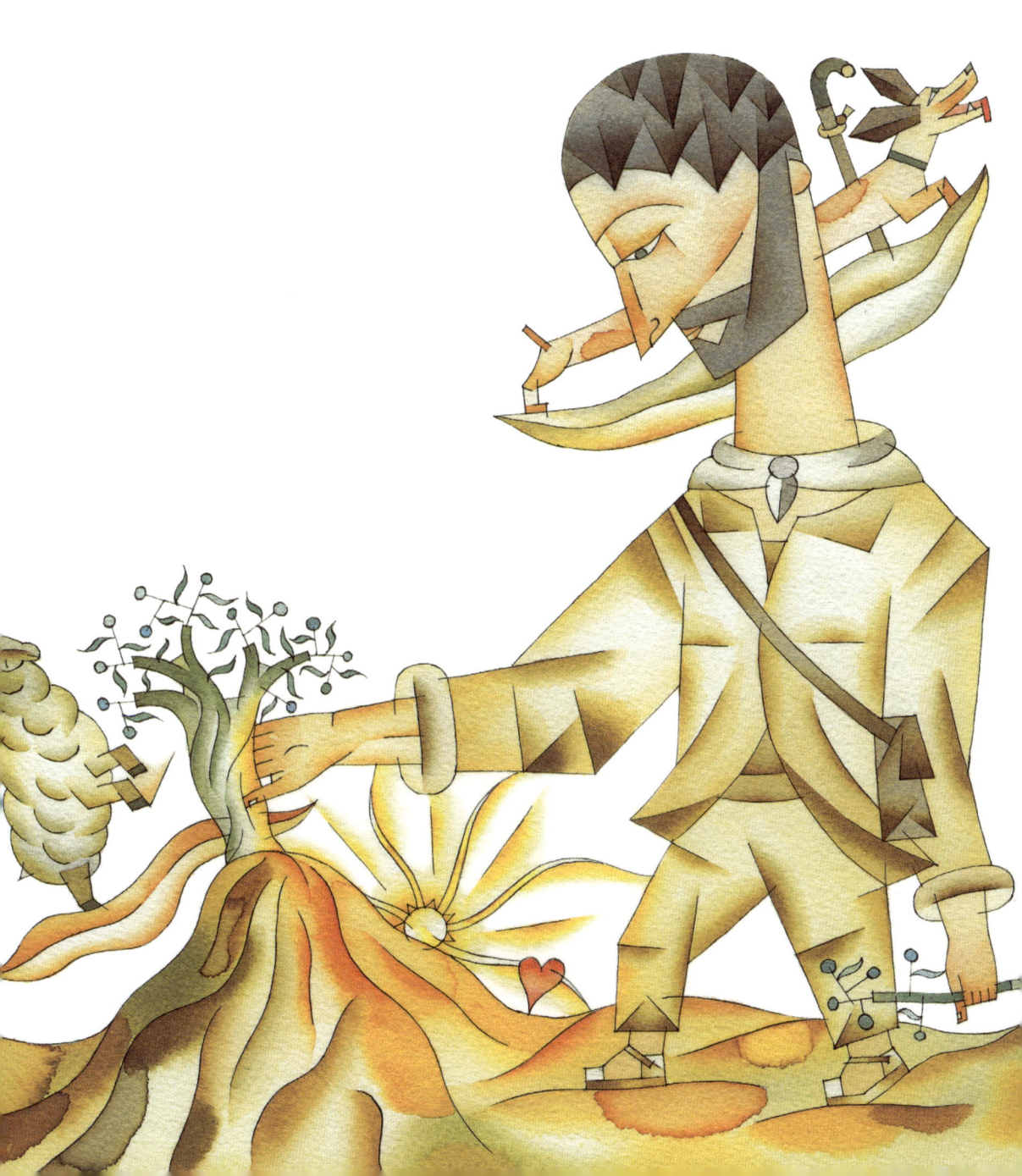

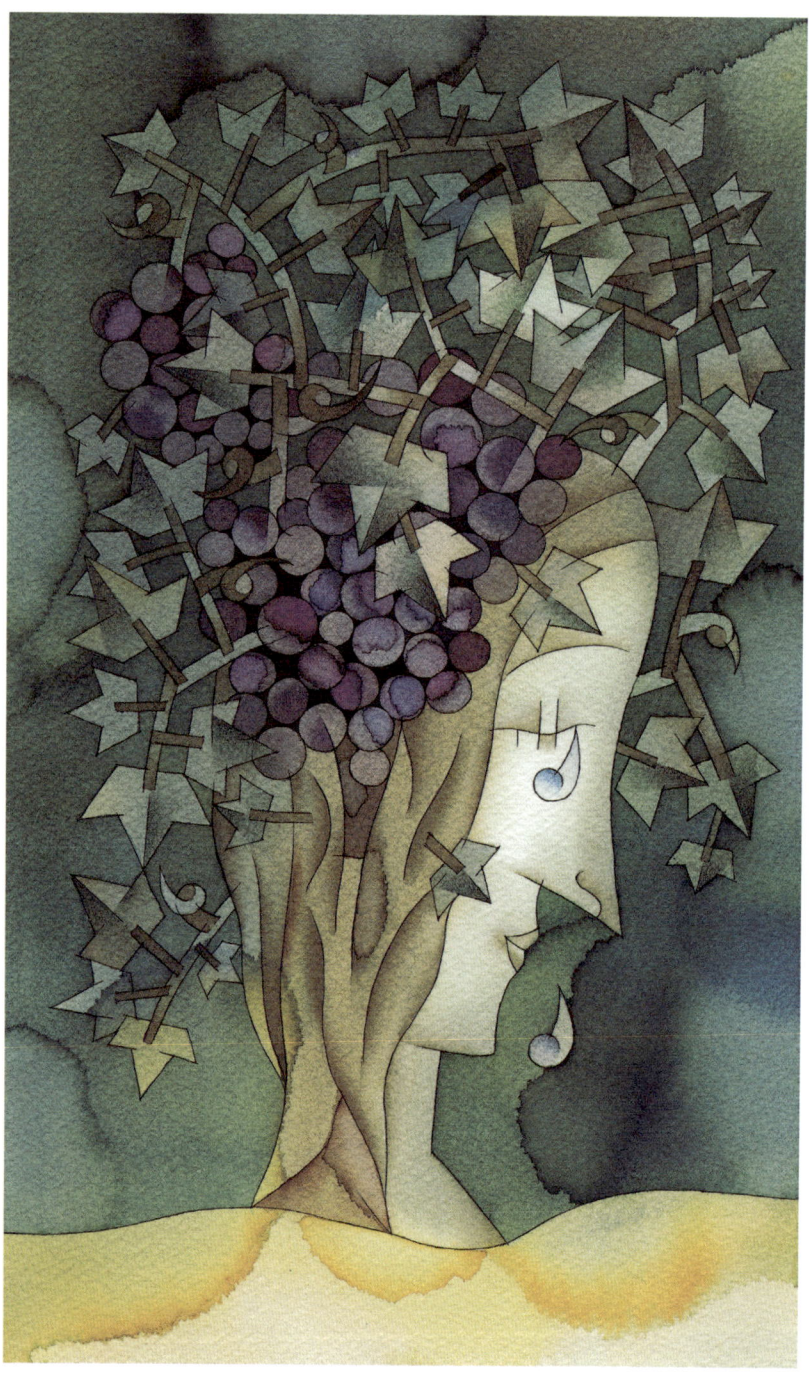

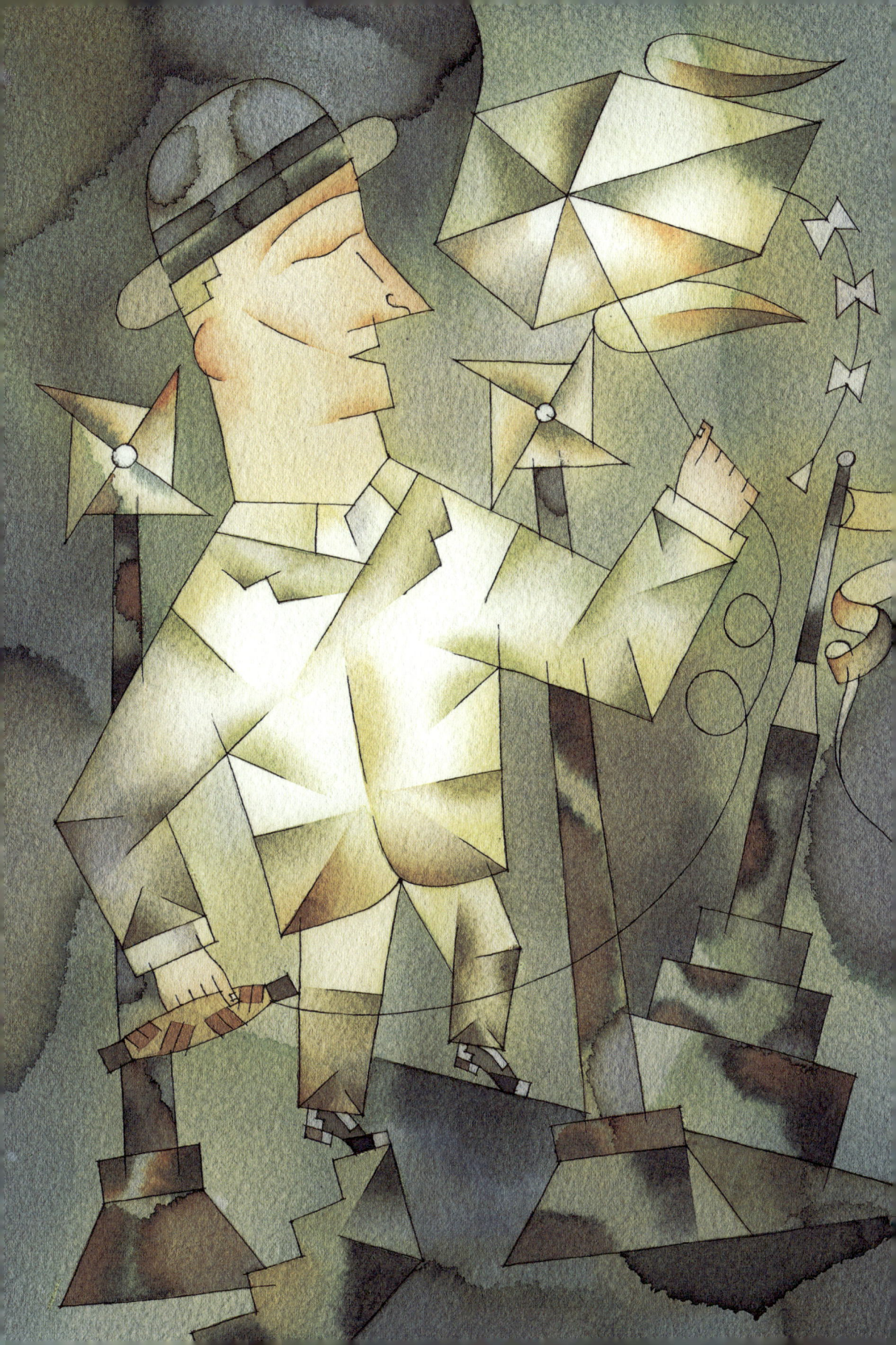

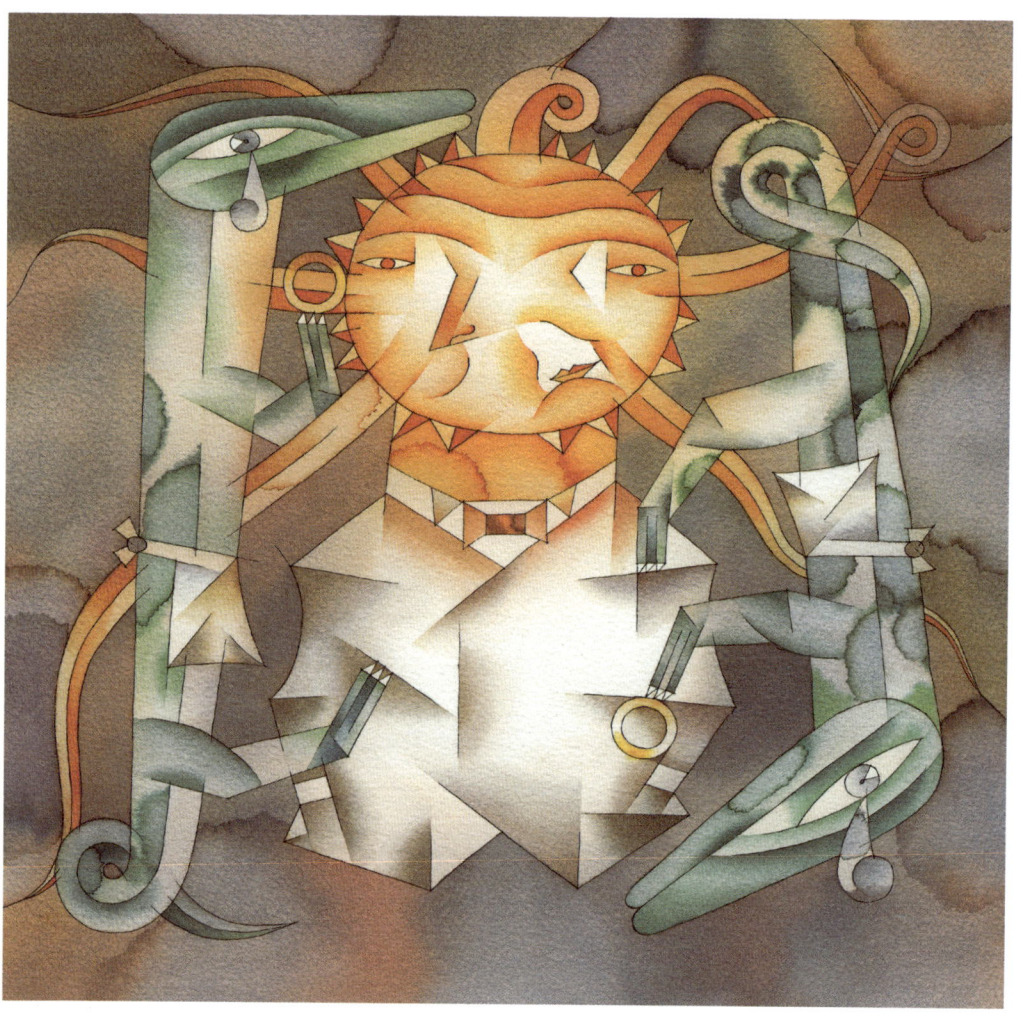

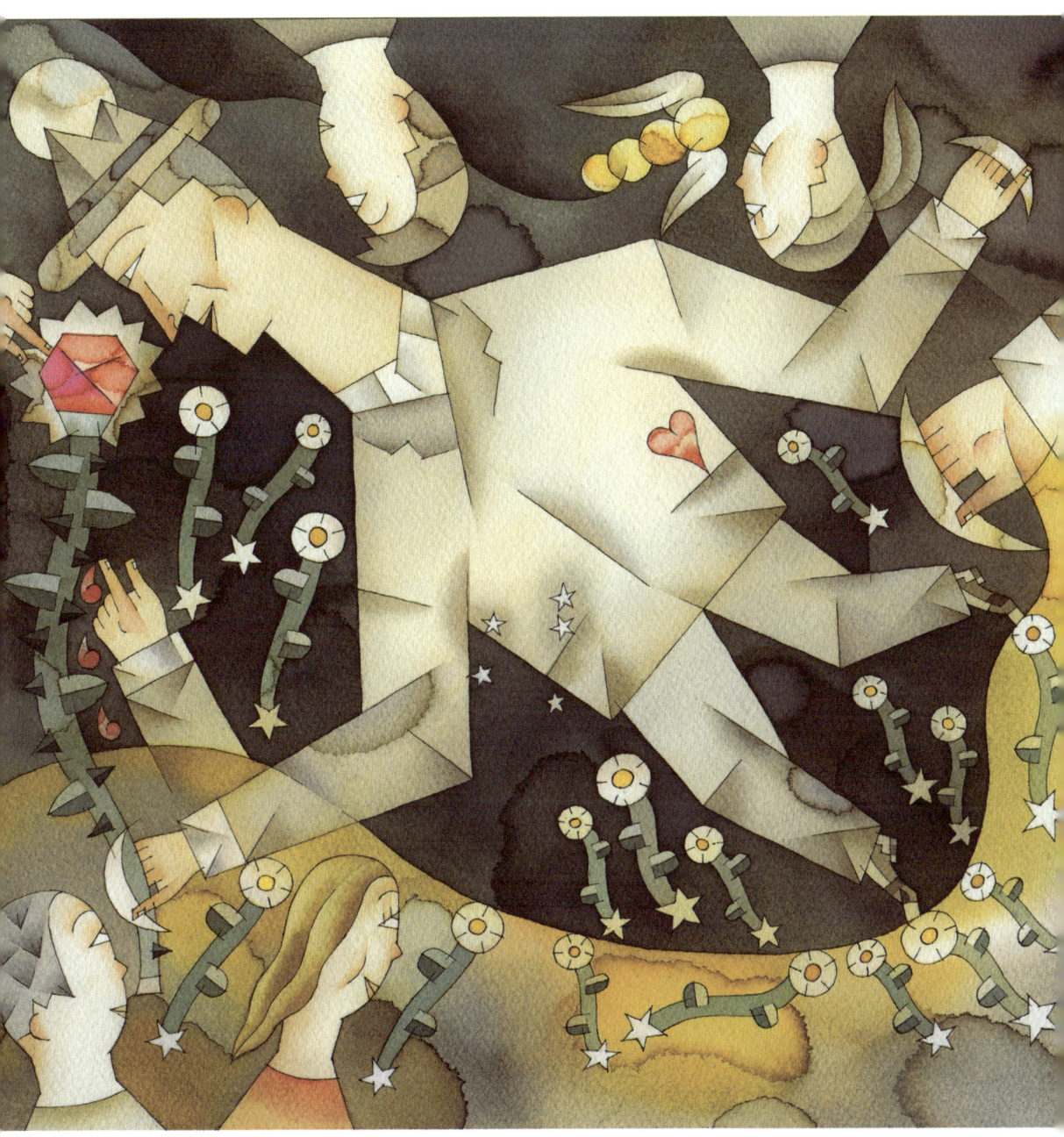

FEDERICO GARCÍA LORCA PARA NIÑOS Y NIÑAS. POEMAS DE GARCÍA LORCA

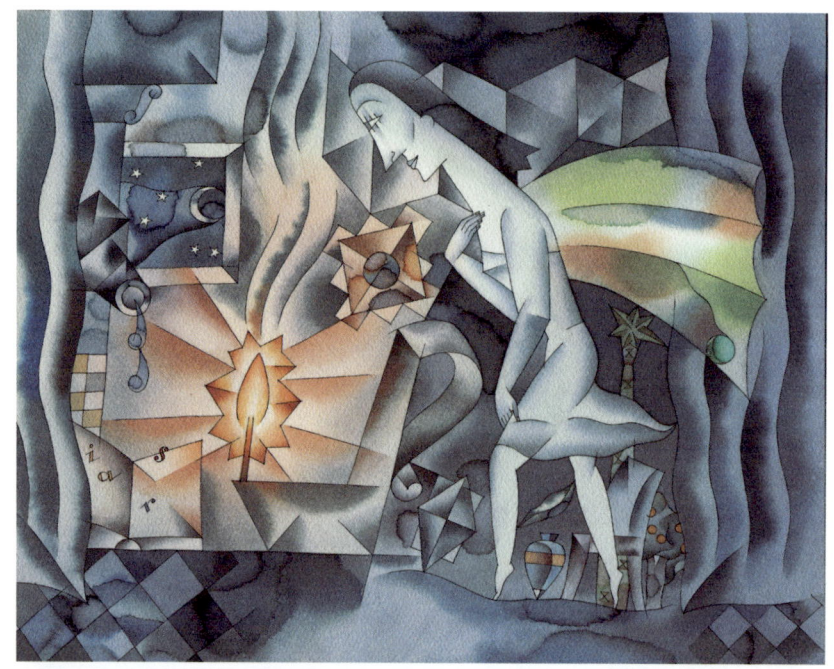

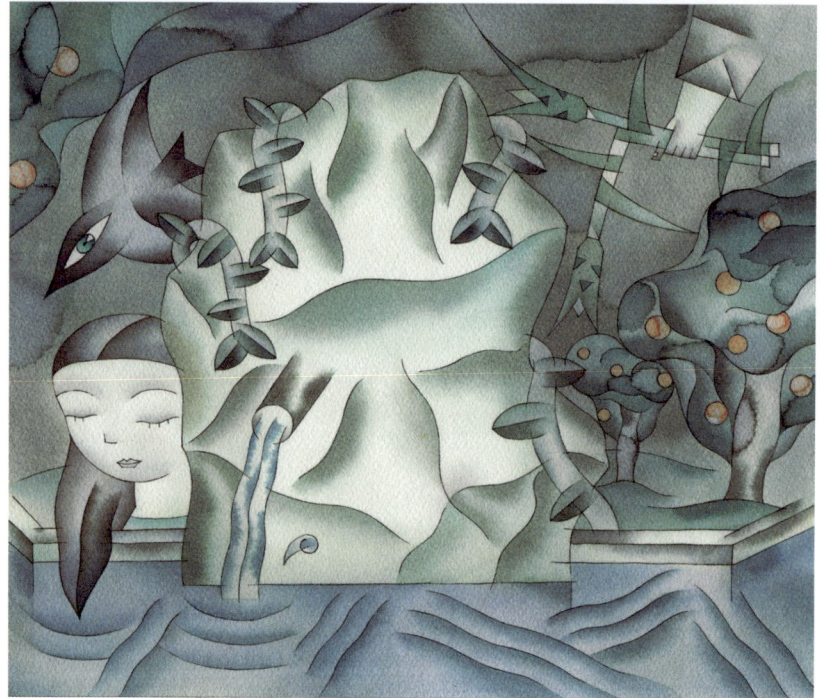

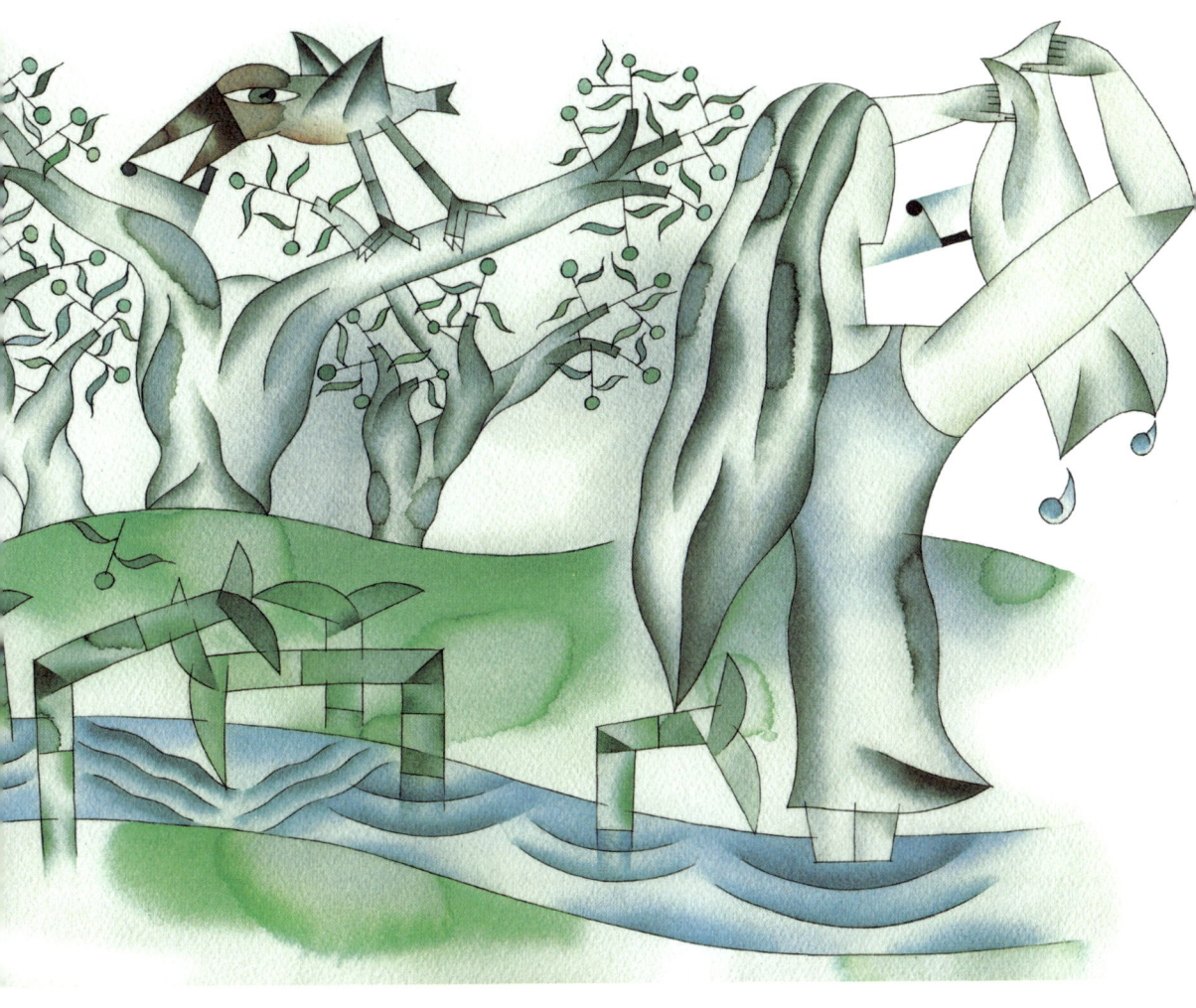

FEDERICO GARCÍA LORCA PARA NIÑOS Y NIÑAS. POEMAS DE GARCÍA LORCA

"El significat que jo donava a la il·lustració d'un llibre consistia a visualitzar i posar en pàgines una cosa semblant a un món propi en el qual tot —figures, objectes i espais— obeïra uns certs principis de concepte i disseny relacionats amb la comprensió subjectiva de la realitat"

"El significado que yo le daba a la ilustración de un libro consistía en visualizar y poner en páginas algo semejante a un mundo propio en el que todo —figuras, objetos y espacios- obedeciese a ciertos principios de concepto y diseño relacionados con la comprensión subjetiva de la realidad"

Miguel Calatayud

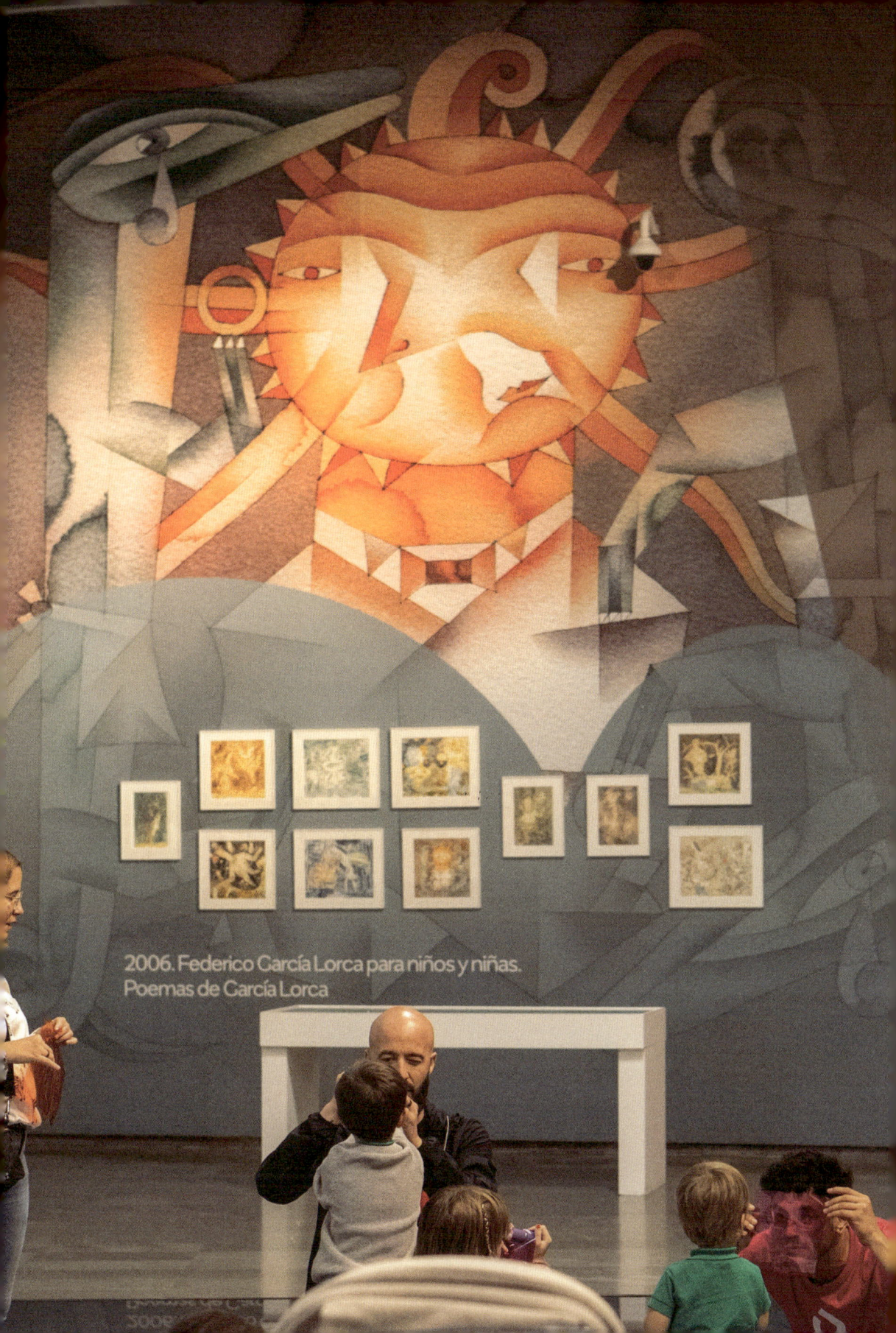

2006. Federico García Lorca para niños y niñas.
Poemas de García Lorca

Al pie de la letra

Calatayud ha sigut sempre un banderer de la modernitat, i en aquesta mesura ha participat d'algunes de les propostes artístiques més noves del seu temps. Quan va començar a treballar, el vam inscriure, per pura comoditat, entre els paladins del pop, que va germinar en l'àmbit valencià amb molta més força que en la resta d'Espanya (pensem en Estampa Popular, l'Equip Realitat o l'Equip Crònica, per exemple), la qual cosa era fàcilment explicable tenint en compte la riquesa visual de la seua cultura popular (auques i còmics). Però Miguel era ja conscient que el mateix desenvolupament del projecte modern incubava en la seua pròpia i vertiginosa inèrcia (una avantguarda que succeïa a una avantguarda i a la qual succeïa una altra avantguarda...) la seua pròpia destrucció, el seu viatge accelerat cap al no-res. De manera que, a aquesta pàtina, com en altres de successives, les va dotar sempre d'un sòlid substrat historicoartístic que les defensara de l'efímer. I és per això mateix que en un moment com l'actual, en què la cara més vàcua i melindrosa de la postmodernitat s'ha ensenyorit també de la il·lustració, els seus treballs mantenen una condició de resistència i de referència per als esperits més desperts.

Calatayud ha sigut sempre un banderer de la modernitat, i en aquesta mesura ha participat d'algunes de les propostes artístiques més noves del seu temps. Quan va començar a treballar, el vam inscriure, per pura comoditat, entre els paladins del pop, que va germinar en l'àmbit valencià amb molta més força que en la resta d'Espanya (pensem en Estampa Popular, l'Equip Realitat o l'Equip Crònica, per exemple), la qual cosa era fàcilment explicable tenint en compte la riquesa visual de la seua cultura popular (auques i còmics). Però Miguel era ja conscient que el mateix desenvolupament del projecte modern incubava en la seua pròpia i vertiginosa inèrcia (una avantguarda que succeïa a una avantguarda i a la qual succeïa una altra avantguarda...) la seua pròpia destrucció, el seu viatge accelerat cap al no-res. De manera que, a aquesta pàtina, com en altres de successives, les va dotar sempre d'un sòlid substrat historicoartístic que les defensara de l'efímer. I és per això mateix que en un moment com l'actual, en què la cara més vàcua i melindrosa de la postmodernitat s'ha ensenyorit també de la il·lustració, els seus treballs mantenen una condició de resistència i de referència per als esperits més desperts.

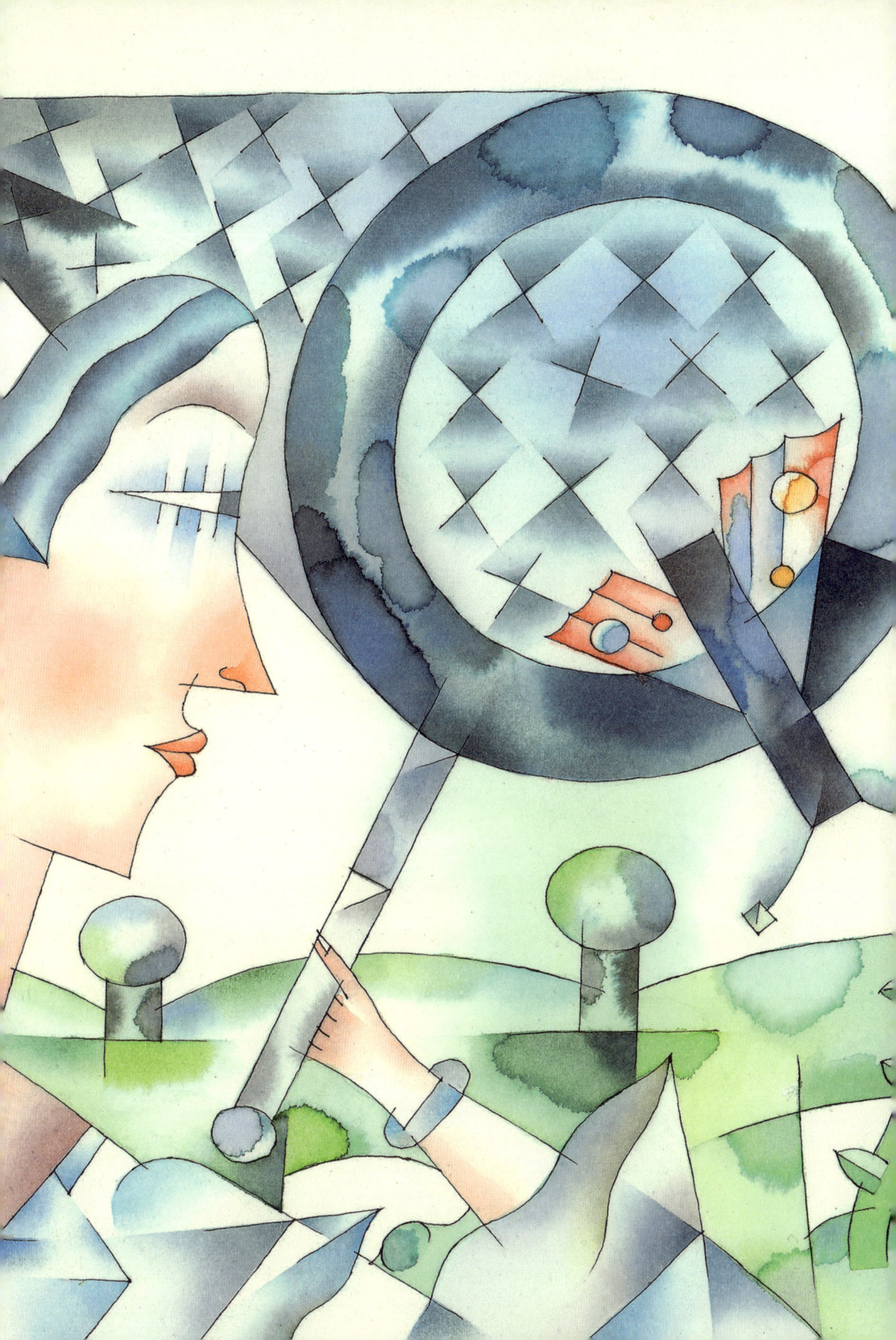

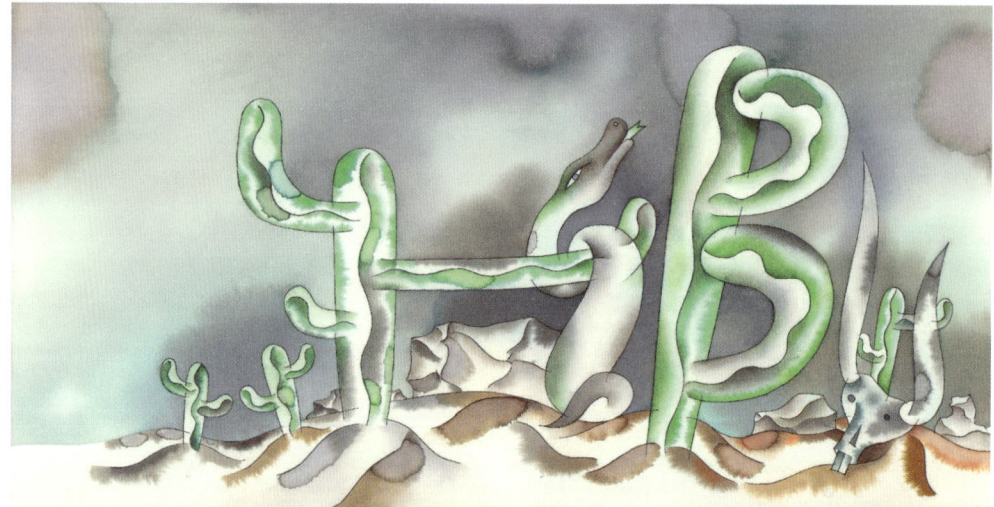

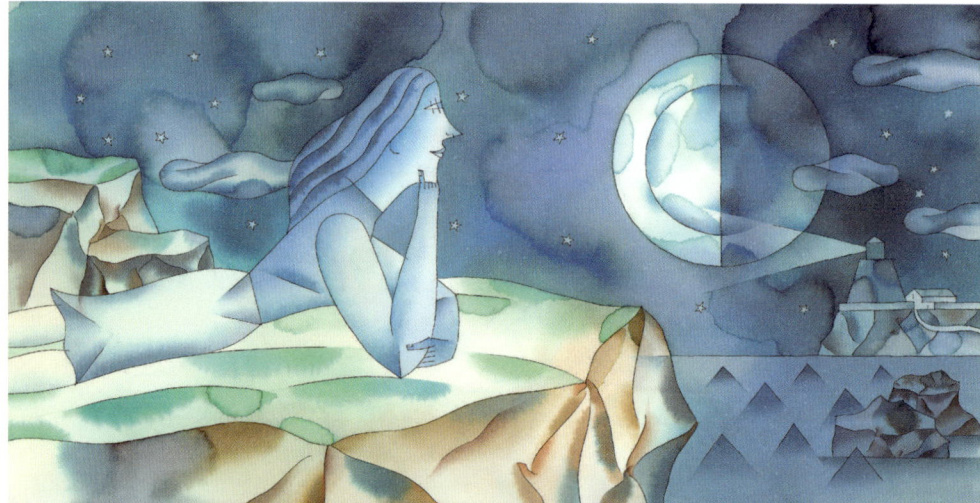

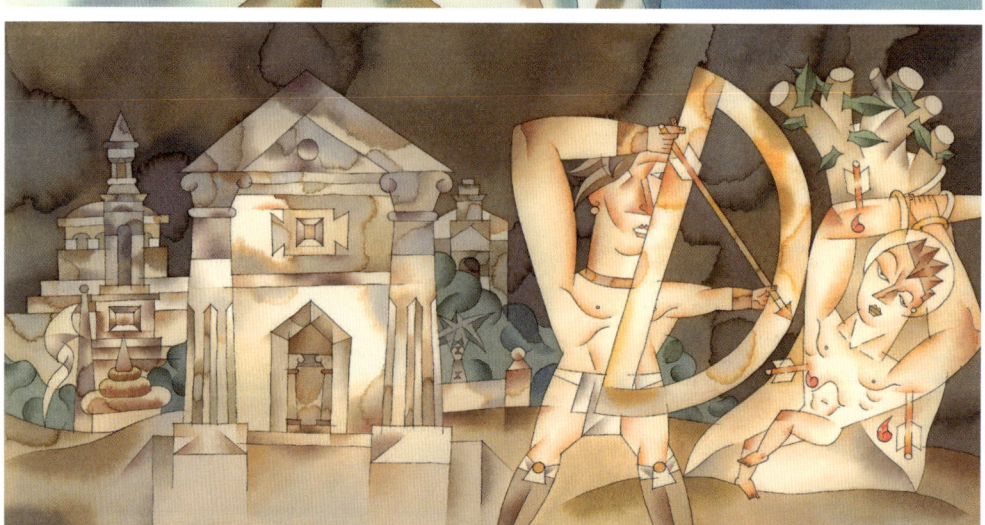

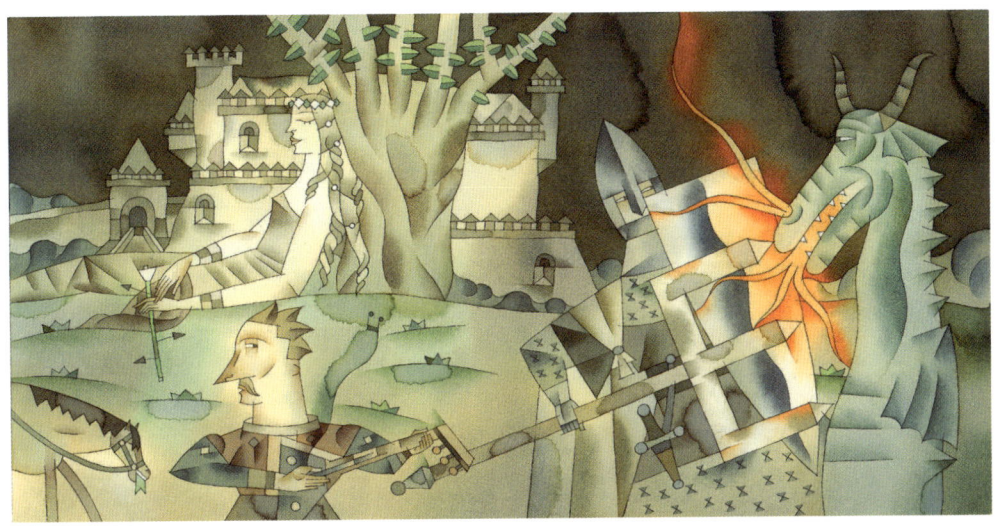

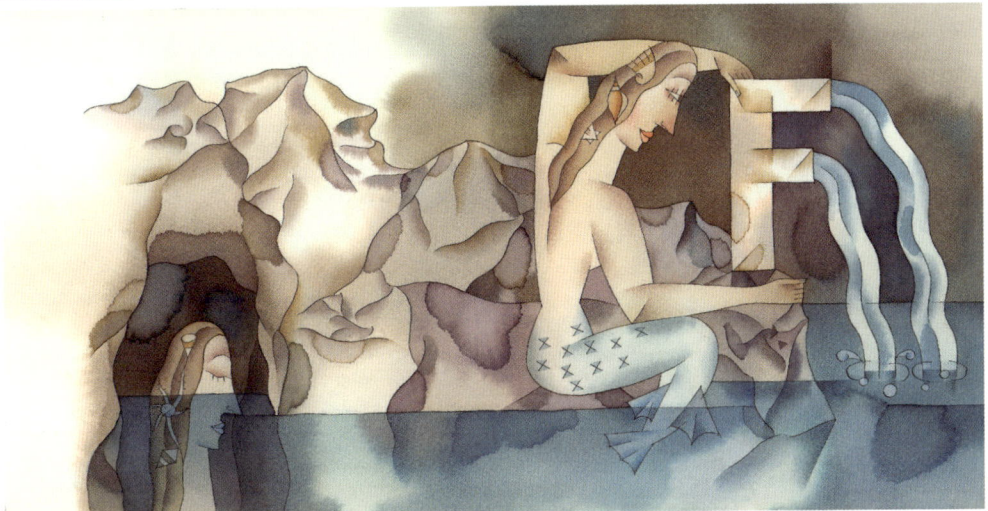

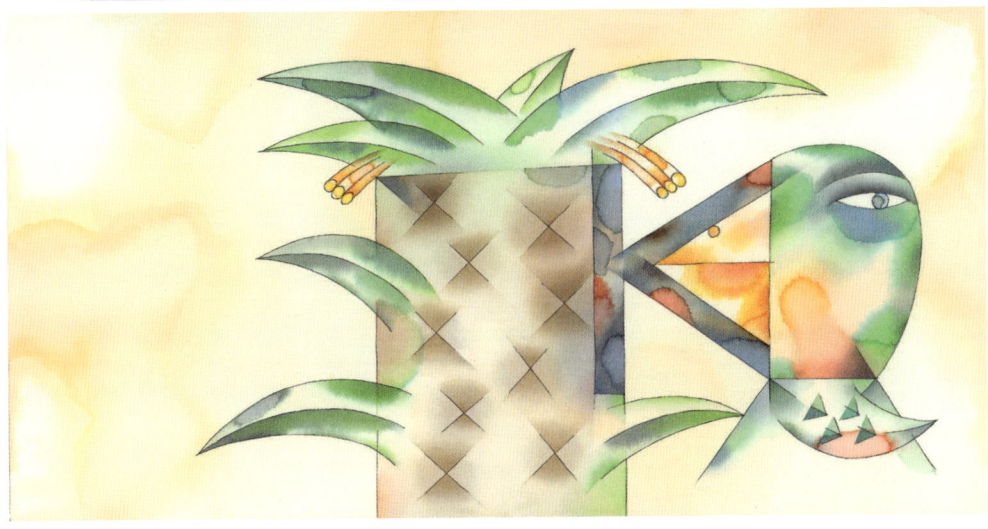

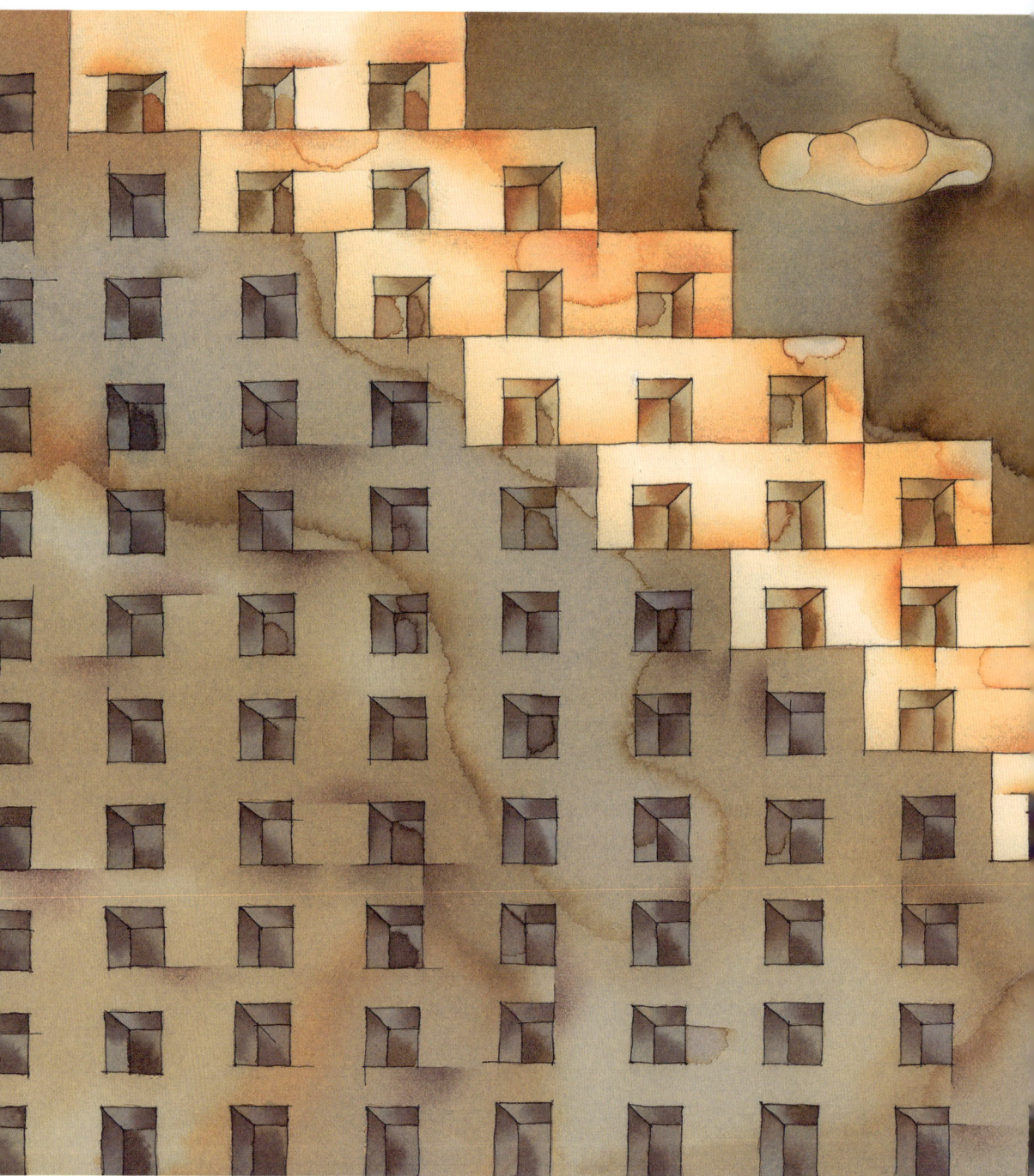

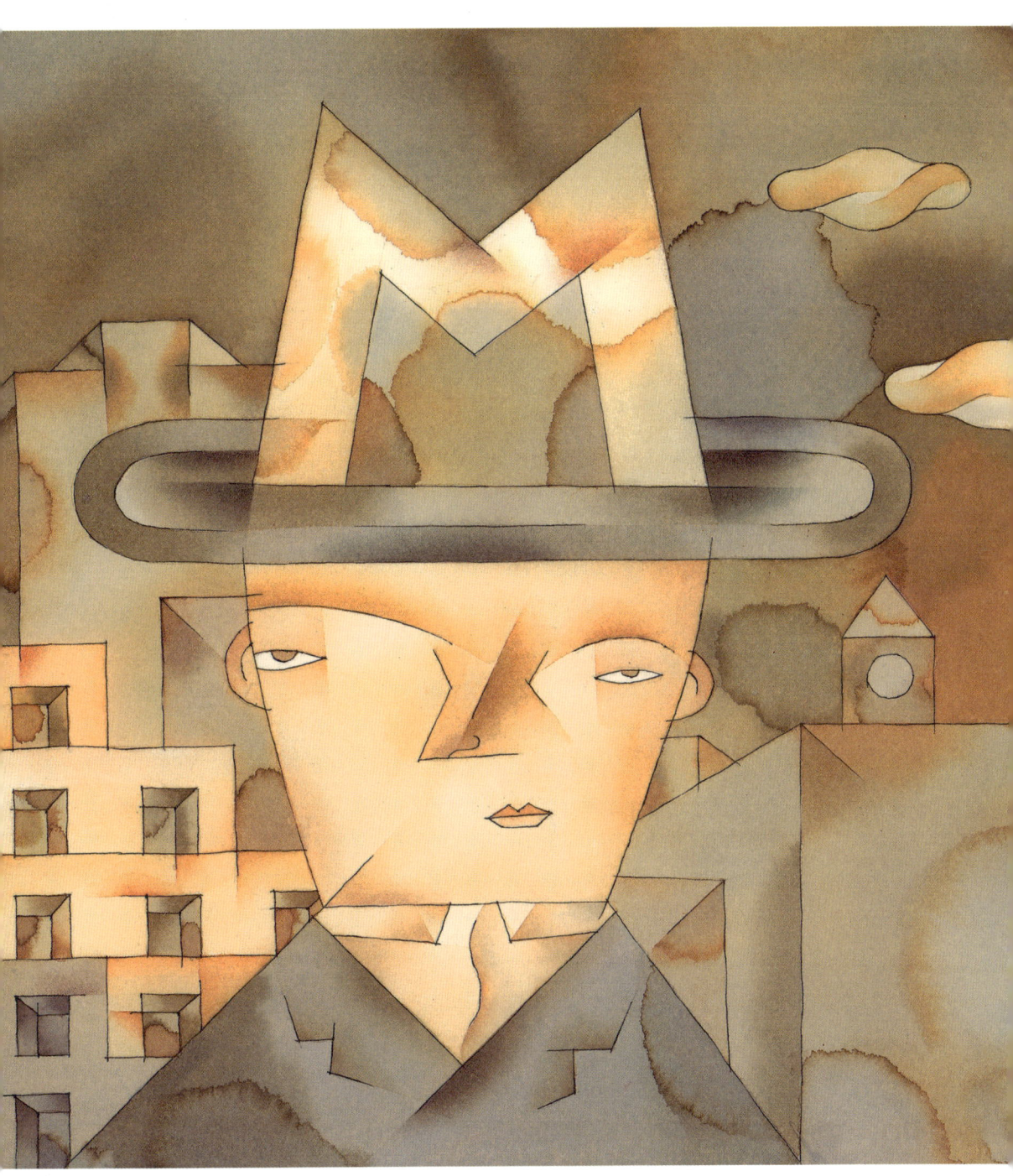

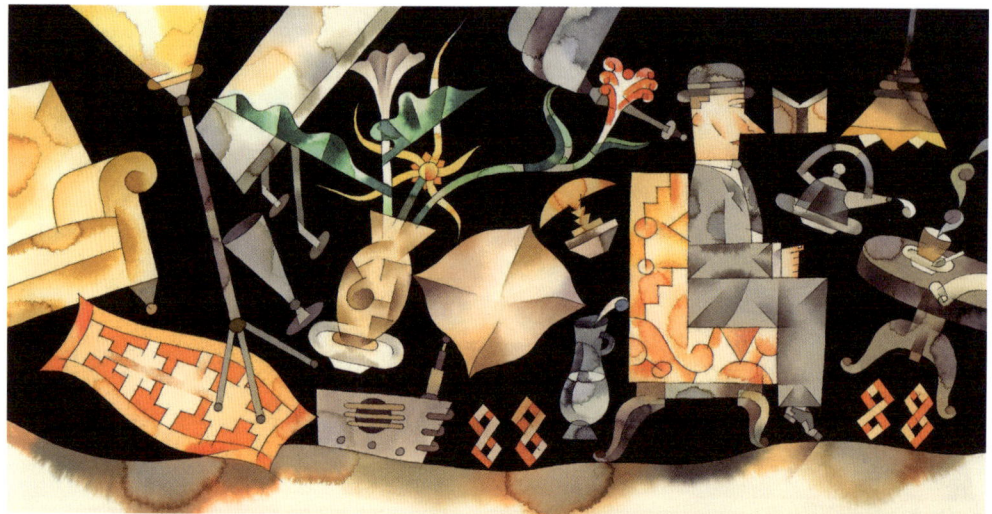

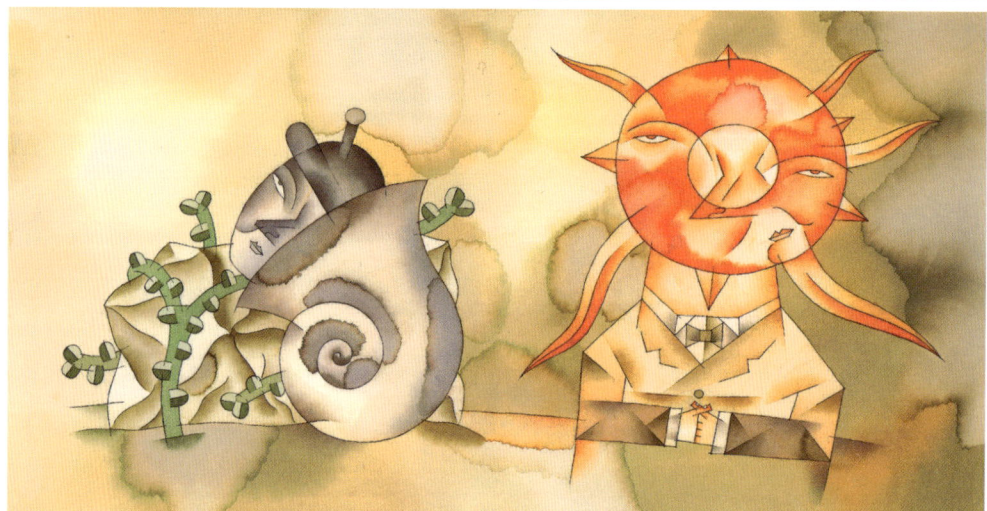

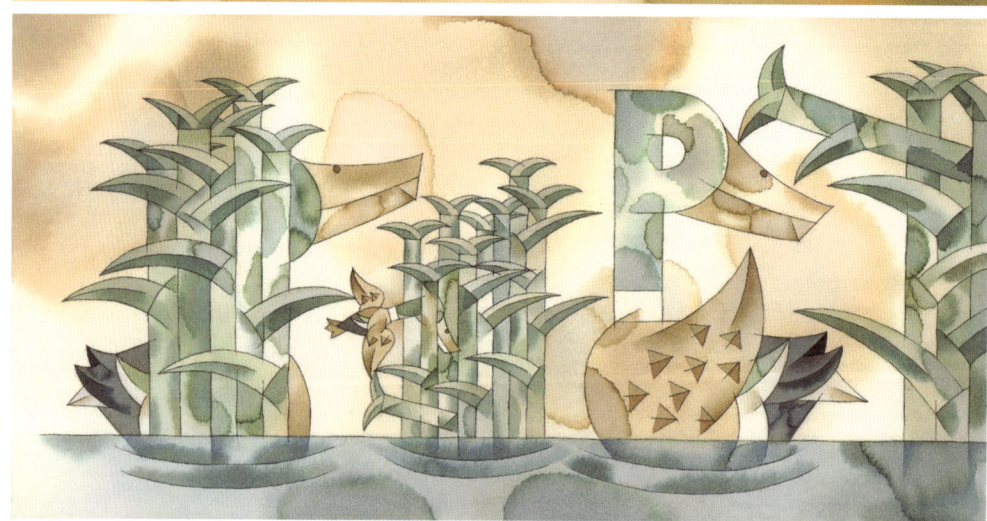

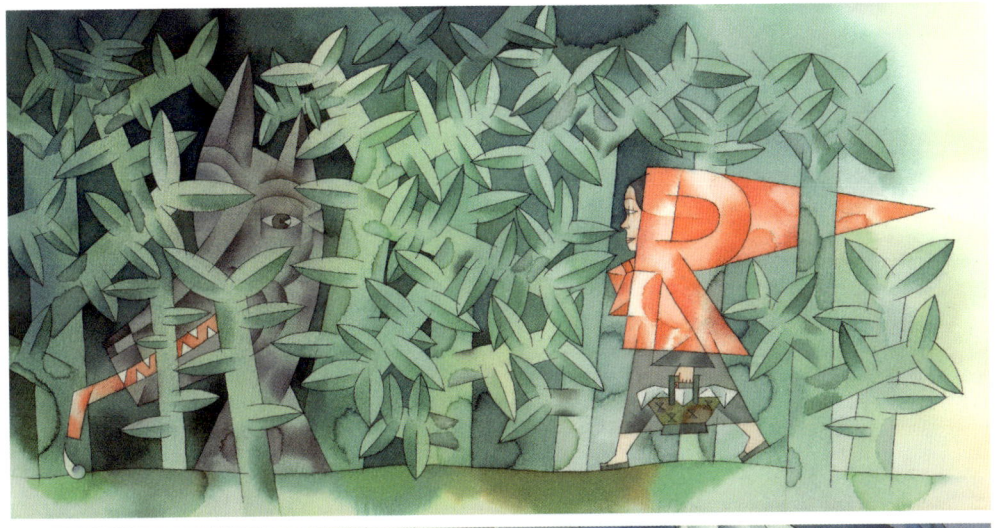

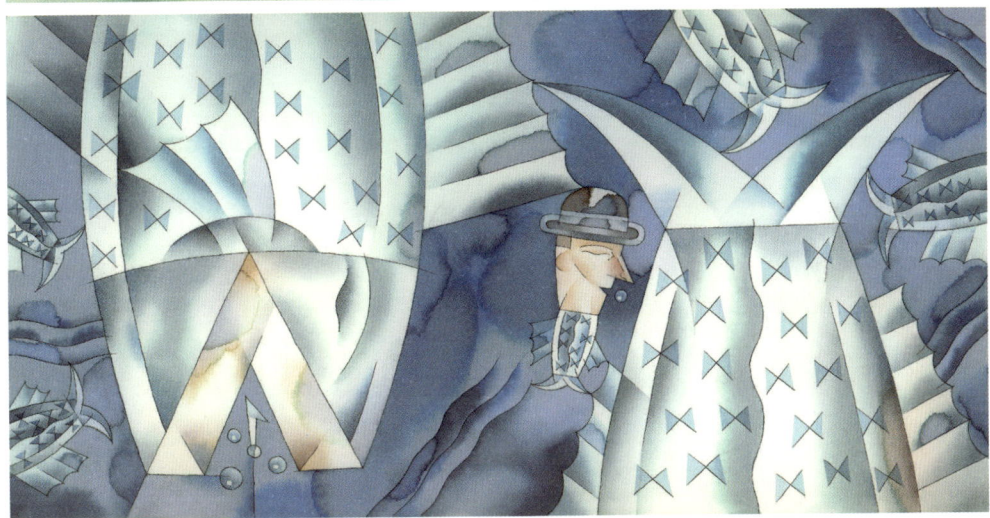

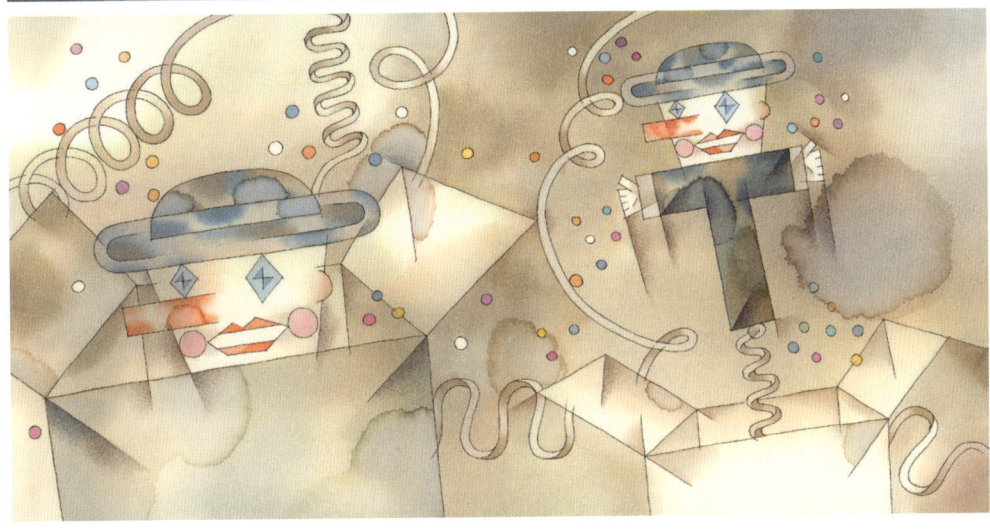

41

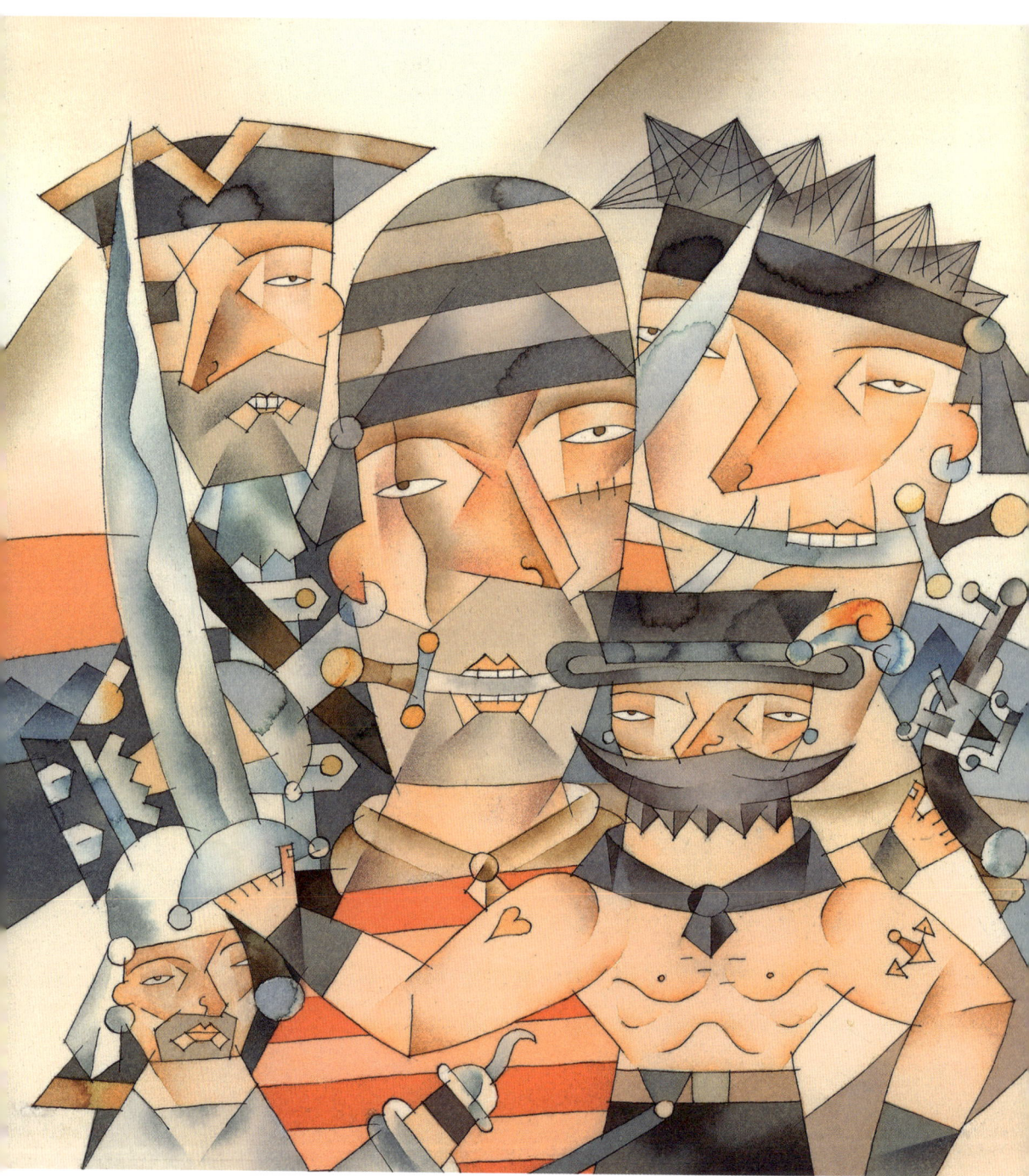

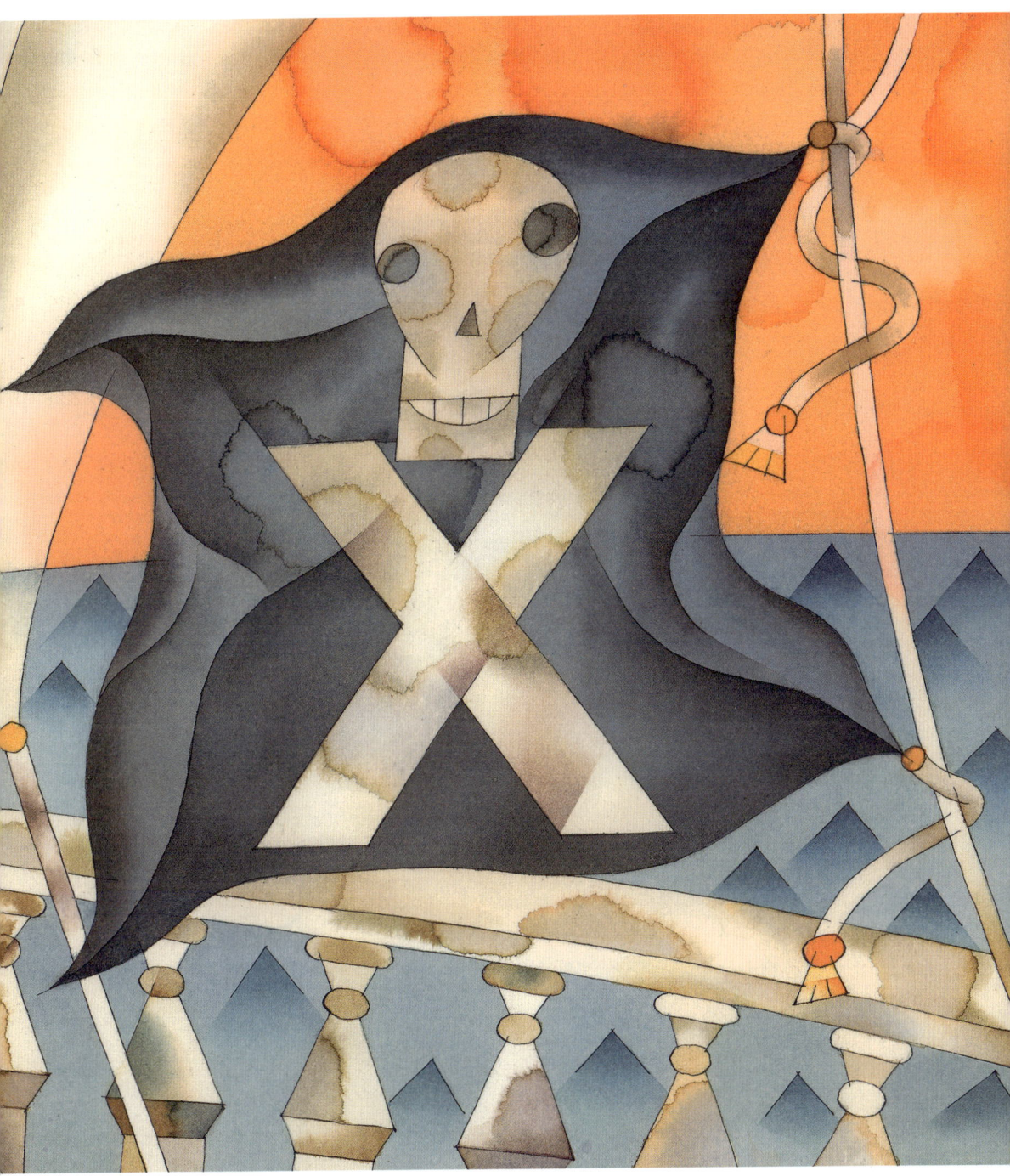

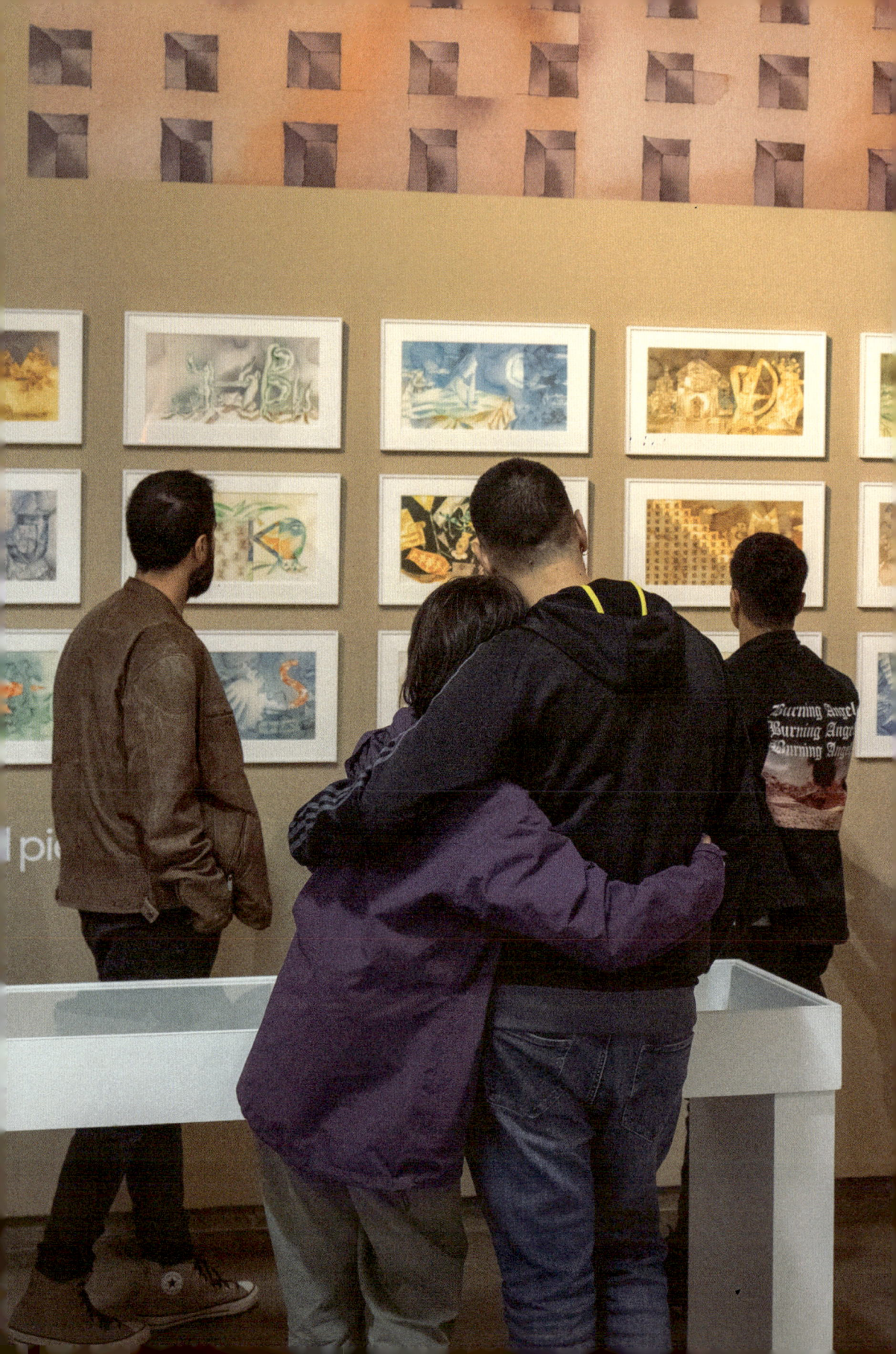

"Jo agrairé al destí (sempre ho faig)
haver-me permés el luxe d'optar per
la meua manera, tan allunyada del realisme
que molts adoren i defensen al·legant que
la infància ho entén, ho reconeix i ho
necessita per estar envoltada de realitat"

"Yo agradeceré al destino (siempre lo hago)
el haberme permitido el lujo de optar por
mi *manera*, tan alejada del realismo que
muchos adoran y defienden alegando que
la infancia lo entiende, reconoce y necesita
por estar rodeada de realidad"

Miguel Calatayud

El hombre que hablaba por los codos y otros cuentos imposibles. Alonso Palacios

A propòsit d'aquesta condició de *collages* dislocats que solen posseir les imatges en Calatayud s'ha parlat a vegades de cubisme o, amb un poc més d'encert, de la naturalesa polièdrica d'aquestes. Però potser hauríem d'associar-hi el concepte de calidoscòpiques. La distorsió d'aquests assemblats, que li facilita la simultaneïtat dels punts de vista, guarda relació amb aquell joguet de la seua infància, el calidoscopi, que va nàixer en el segle XIX amb finalitats científiques, i que, com assenyalara Walter Benjamin, permetia, a cada gir, destruir l'ordre per a crear un ordre nou, i que tan decisiu hauria de ser en l'univers de les diferents constel·lacions estètiques modernes i en la manera d'alguns escriptors, com Baudelaire o Proust, per a ajustar la seua visió. No n'hi ha prou, per tant, diguem-ho una vegada més, amb una ràpida mirada frontal dels seus dibuixos. Cal trobar la manera de penetrar-hi i, una vegada dins, confirmar que contenen una lògica en la qual, a més, el creador confereix a cada element la categoria que es mereix amplificant-ne o reduint-ne la grandària.

A propósito de esa condición de collages dislocados que suelen poseer las imágenes en Calatayud se ha hablado a veces de cubismo o, con algo más de tino, de la naturaleza poliédrica de las mismas. Pero quizá tendríamos que asociar a ellas el concepto de caleidoscópicas. La distorsión de esos ensamblados, que le facilita la simultaneidad de los puntos de vista, guarda relación con aquel juguete de su infancia, el caleidoscopio, que naciera en el siglo XIX con fines científicos, y que, como señalara Walter Benjamin, permitía, a cada giro, destruir lo ordenado para crear un orden nuevo, y que tan decisivo habría de ser en el universo de las distintas constelaciones estéticas modernas y en la manera de algunos escritores, como Baudelaire o Proust, para ajustar su visión. No basta, por tanto, digámoslo una vez más, con una rápida mirada frontal de sus dibujos. Hay que encontrar el modo de penetrar en ellos y, una vez dentro, confirmar que contienen una lógica en la que, además, el creador confiere a cada elemento la categoría que se merece amplificando o reduciendo su tamaño.

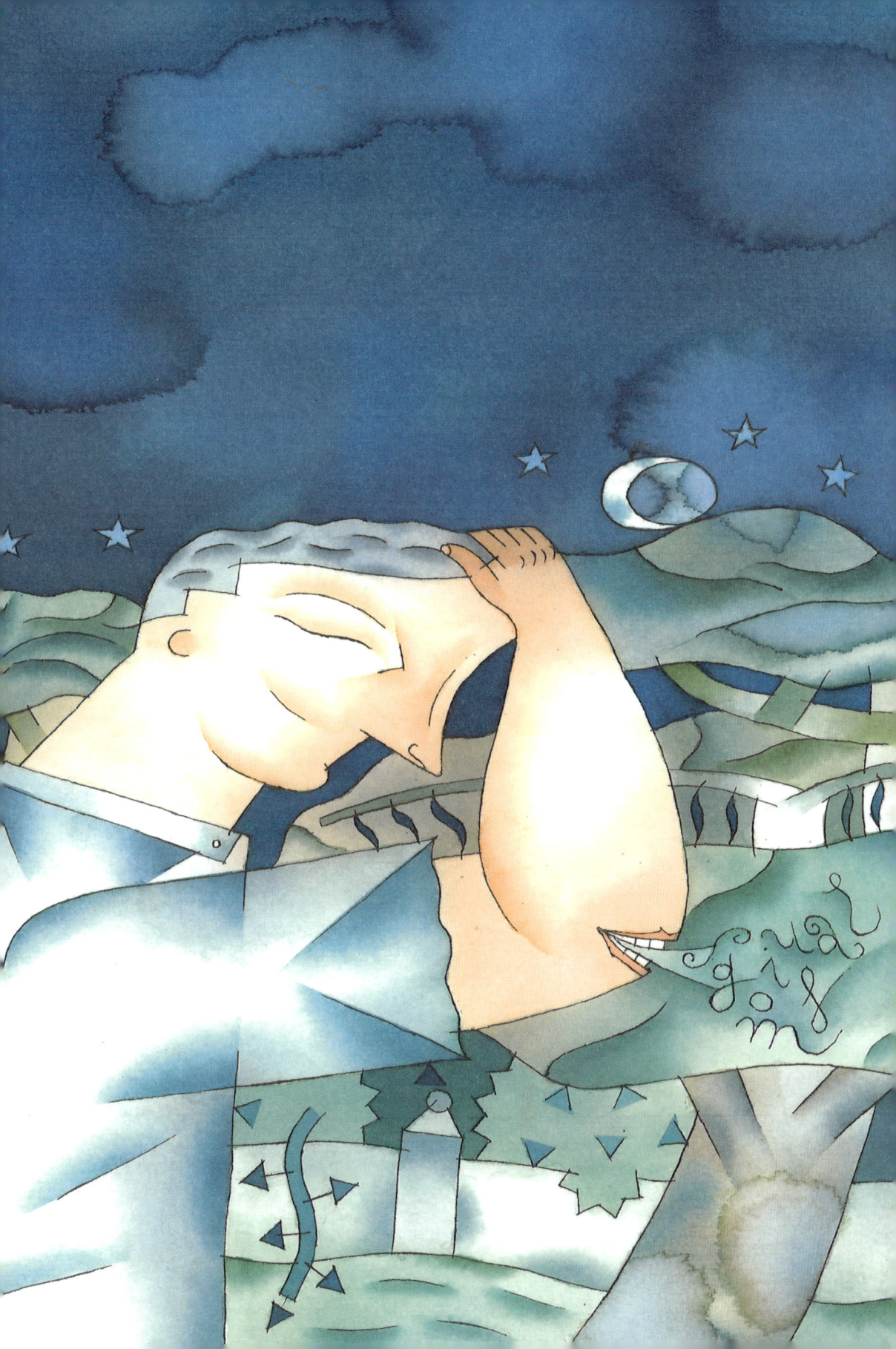

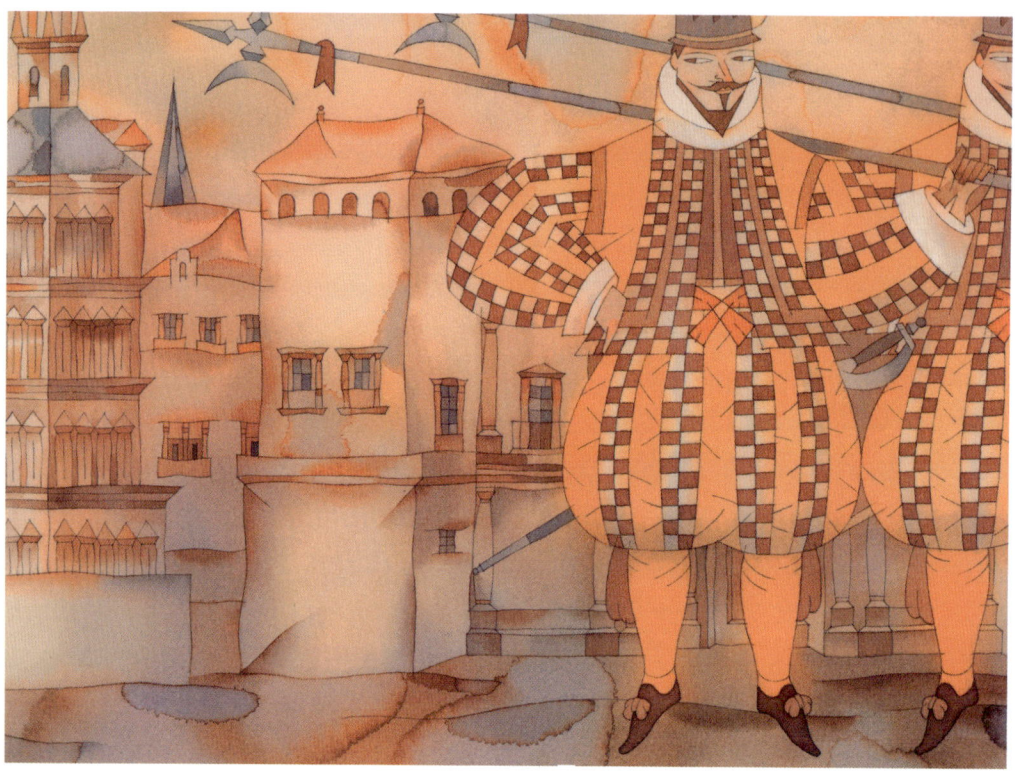

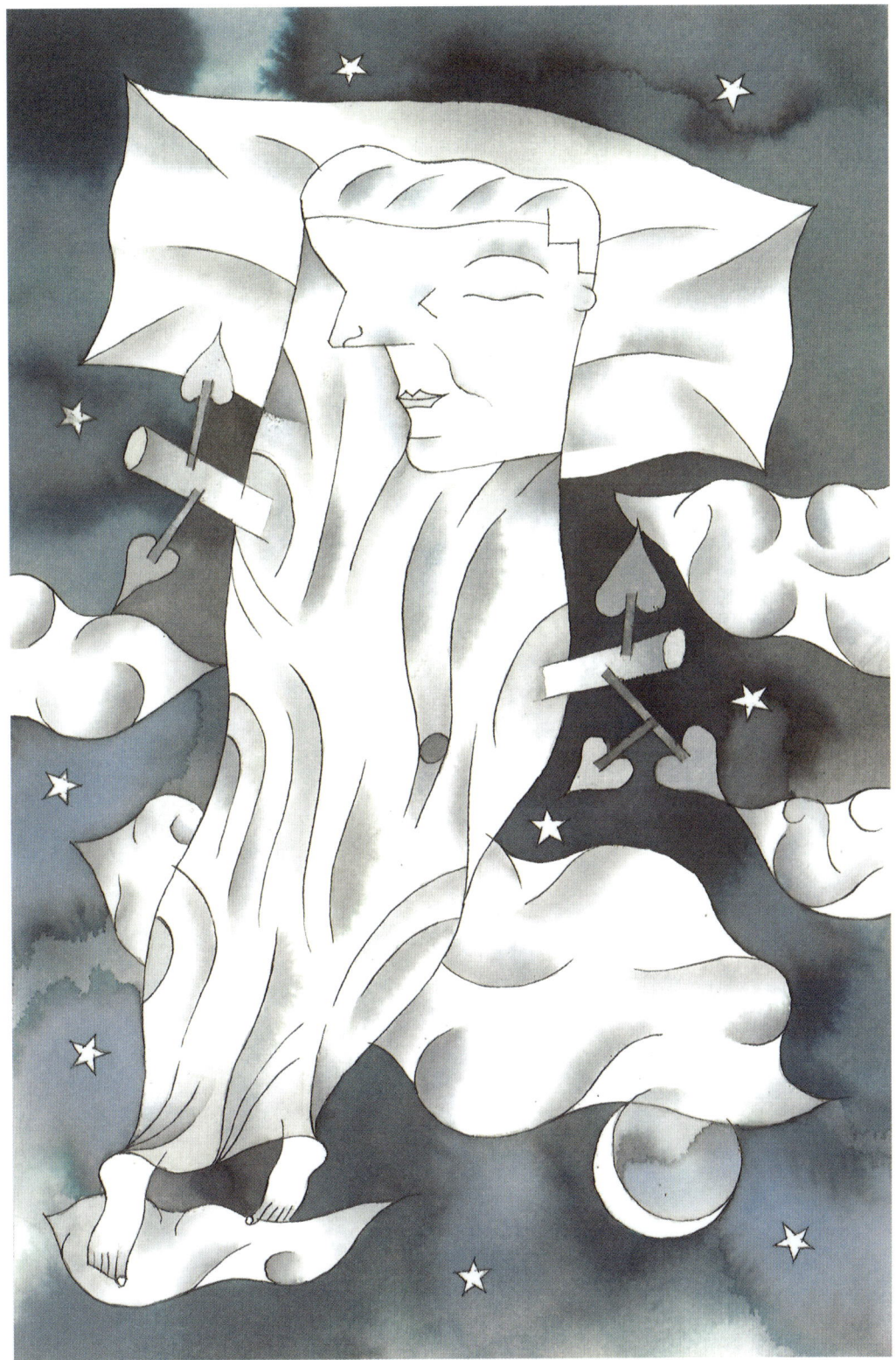

EL HOMBRE QUE HABLABA POR LOS CODOS Y OTROS CUENTOS IMPOSIBLES. ALONSO PALACIOS

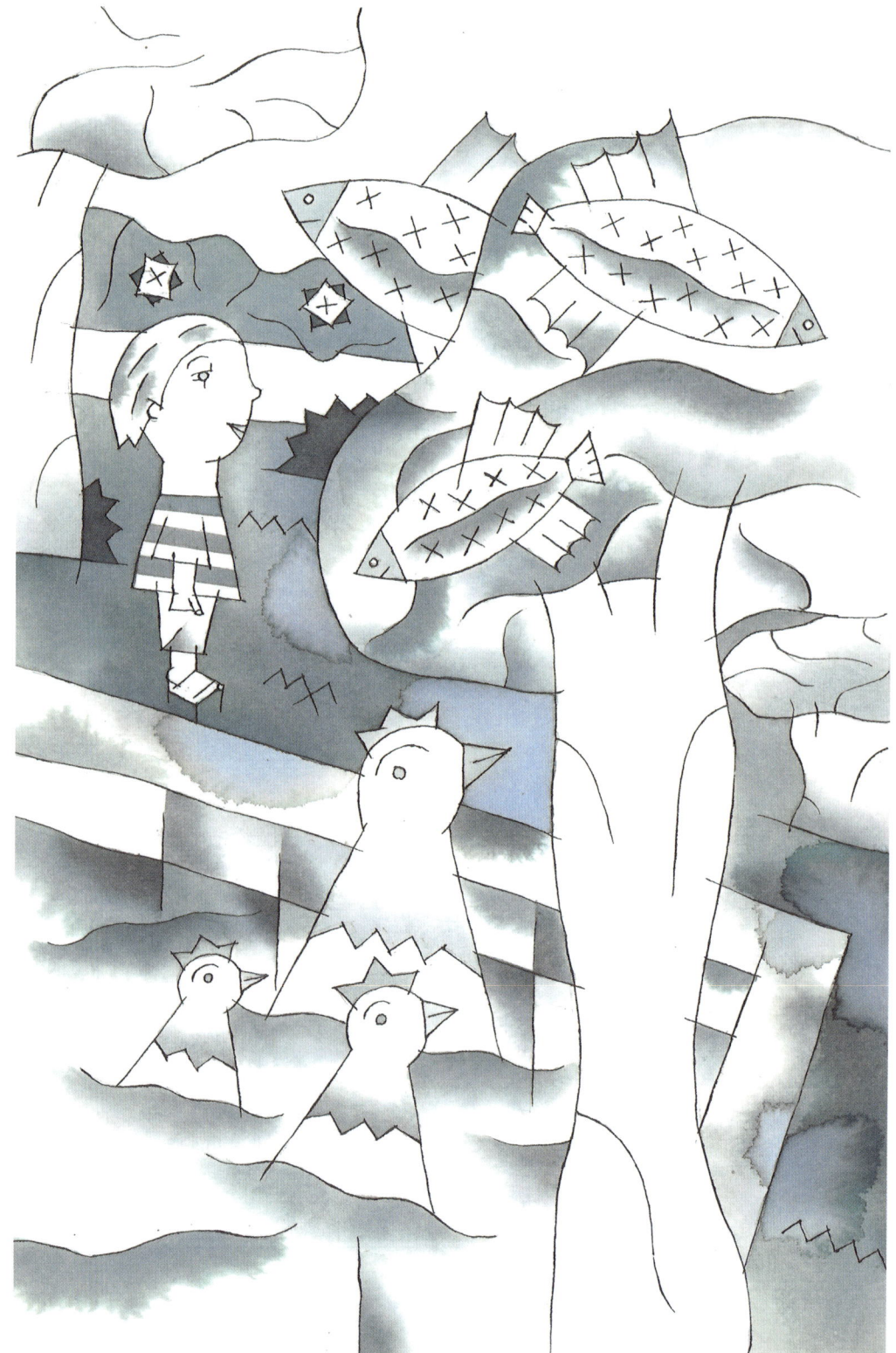

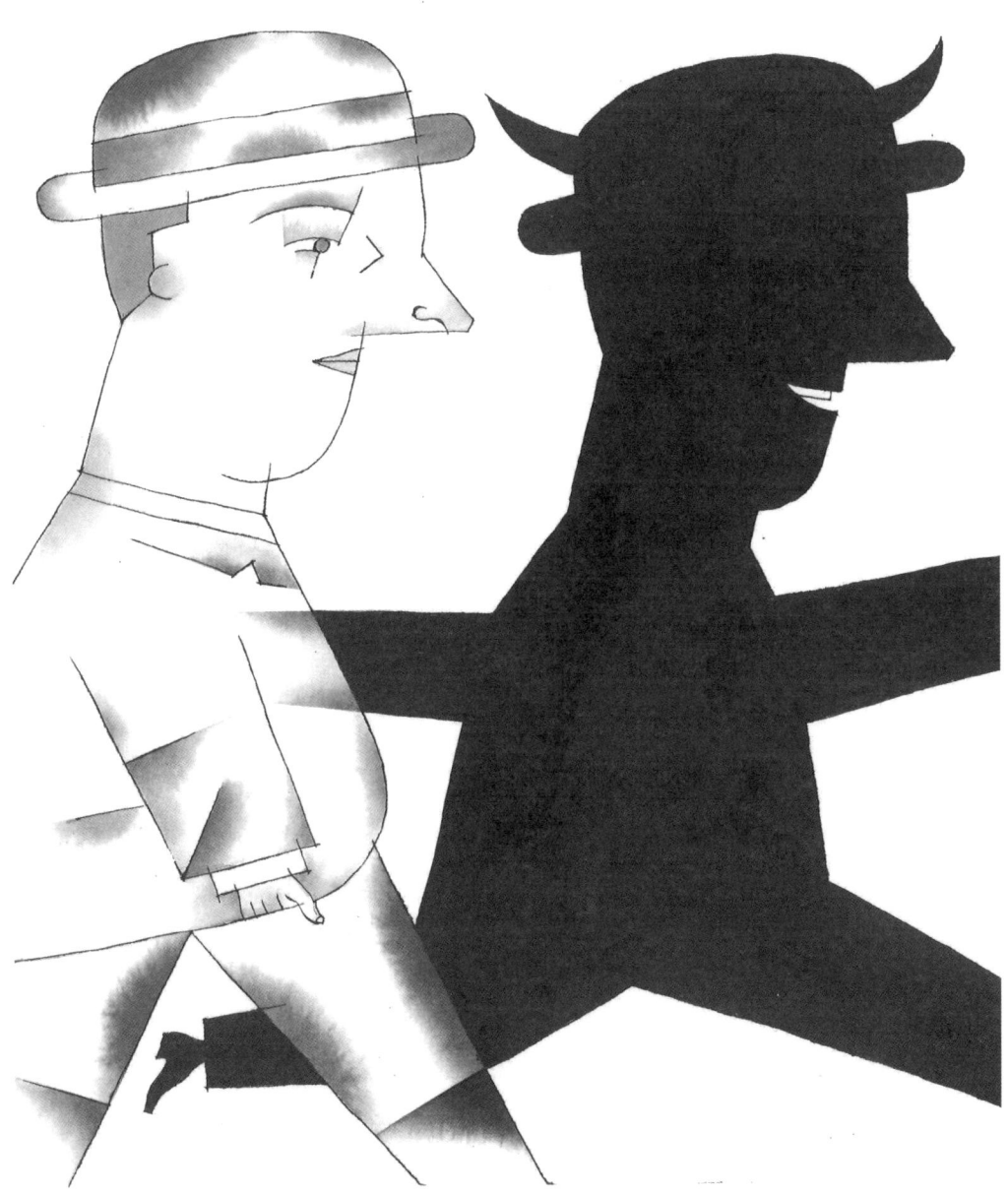

EL HOMBRE QUE HABLABA POR LOS CODOS Y OTROS CUENTOS IMPOSIBLES. ALONSO PALACIOS

¡Ay, Filomena, Filomena!... y otros cuentos. Miquel Obiols

El color, en Calatayud, també narra. No és simplement decoratiu. No ho va ser ni tan sols quan, en els seus inicis, semblava adscriure's al moviment pop. El color és possiblement l'eina més important de totes les que ell es val perquè les formes adquirisquen la seua plenitud, i sovint l'artista ha de contradir, a l'hora d'aplicar-lo, al que li dicta la seua ment. És també, en les seues obres, la vertadera i última perspectiva que regeix els seus dibuixos, I el color és, per damunt de tot, profundament biològic, dotat d'aquesta potència emocional a la qual es referia el seu admirat Folon. Fins al moment en què Miguel no l'aplica a les seues obres, encara que siga mitjançant una aiguada de grisos, aquestes, sent brillants, semblen estar reclamant-ho per a ser plenament harmòniques. I en el seu cas, com tants altres aspectes de la seua proposta, guarda una estreta relació amb l'observació de la naturalesa que envolta la seua localitat natal d'Aspe i amb els canvis de llum que s'hi despleguen davant l'espectador atent. I també, indubtablement, amb el treball d'alguns directors de fotografia cinematogràfics: clàssics com Jack Cardiff (*Les sabatilles vermelles*) o Robert Burks (*Vértigo*), o contemporanis com Curtis Clark (*El contato del dibujante*), Sacha Vierny (*El cuiner, el lladre, la seua dona i el seu amant*) o Christopher Doyle (*Desitjant estimar*).

El color, en Calatayud, también narra. No es simplemente decorativo. No lo fue ni tan siquiera cuando, en sus inicios, parecía adscribirse al movimiento pop. El color es posiblemente la herramienta más importante de cuantas él se vale para que las formas adquieran su plenitud, y frecuentemente el artista ha de contradecir, a la hora de aplicarlo, a lo que le dicta su mente. Es también, en sus obras, la verdadera y última perspectiva que rige sus dibujos, Y el color es, por encima de todo, profundamente biológico, dotado de esa potencia emocional a la que se refería su admirado Folon. Hasta el momento en que Miguel no lo aplica a sus obras, aunque sea mediante una aguada de grises, éstas, con ser brillantes, parecen estar reclamándolo para ser plenamente armónicas. Y en su caso, como tantos otros aspectos de su propuesta, guarda una estrecha relación con la observación de la naturaleza que rodea a su localidad natal de Aspe y con los cambios de luz que en ella se despliegan ante el espectador atento. Y también, indudablemente, con el trabajo de algunos directores de fotografía cinematográficos: clásicos como Jack Cardiff (Las zapatillas rojas) o Robert Burks (Vértigo), o contemporáneos como Curtis Clark (El contrato del dibujante), Sacha Vierny (El cocinero, el ladrón, su mujer y su amante) o Christopher Doyle (Deseando amar).

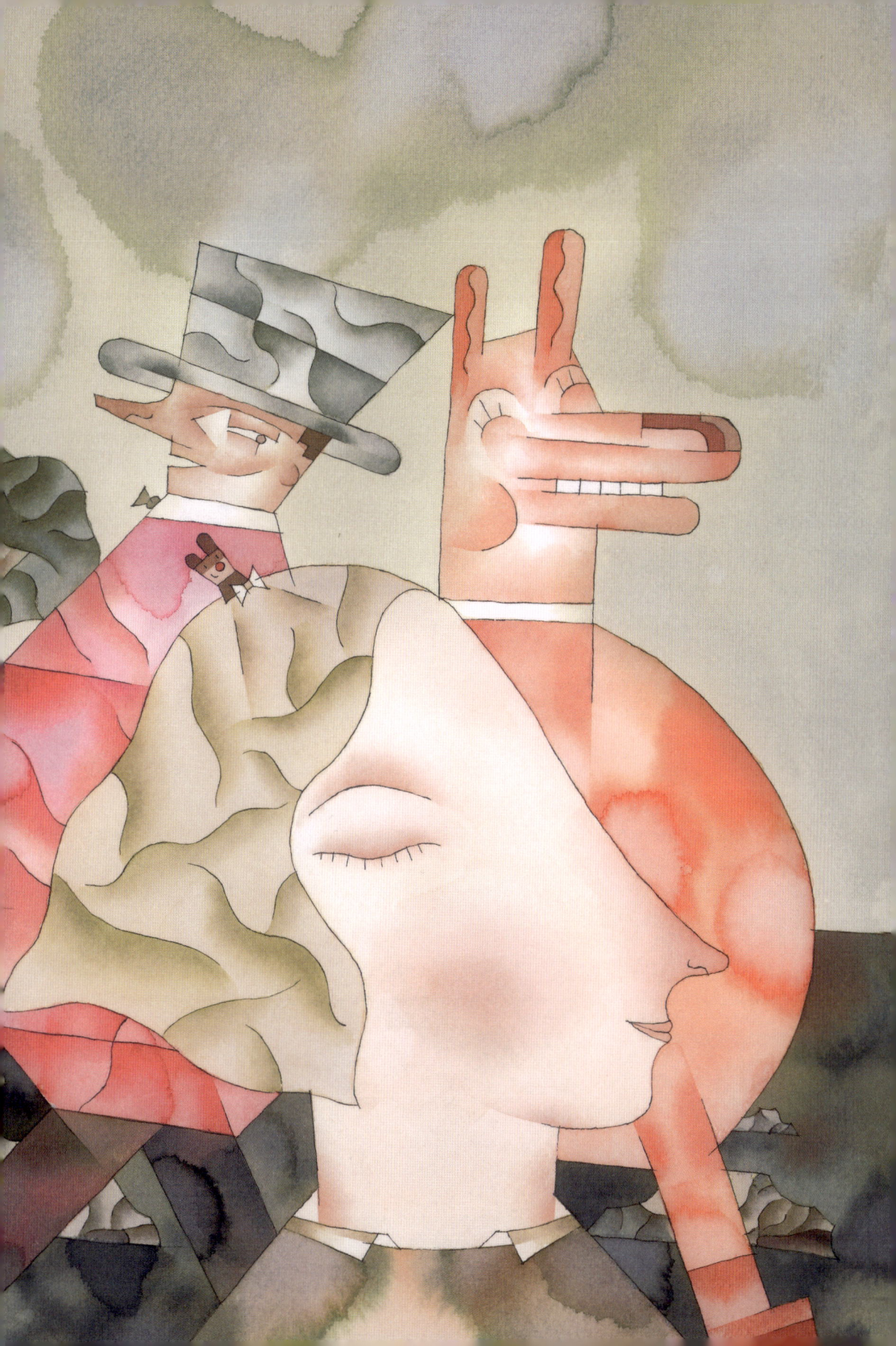

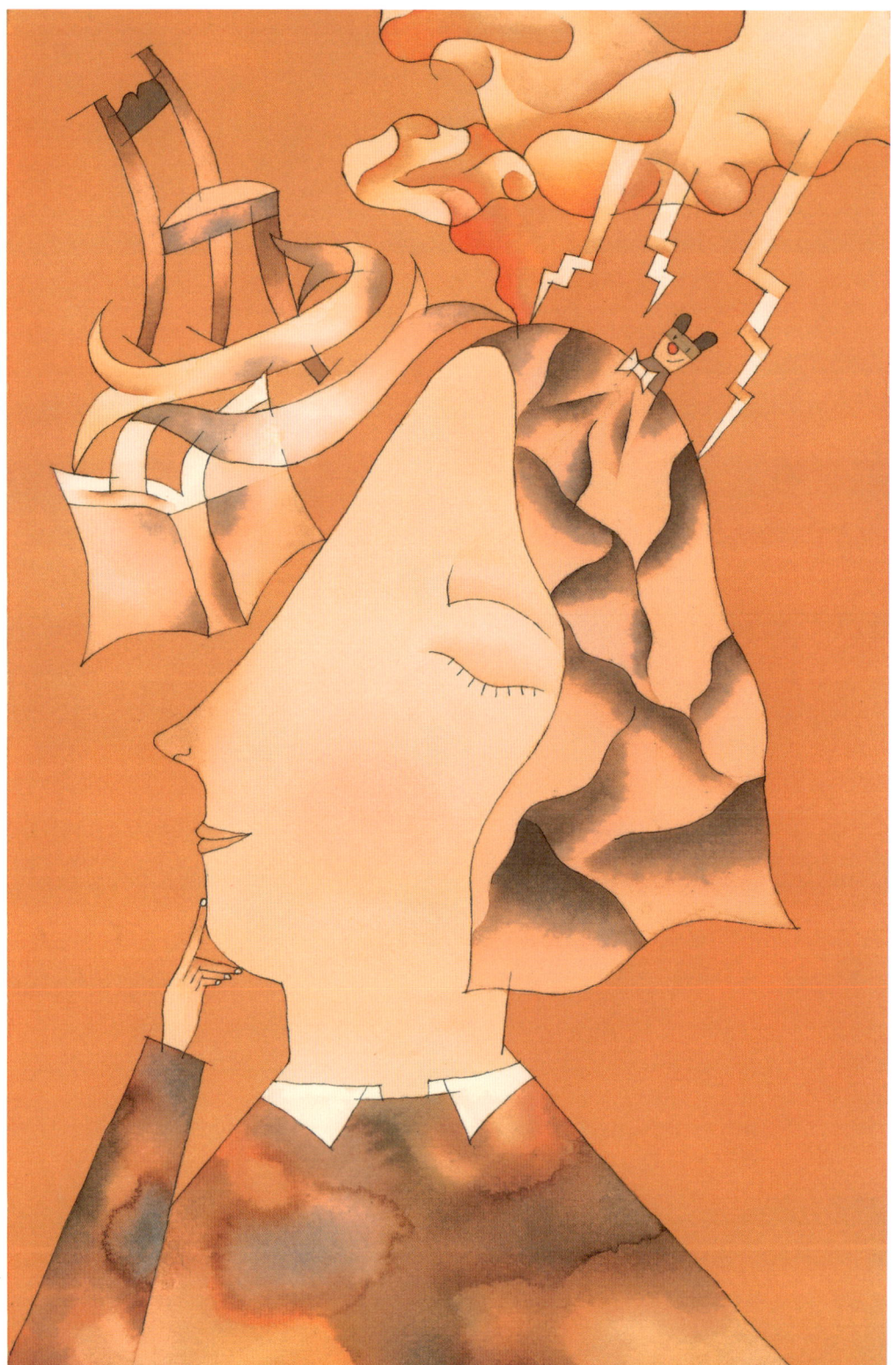

54

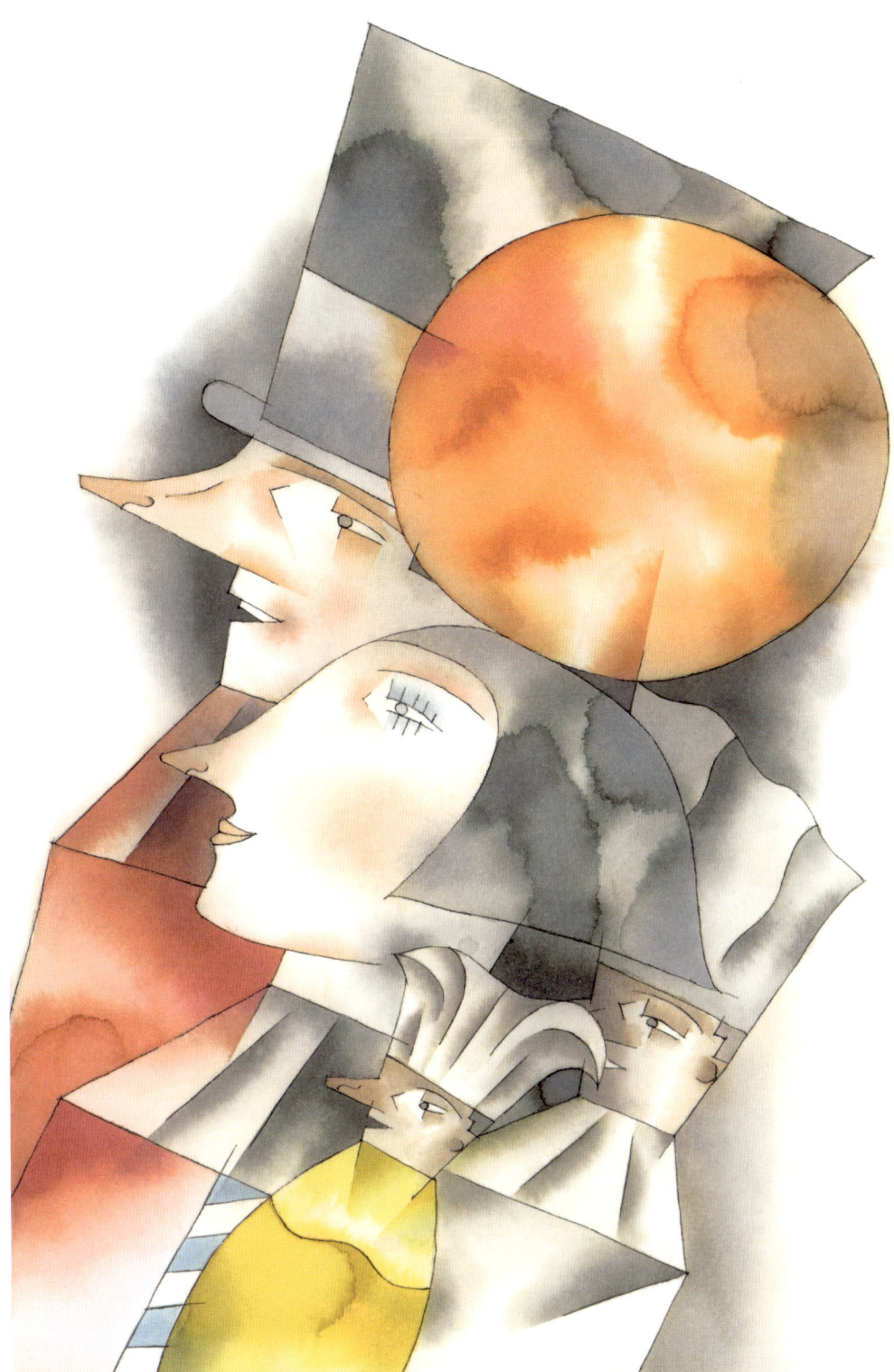

¡AY, FILOMENA, FILOMENA!... Y OTROS CUENTOS. MIQUEL OBIOLS

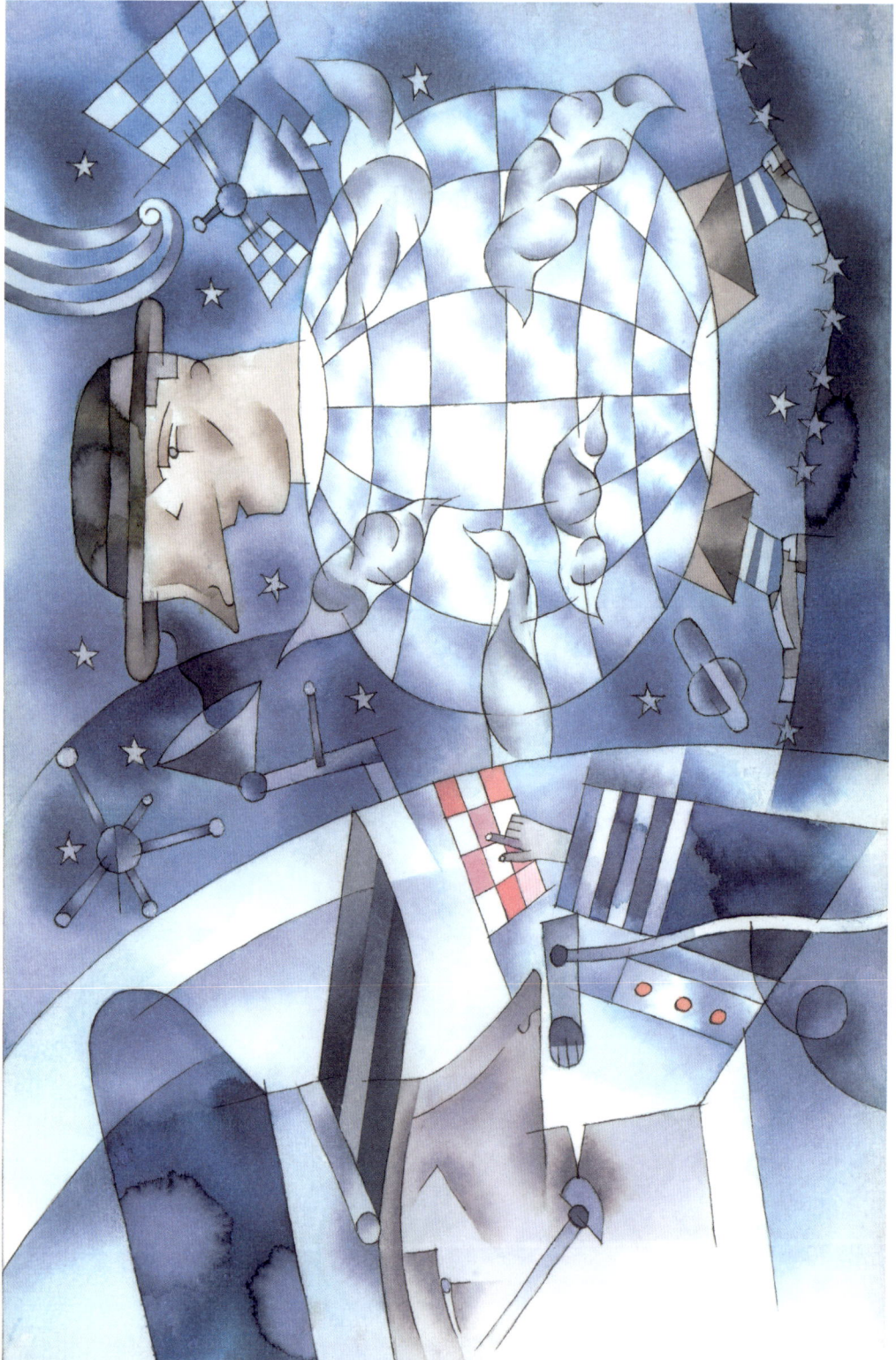

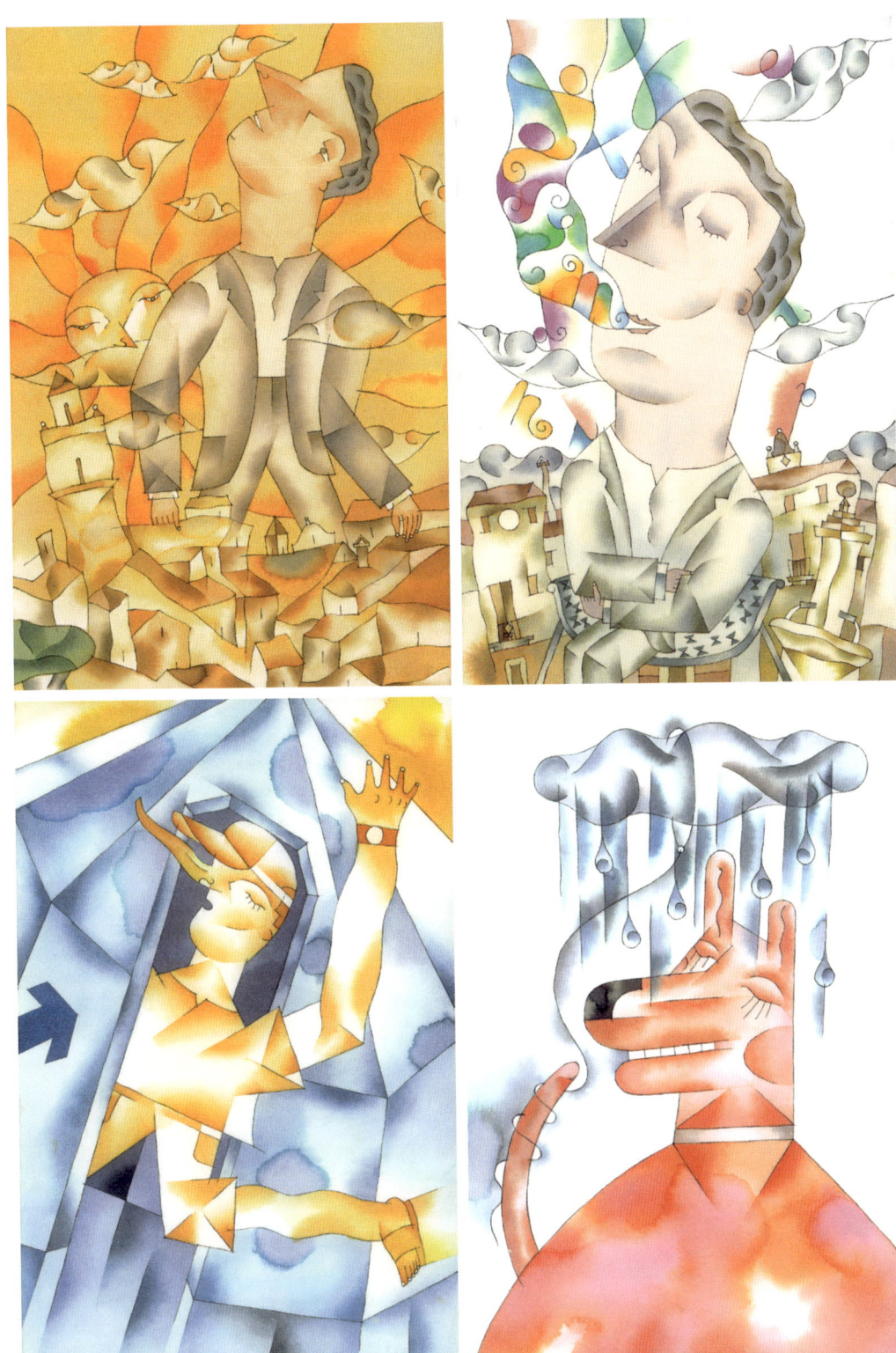

¡AY, FILOMENA, FILOMENA!... Y OTROS CUENTOS. MIQUEL OBIOLS

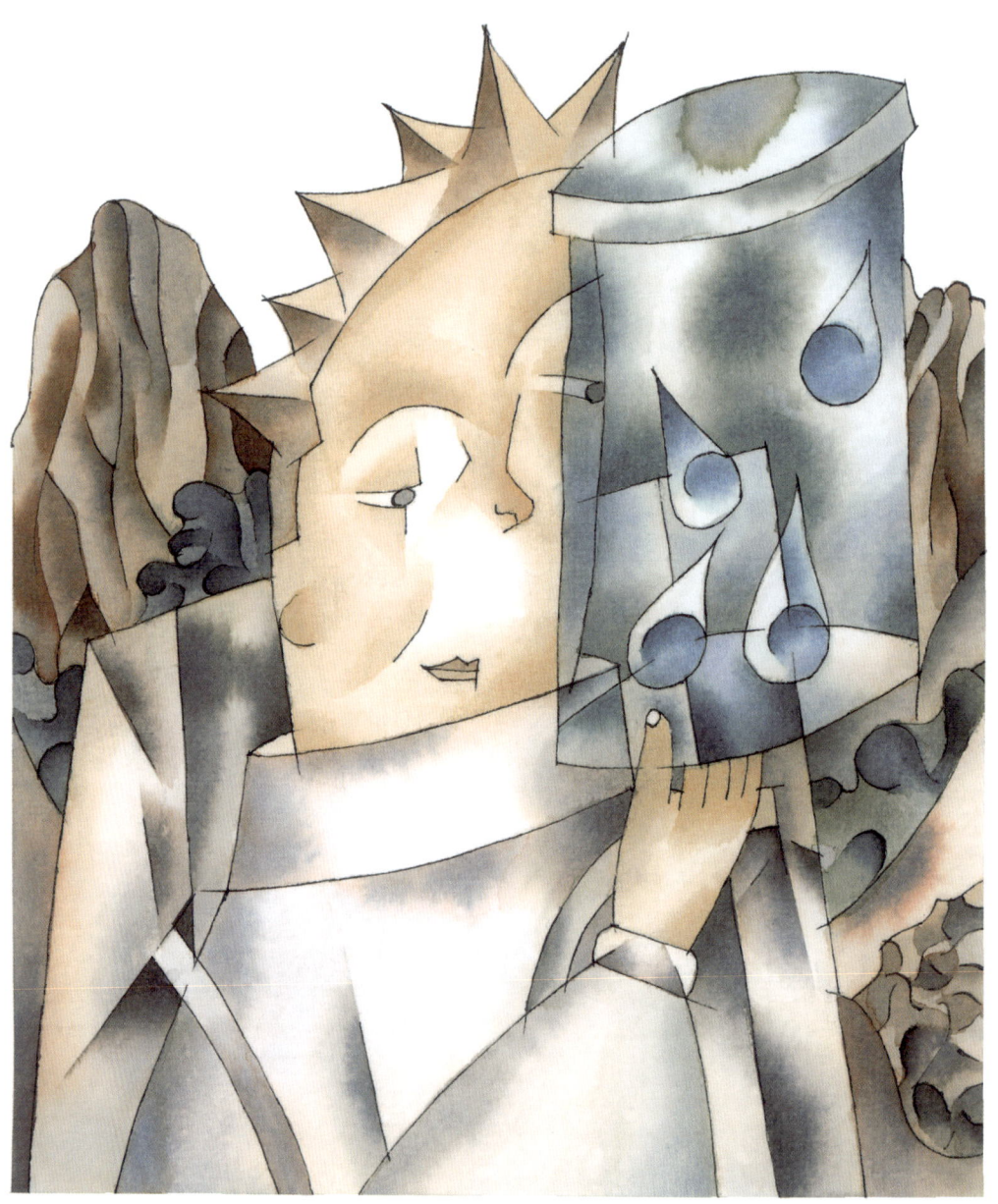

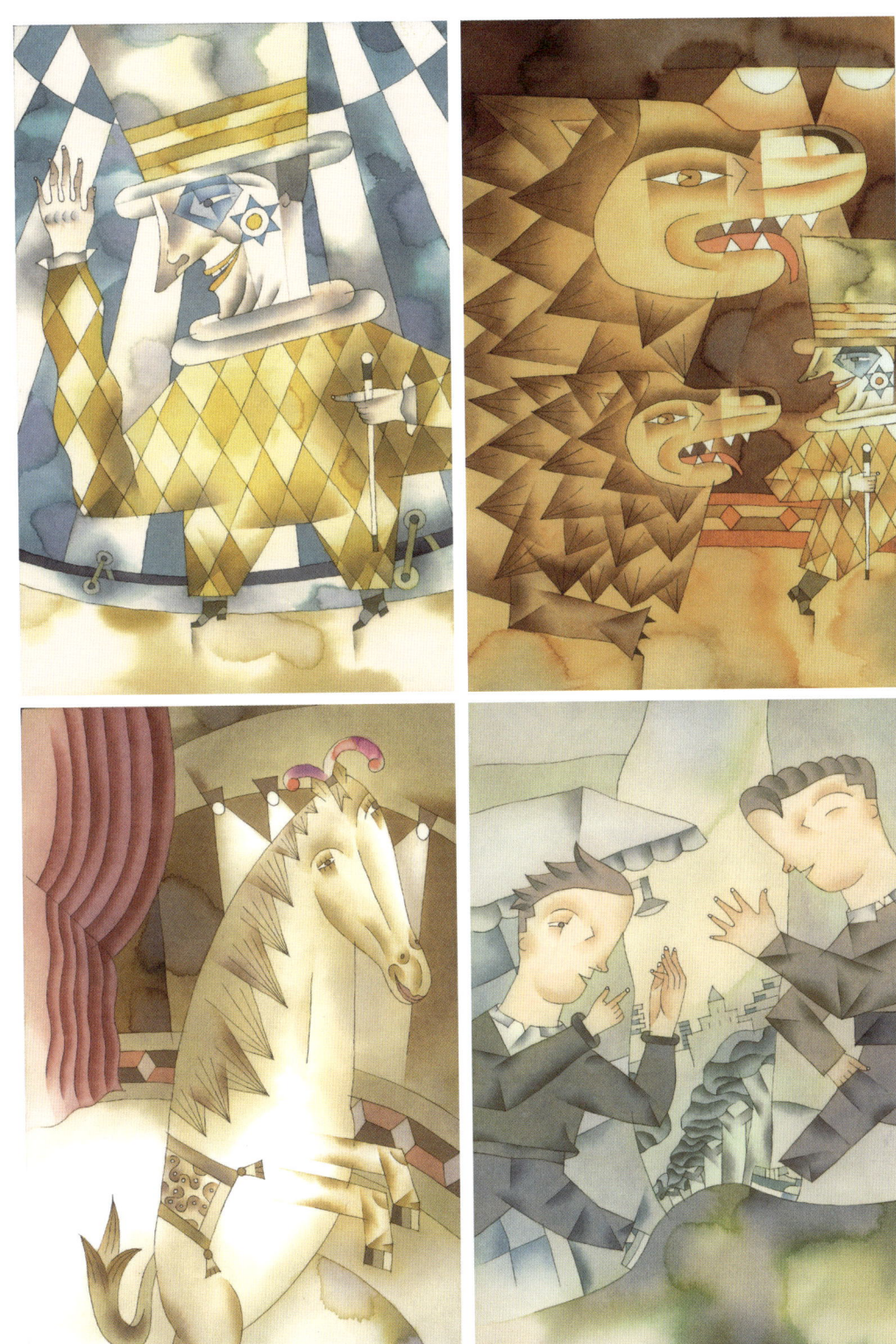

¡AY, FILOMENA, FILOMENA!... Y OTROS CUENTOS. MIQUEL OBIOLS

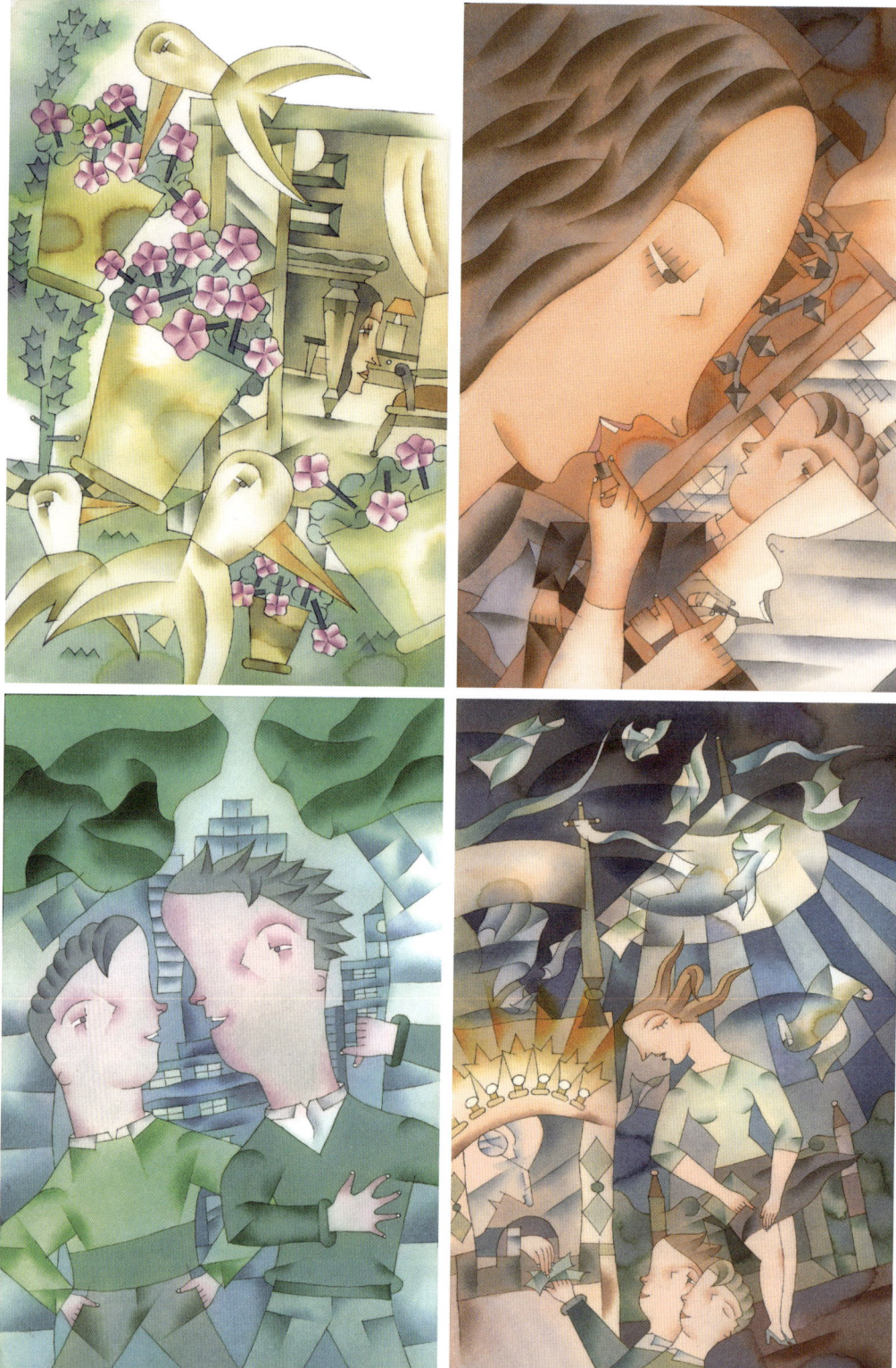

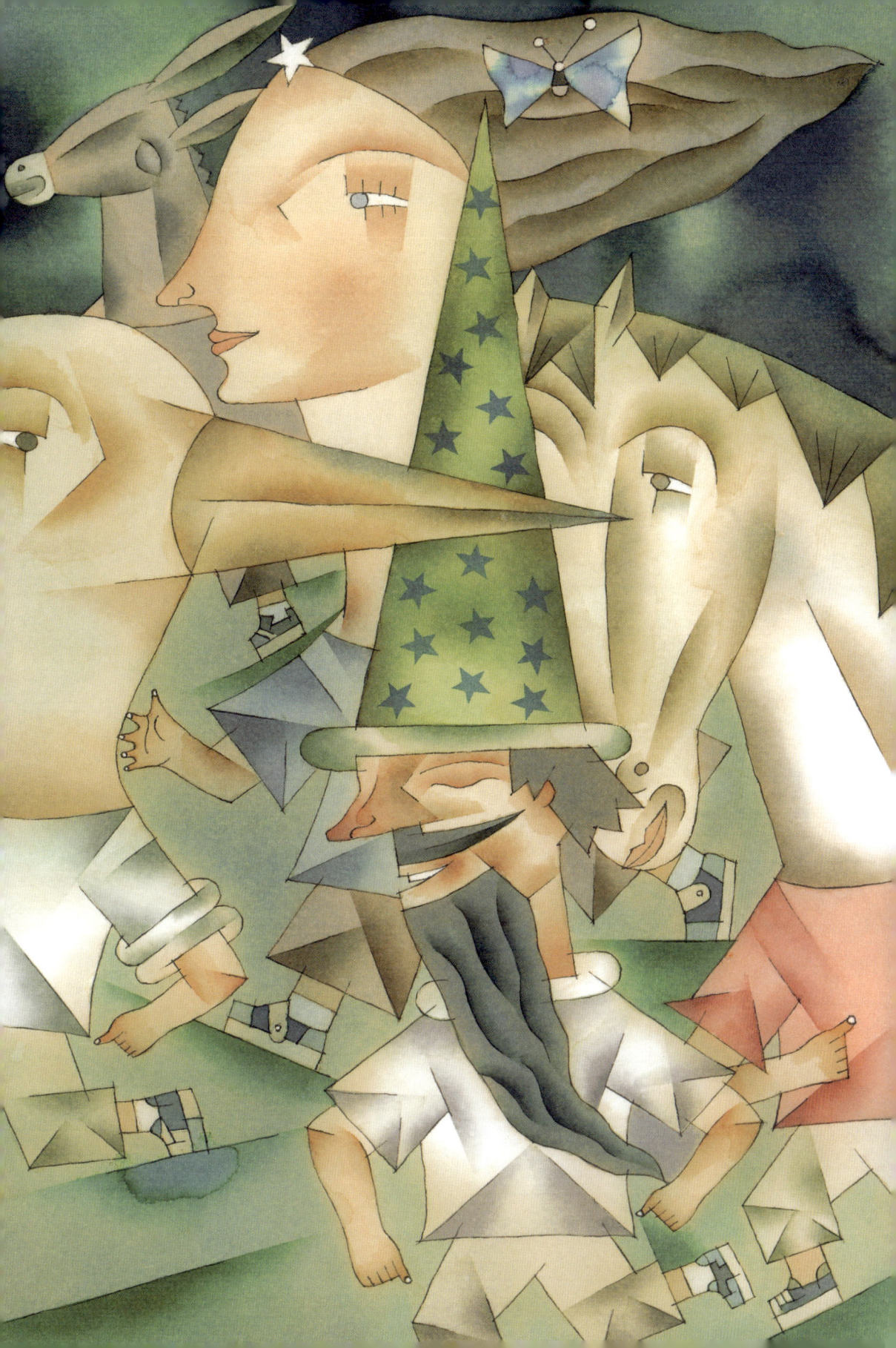

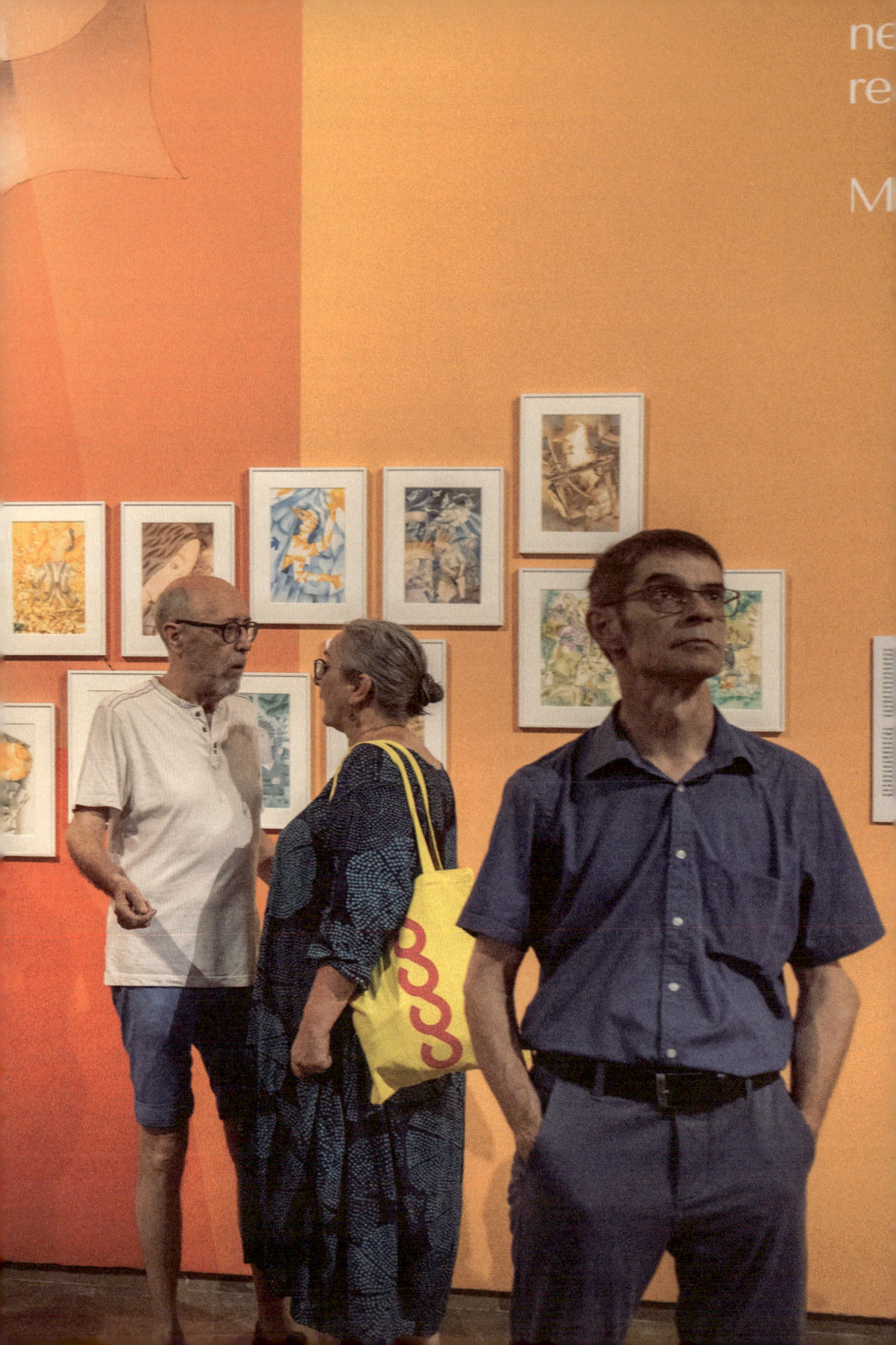

"Mai no em va agradar el terme il·lustrador, que sembla transmetre una activitat rutinària, mecànica"

"Nunca me gustó el término ilustrador, que parece transmitir una actividad rutinaria, mecánica"

Miguel Calatayud

Columbeta, la isla libro.
Carles Cano

Potser, per influència de la historieta, en què la seua participació ha sigut també decisiva, o potser per la de la cinematografia, totes dues parts basals de la seua educació, en les il·lustracions de Calatayud el temps contingut esdevé també narració, que contribueix a enriquir aquest equívoc vertigen visual. És també una altra forma més de resistència enfront de la dissipació habitual i a l'embotiment perceptiu en la contemplació d'imatges. Els seus dibuixos no viuen en un present continu, igual que "la realitat" que plasmen. Són illes de sentit en què succeeixen coses, moltes coses. I illes que es vinculen així mateix a una tradició pictòrica anterior al Renaixement (la seqüencialitat en les taules romàniques i gòtiques) i confereixen una nova dimensió a una obra que ha de ser experimentada des de dins (l'extrema interioritat, de la qual parlava el poeta José Ángel Valente).

Quizá, por influencia de la historieta, en la que su participación ha sido también decisiva, o quizá por la de la cinematografía, ambas partes basales de su educación, en las ilustraciones de Calatayud el tiempo contenido deviene también en narración, contribuyendo a enriquecer ese equívoco vértigo visual. Es también otra forma más de resistencia frente a la disipación habitual y al embotamiento perceptivo en la contemplación de imágenes. Sus dibujos no viven en un presente continuo, al igual que "la realidad" que plasman. Son islas de sentido en las que suceden cosas, muchas cosas. E islas que se vinculan así mismo a una tradición pictórica anterior al Renacimiento (la secuencialidad en las tablas romácas y góticas) y confieren una nueva dimensión a una obra que debe ser experimentada desde dentro (la extrema interioridad, de la que hablaba el poeta José Ángel Valente).

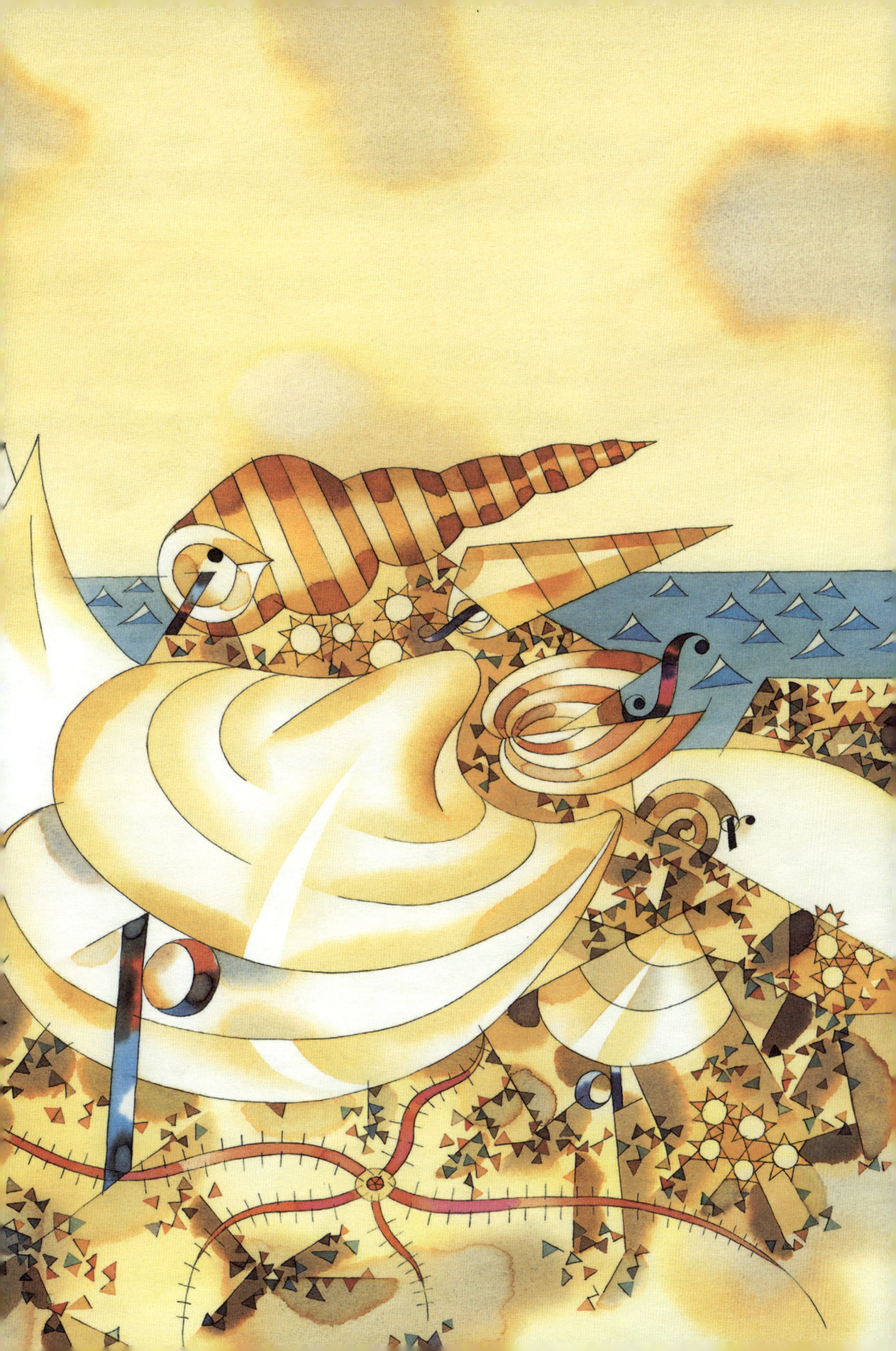

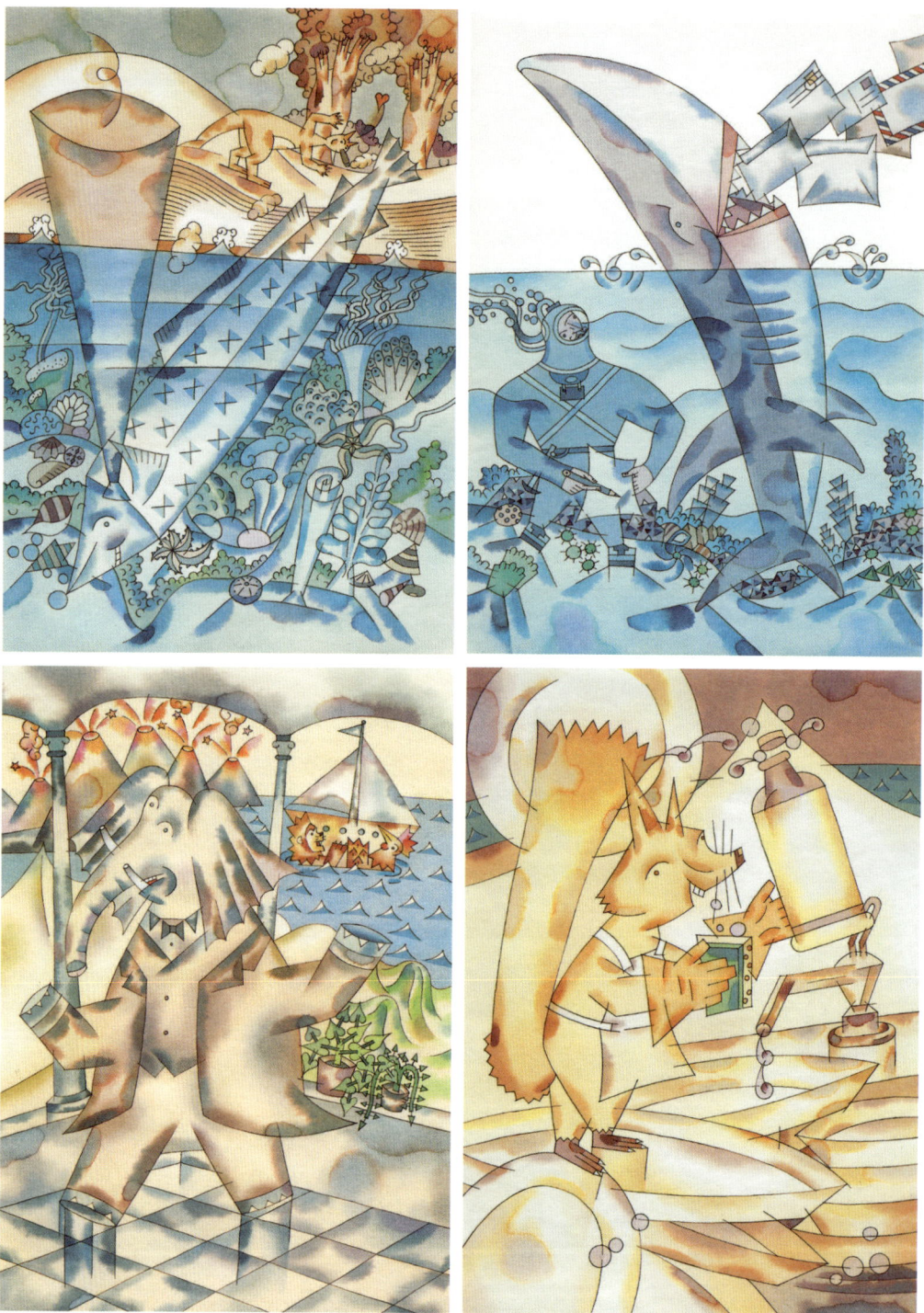

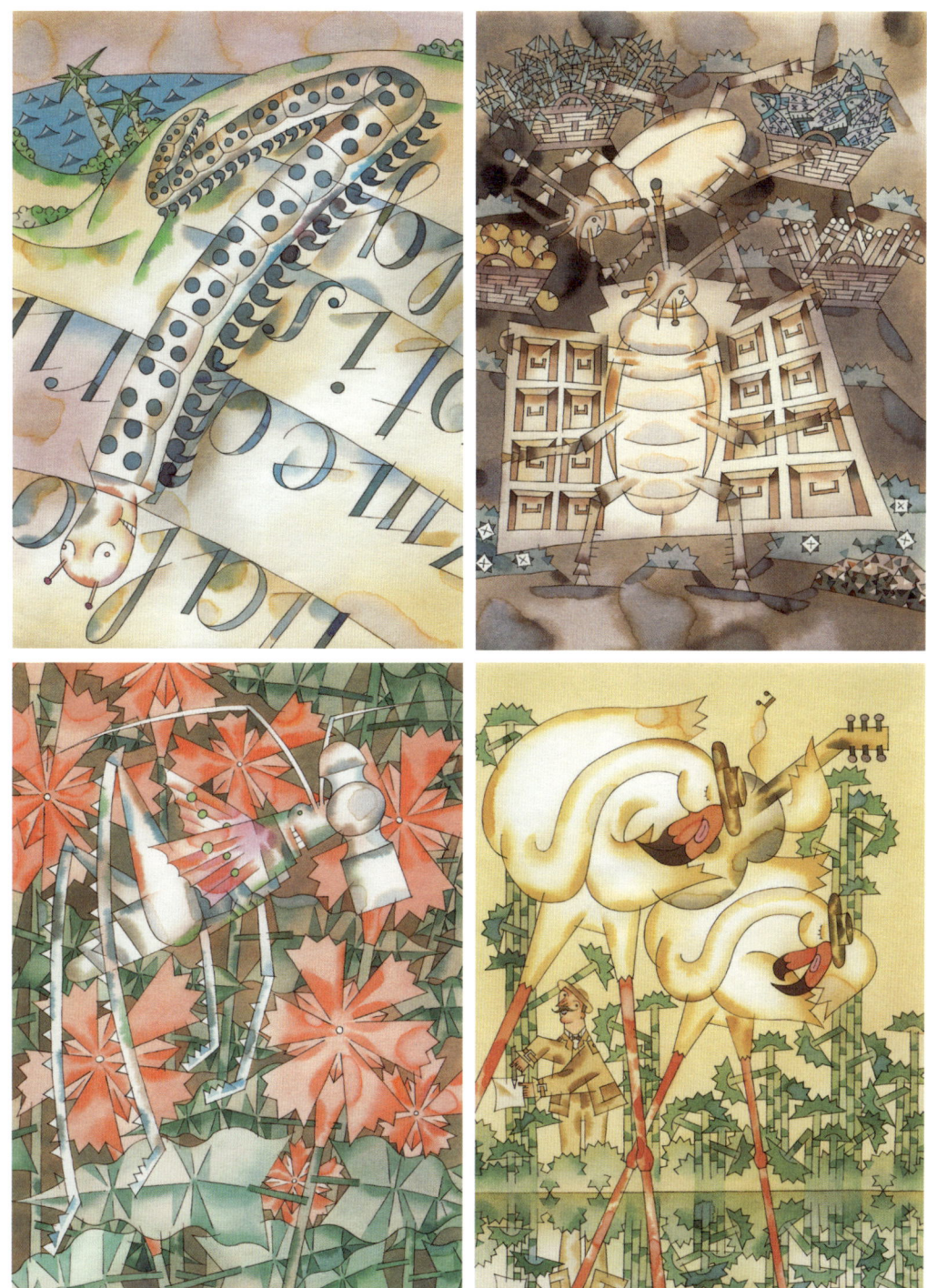

COLUMBETA, LA ISLA LIBRO. CARLES CANO

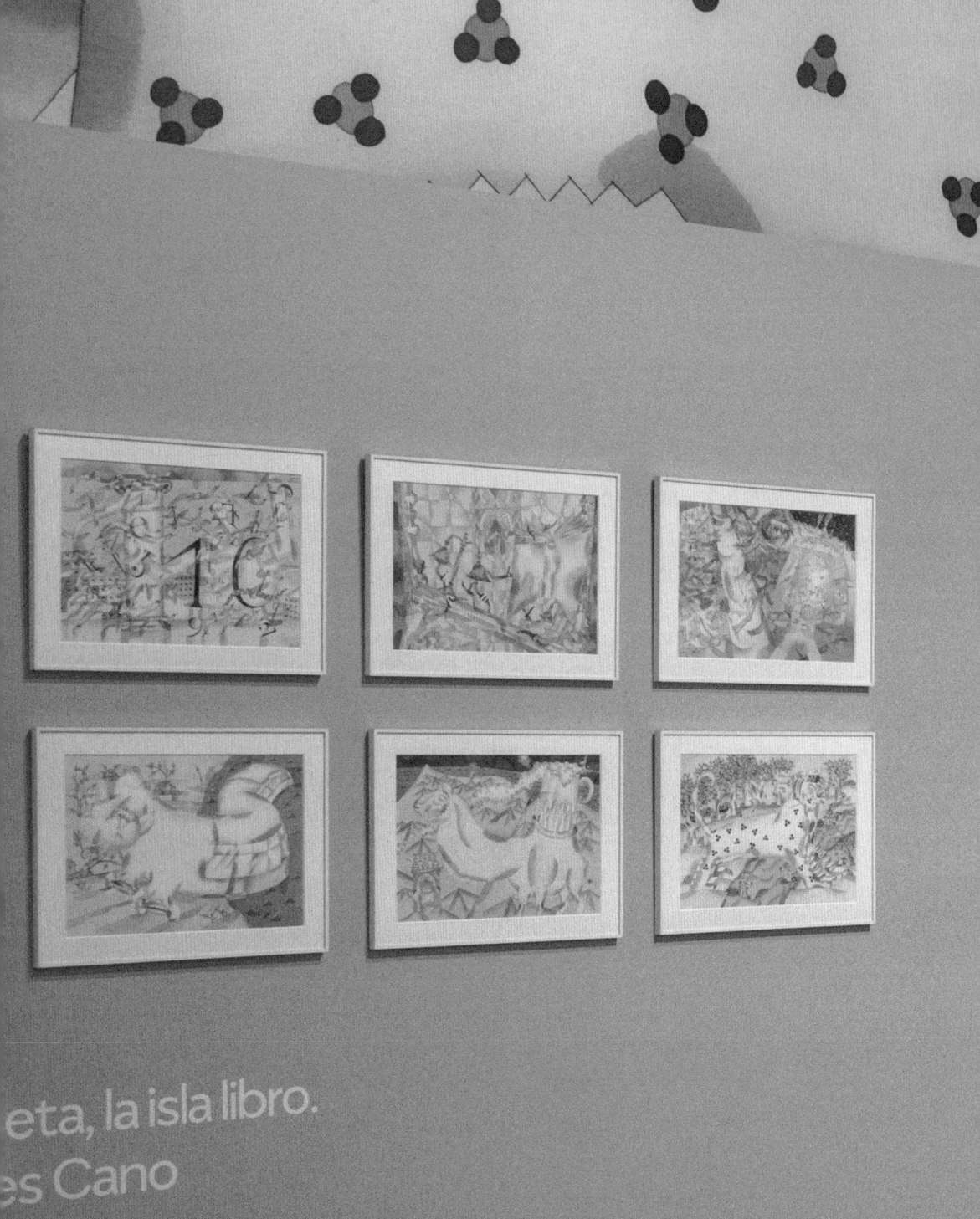

eta, la isla libro.

es Cano

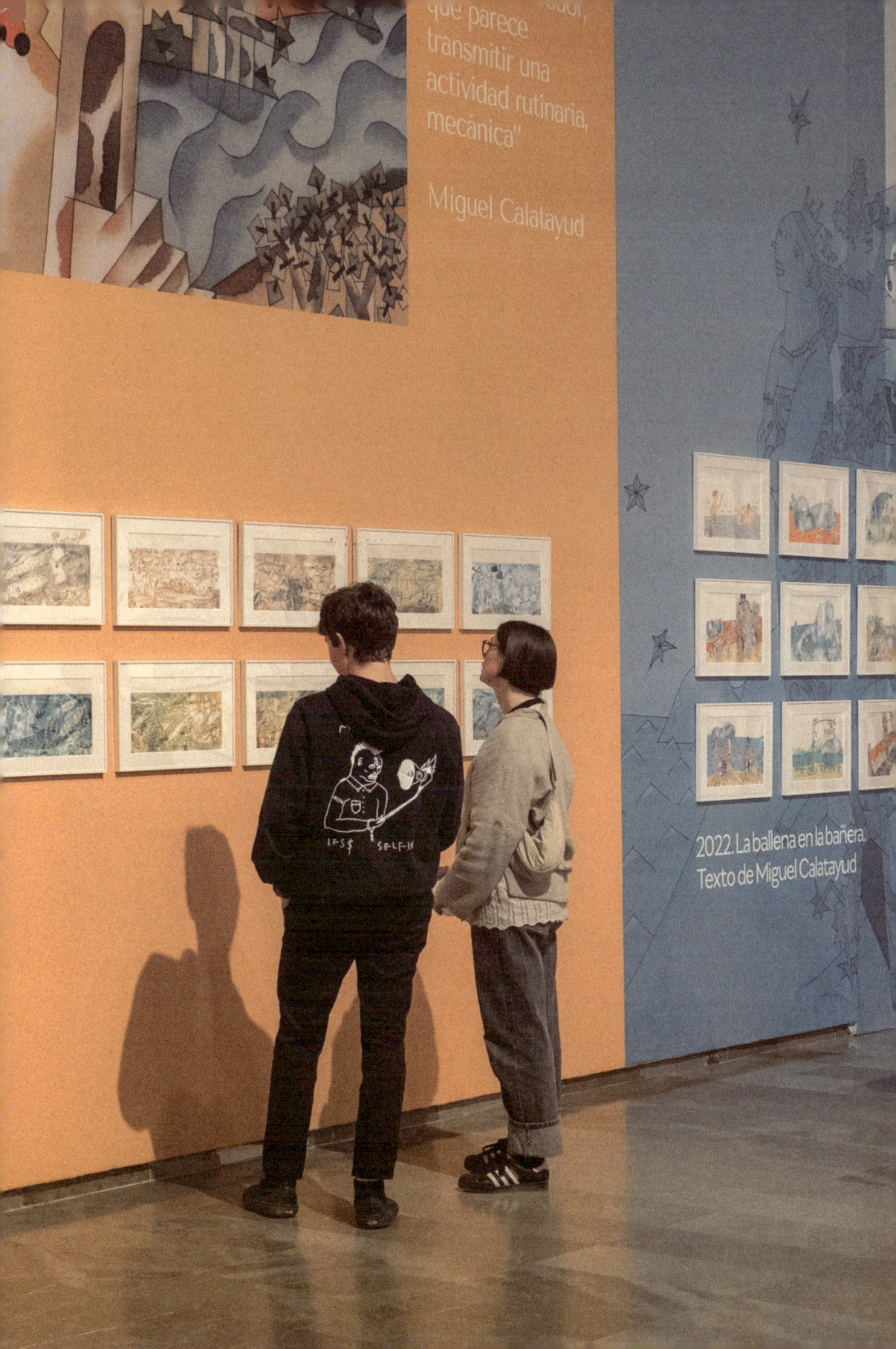

que parece
transmitir una
actividad rutinaria,
mecánica"

Miguel Calatayud

2022. La ballena en la bañera.
Texto de Miguel Calatayud

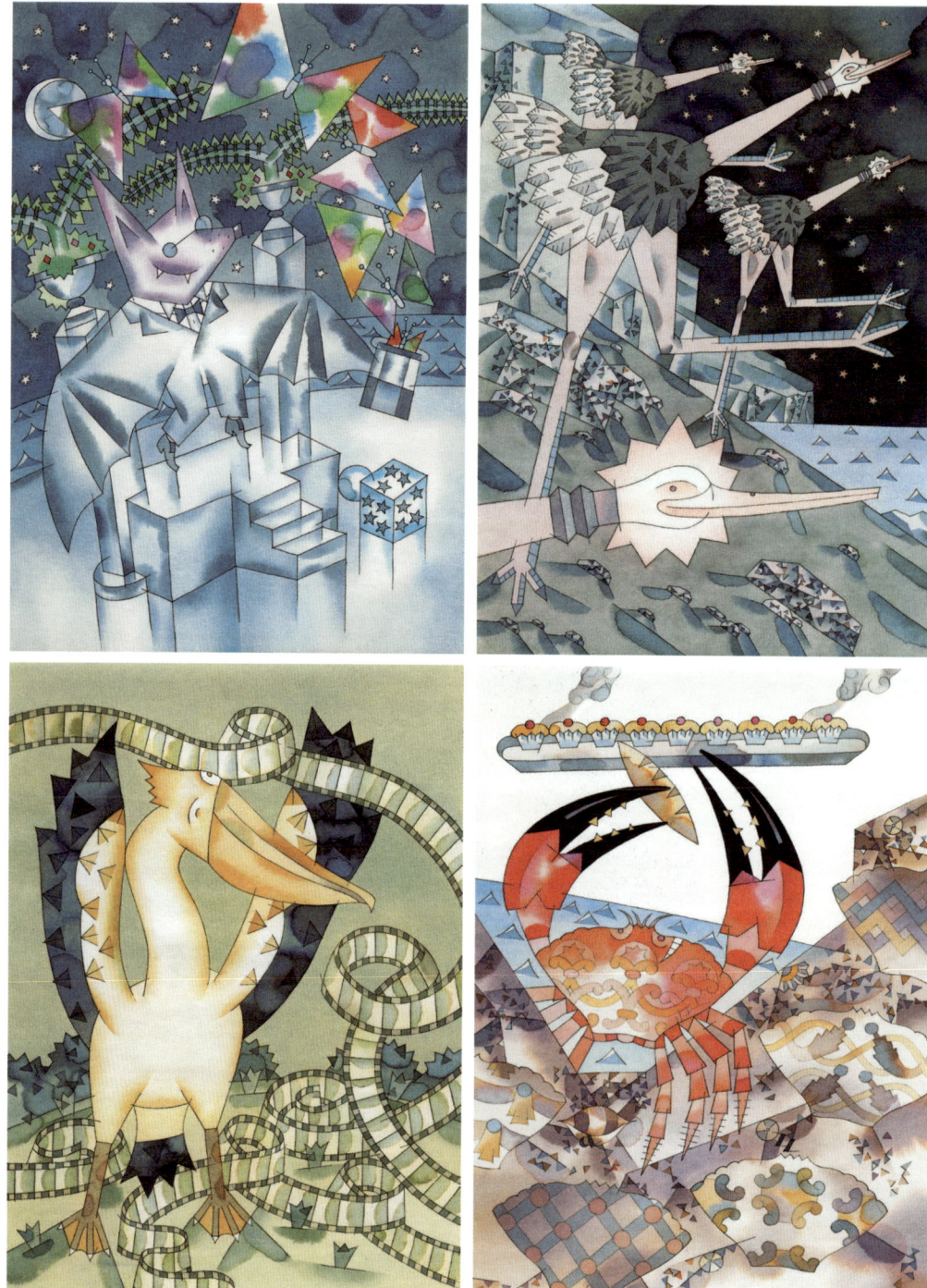

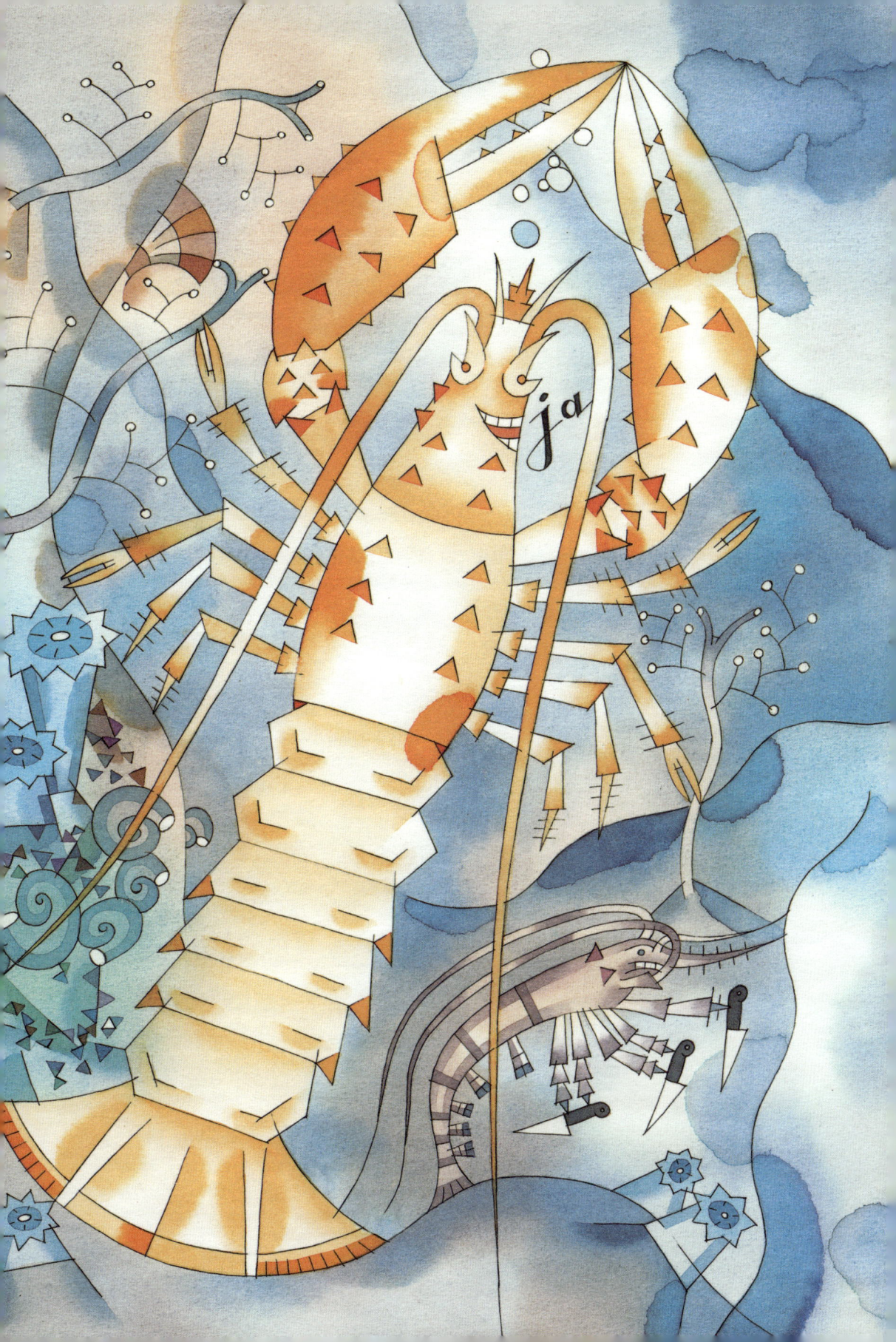

La ballena en la bañera.
Miguel Calatayud

Tota l'obra de Calatayud sembla posseïda per una golafreria de sensacions, com la literatura del també alacantí Gabriel Miró. La manera personal en què la seua mirada es condueix davant de la realitat, intuint tot el que la pobla, per trivial que semble a vegades el que es contempla, com una sort d'expansió còsmica davant la qual es diria que busca i accepta ser enlluernat, té molt d'un panteisme que no és ni materialista ni espiritualista, o que, en tot cas, és les dues coses alhora. L'evidència que ens transmeten els seus dibuixos d'eufòria davant les sensacions visuals són les de qui ha superat els límits del jo i el no-jo per a diluir la seua personalitat en l'estupor de qui se sent viu i partícip d'una vida comuna major. Potser per això els seus dibuixos ens embriaguen més que els d'altres il·lustradors i desperten en el seu observador un gaudi que transcendeix i que ens incita a somiar desperts. Estem davant el que bé podríem qualificar d'escenes polisensorials.

Toda la obra de Calatayud parece poseída por una glotonería de sensaciones, como la literatura del también alicantino Gabriel Miró. El modo personal en que su mirada se conduce ante la realidad, intuyendo todo lo que la puebla, por trivial que parezca en ocasiones lo contemplado, como una suerte de expansión cósmica ante la que se diría que busca y acepta ser deslumbrado, tiene mucho de un panteísmo que no es ni materialista ni espiritualista, o que, en todo caso, es ambas cosas a la vez. La evidencia que nos transmiten sus dibujos de euforia ante las sensaciones visuales son las de quien ha superado los límites del yo y el no-yo para diluir su personalidad en el estupor de quien se siente vivo y partícipe de una vida común mayor. Quizá por eso sus dibujos nos embriagan más que los de otros ilustradores y despiertan en su observador un goce que trasciende y que nos incita a soñar despiertos. Estamos ante lo que bien podríamos calificar como escenas polisensoriales.

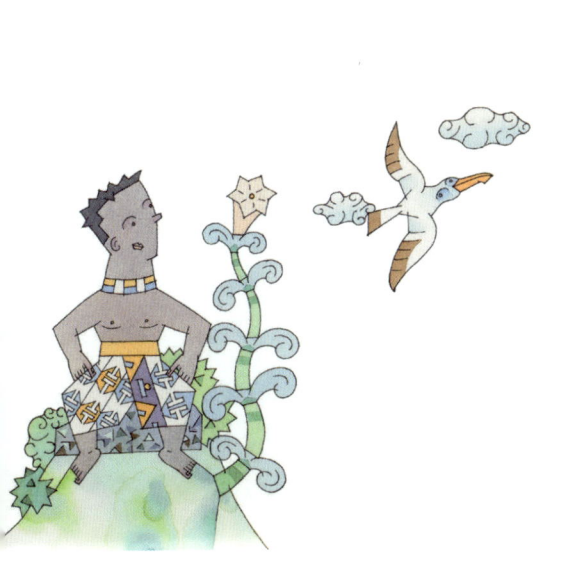
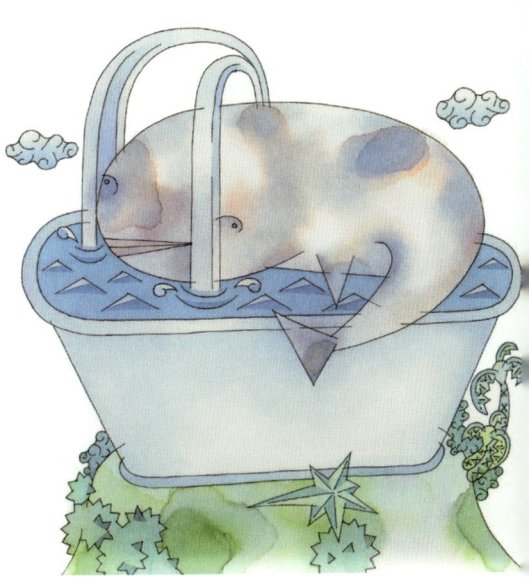

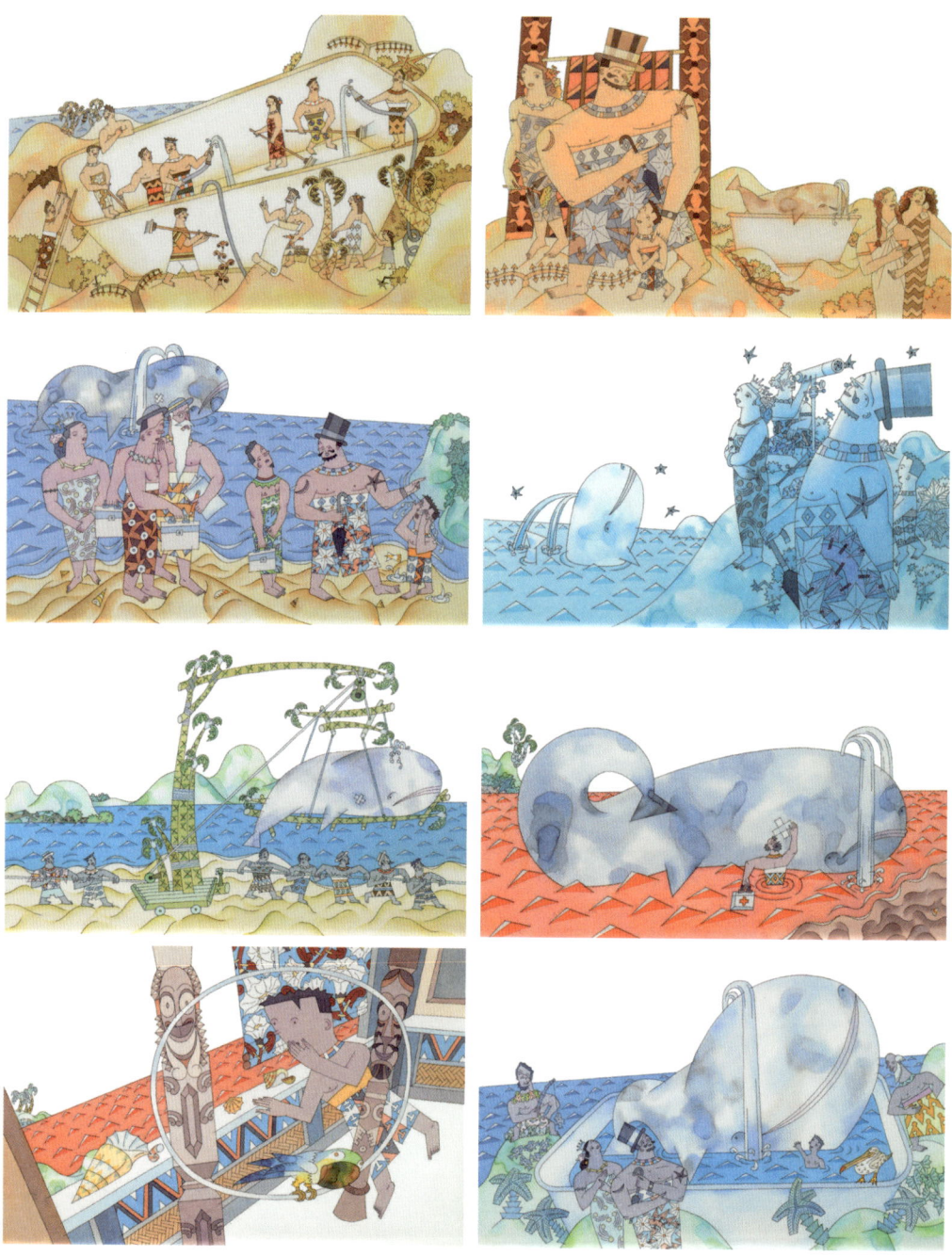

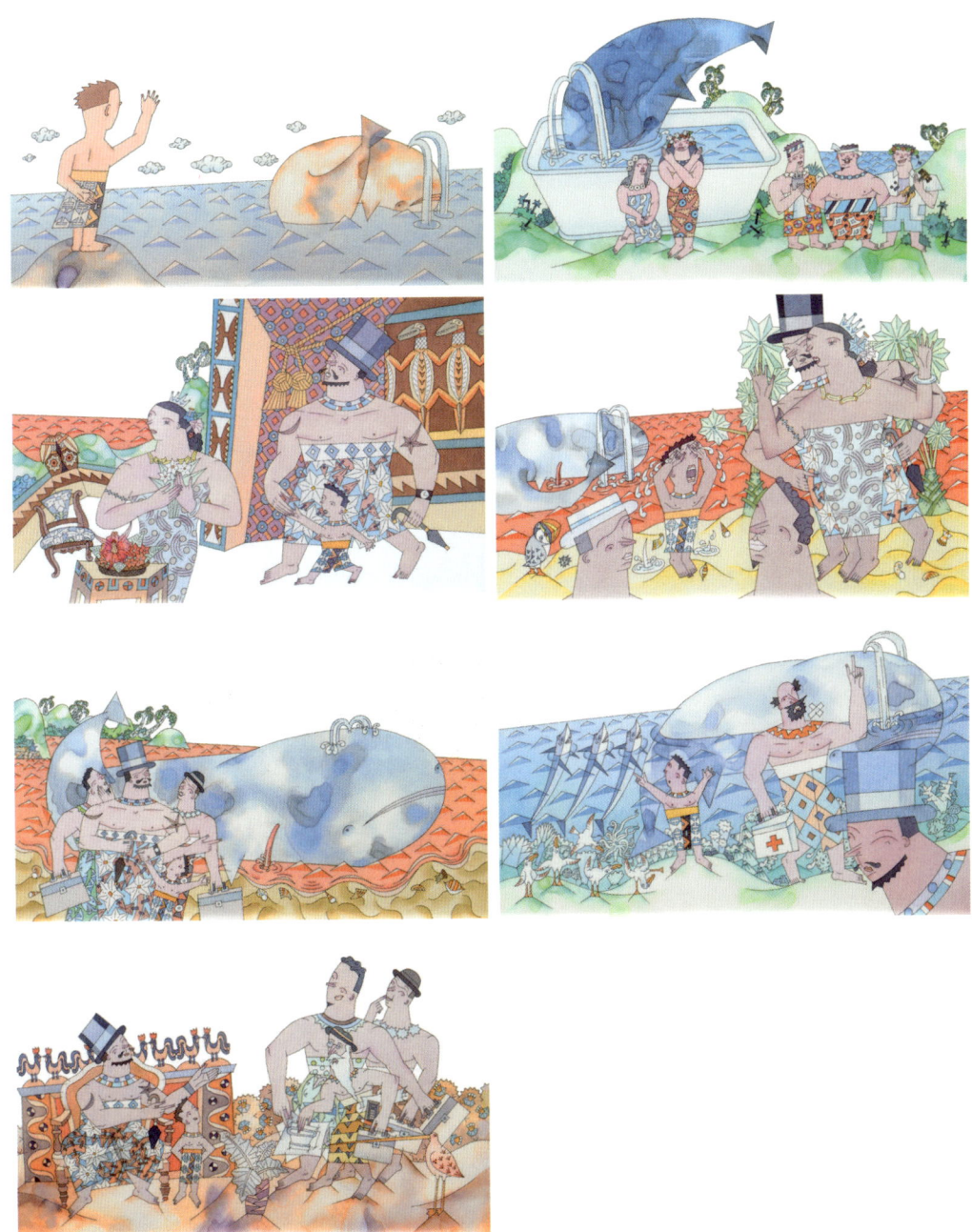

LA BALLENA EN LA BAÑERA. MIGUEL CALATAYUD

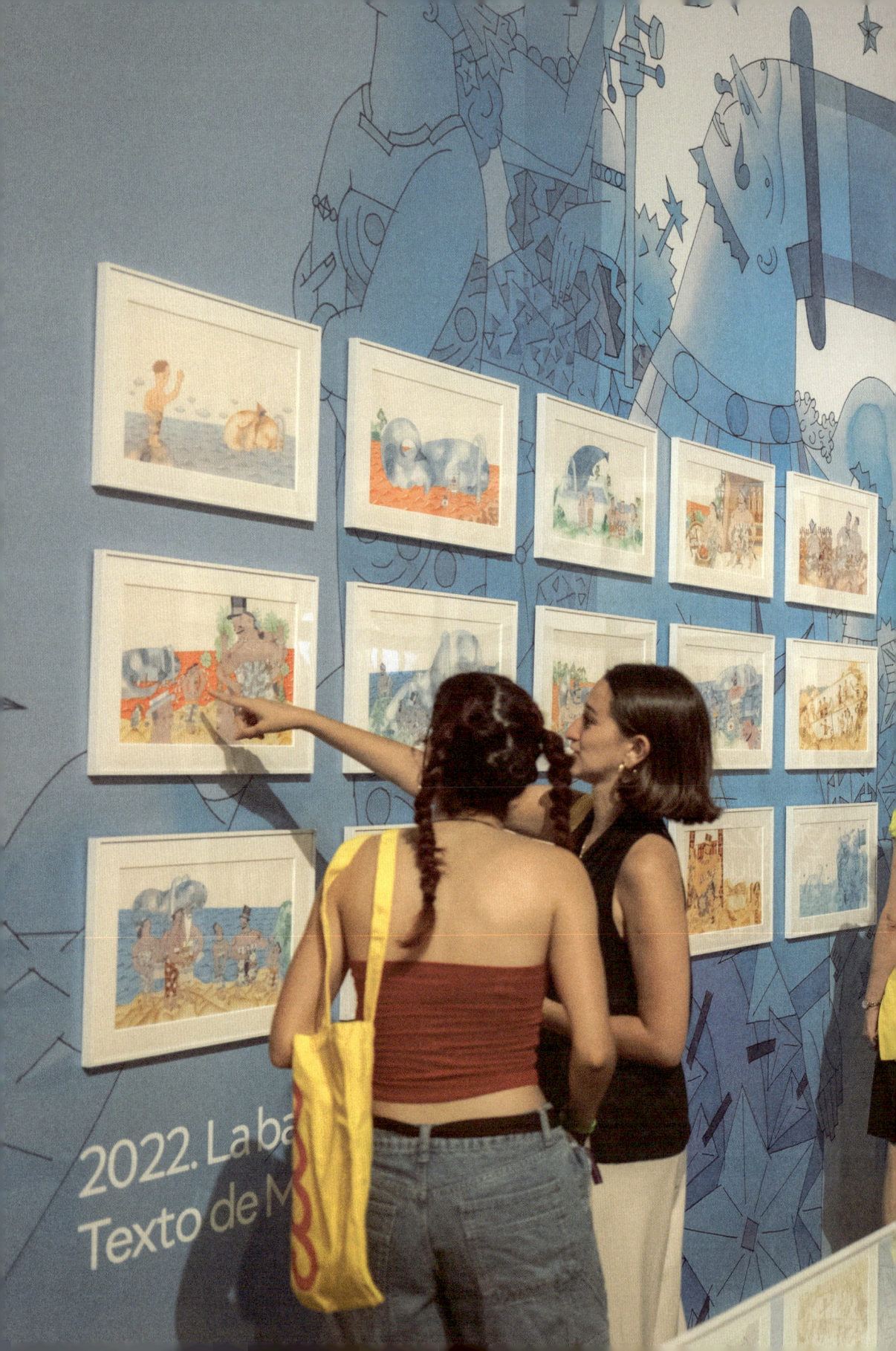

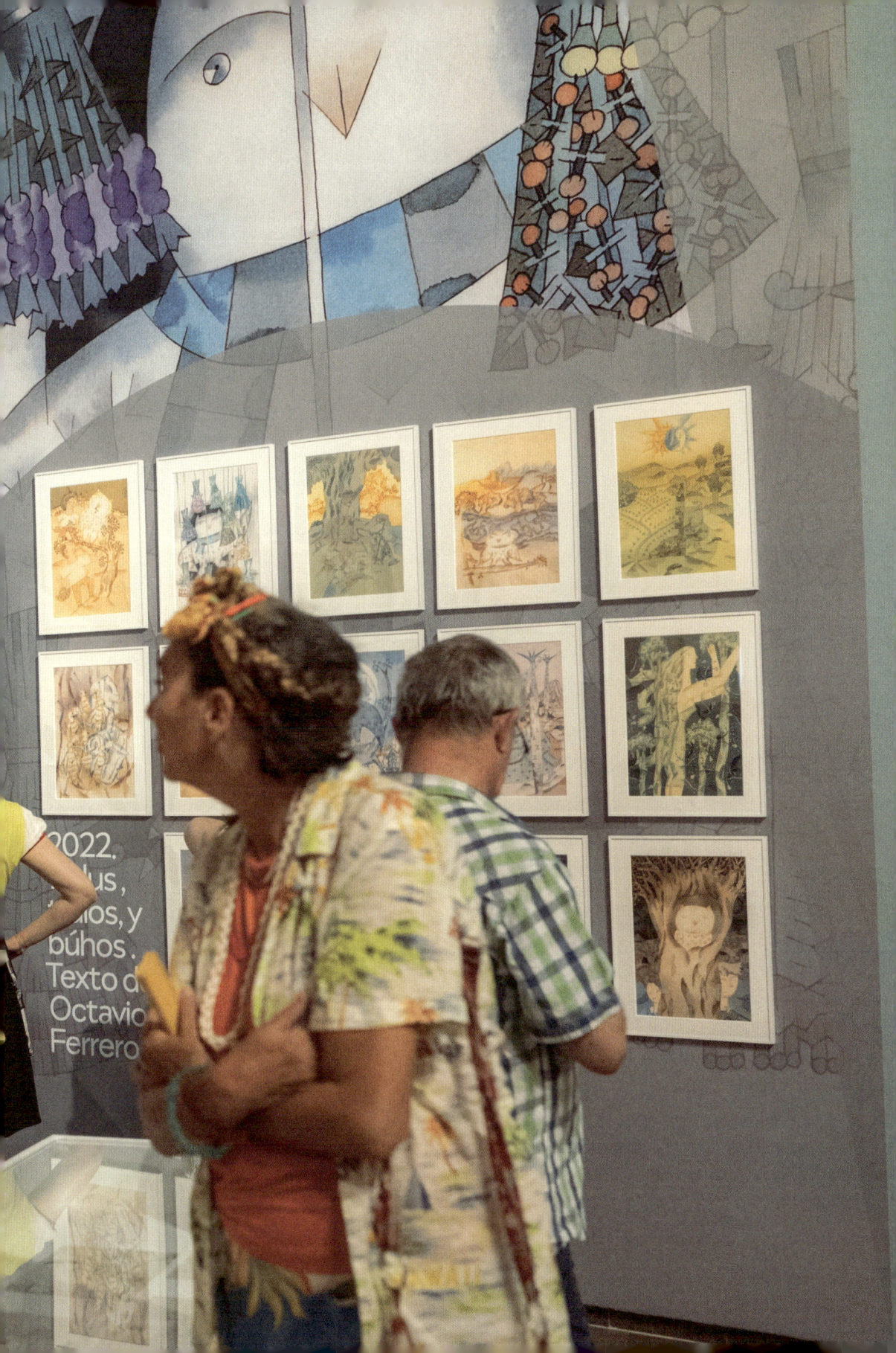

2022.
...lus,
...los, y
búhos.
Texto d
Octavio
Ferrero

Trulus, trulos y búhos.
Octavio Ferrero

Hem acceptat també que Calatayud fora convertit en el progenitor d'aquella denominada "línia clara" d'historieta que va remoure l'àmbit del còmic espanyol en els anys setanta i huitanta del passat segle, que va agrupar autors com Micharmut, Daniel Torres, Sento o Mique Beltrán, entre altres, encara que la seua concepció de la línia no s'ajustara als preceptes que aparentment regien aquest moviment, per al qual l'escola francobelga de còmic i la figura d'Hergé com una sort de déu suprem eren dues de les seues referències indiscutibles. Aquella línia, que separava de manera manifesta cada camp de color, a la manera en què el plom alça fronteres entre els diferents components d'una vidriera, dista molt de ser la línia de Calatayud que, com la que reclamava Paul Klee, no és sinó un punt que camina, que tan prompte passeja, com s'apressa, es desequilibra o emprén el vol. O el que és igual: la línia com a metàfora d'un trànsit que reverbera quan entra en contacte amb el color.

Hemos aceptado también que Calatayud fuese convertido en el progenitor de aquella denominada "línea clara" de historieta que removió el ámbito del tebeo español en los años setenta y ochenta del pasado siglo, agrupando a autores como Micharmut, Daniel Torres, Sento o Mique Beltrán, entre otros, aunque su concepción de la línea no se ajustara a los preceptos que aparentemente regían a ese movimiento, para el que la escuela franco-belga de cómic y la figura de Hergé como una suerte de dios supremo eran dos de sus referencias indiscutibles. Aquella línea, que separaba de forma manifiesta cada campo de color, al modo en que el plomo levanta fronteras entre los distintos componentes de una vidriera, dista mucho de ser la línea de Calatayud que, como la que reclamaba Paul Klee, no es sino un punto que camina, que tan pronto pasea, como se apresura, se desequilibra o emprende el vuelo. O lo que es igual: la línea como metáfora de un tránsito que reverbera cuando entra en contacto con el color.

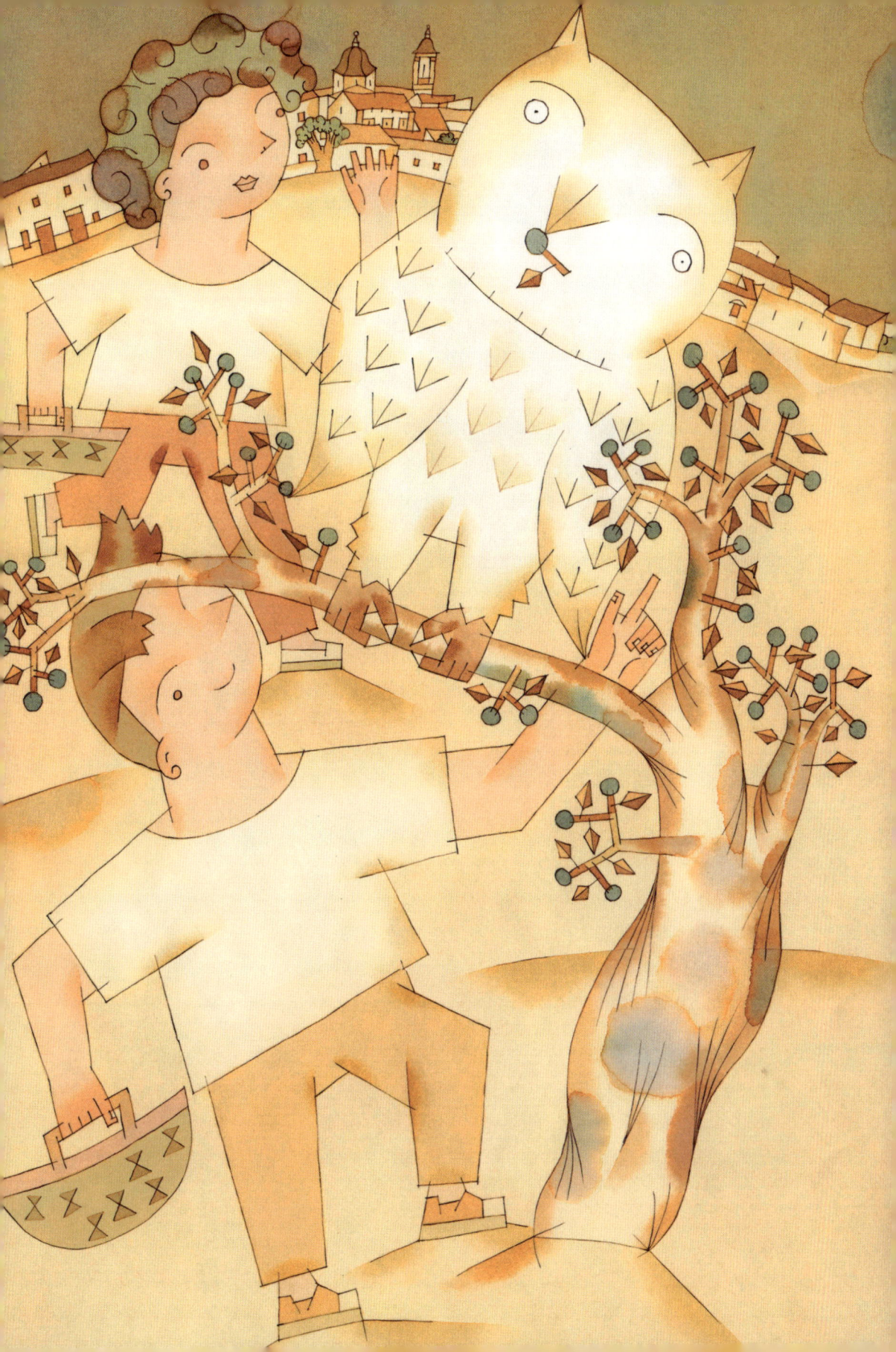

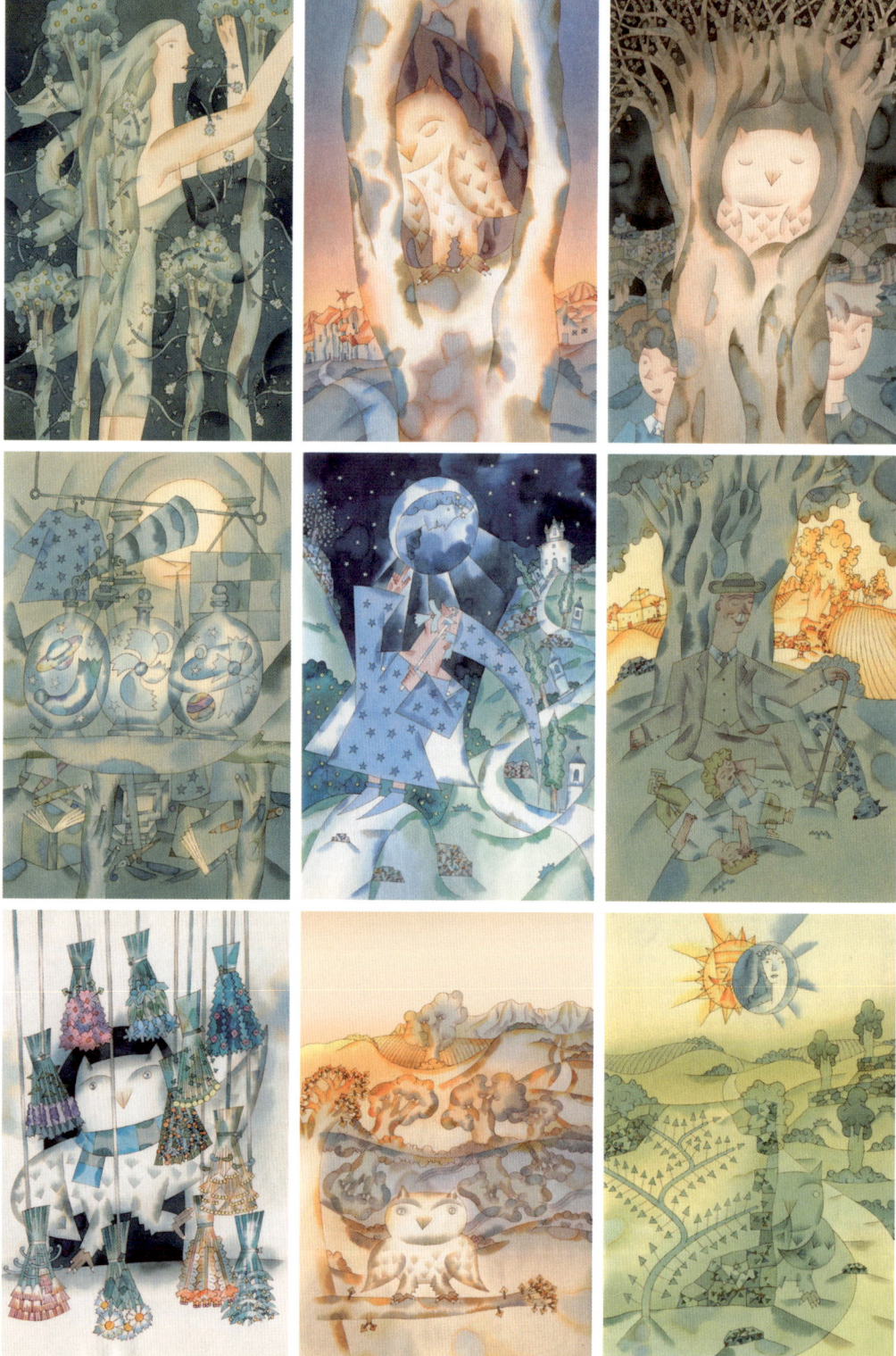

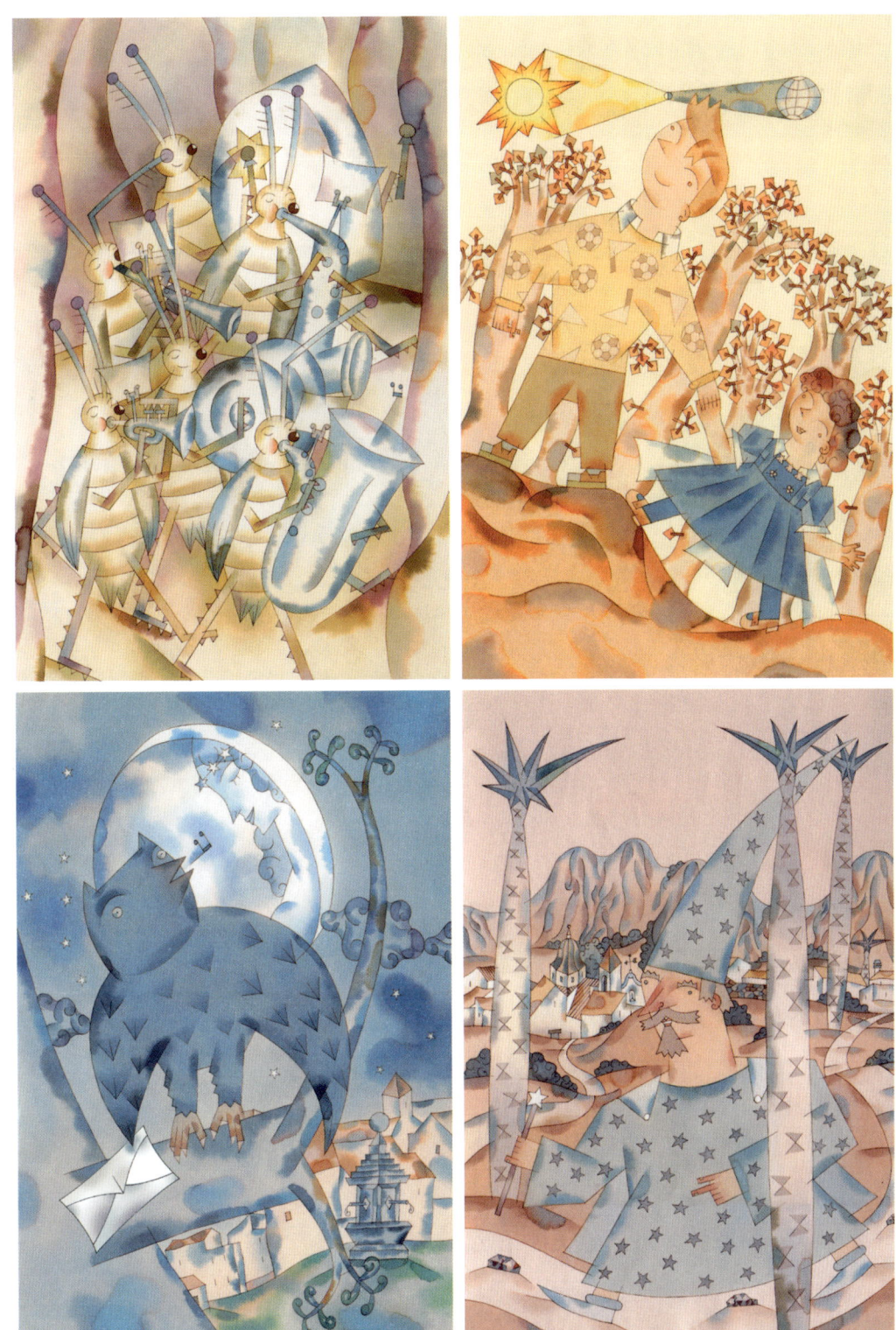

TRULUS, TRULOS Y BÚHOS. OCTAVIO FERRERO

El bosque de mi abecedario.
Pedro Villar Sánchez

"Mai no vaig escoltar el mínim comentari
sobre l'existència d'algun parentiu pròxim o
llunyà amb artistes: ni dibuixants, ni pintors,
ni escultors, ni restauradors... ni tan sols amb
amants de l'Art. Gaudia dibuixant: això és tot"

"Jamás escuché el mínimo comentario sobre
la existencia de algún parentesco próximo o
lejano con artistas: ni dibujantes, ni pintores,
ni escultores, ni restauradores... ni siquiera
con amantes del Arte. Disfrutaba dibujando:
eso es todo"

Miguel Calatayud

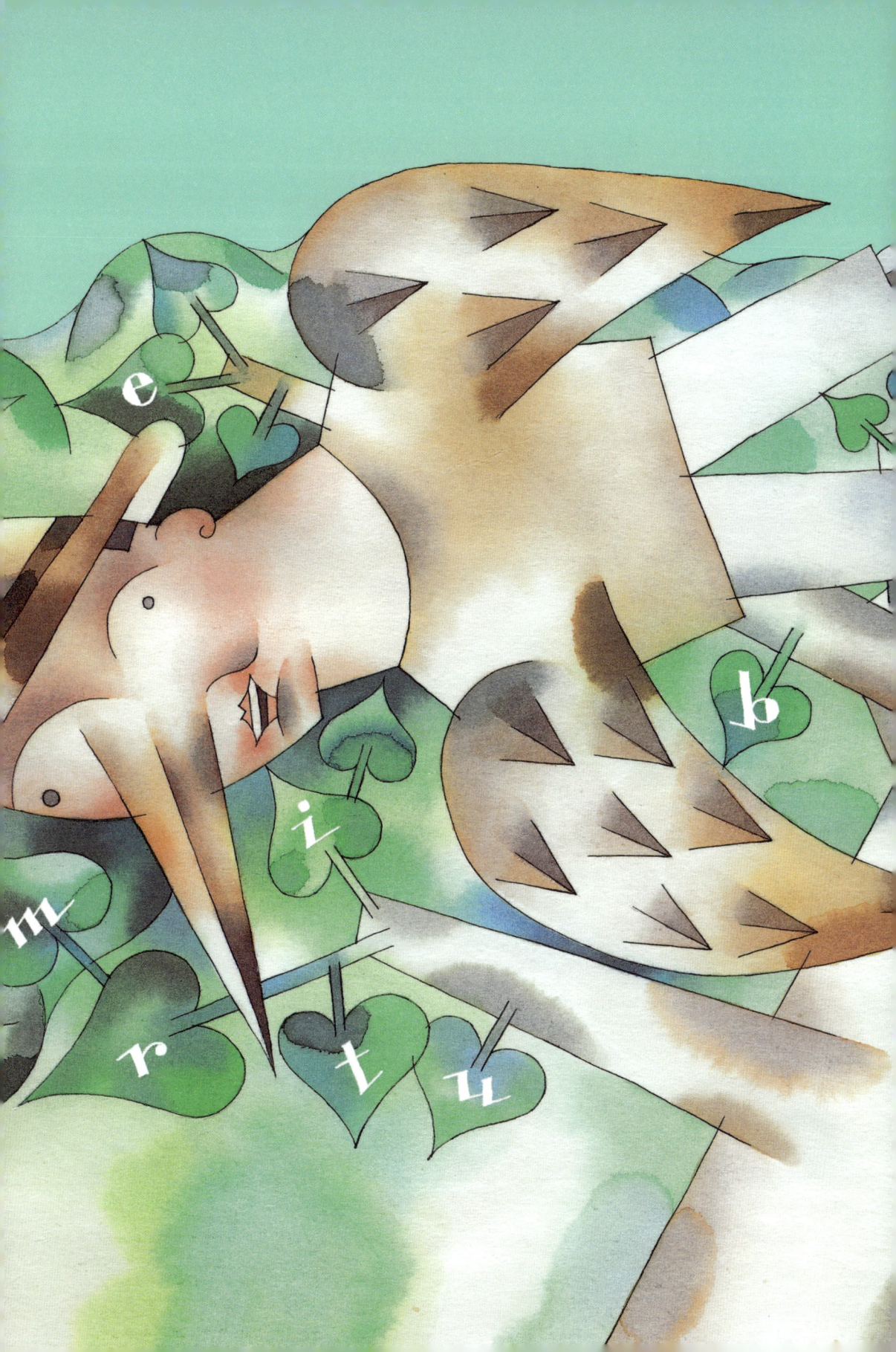

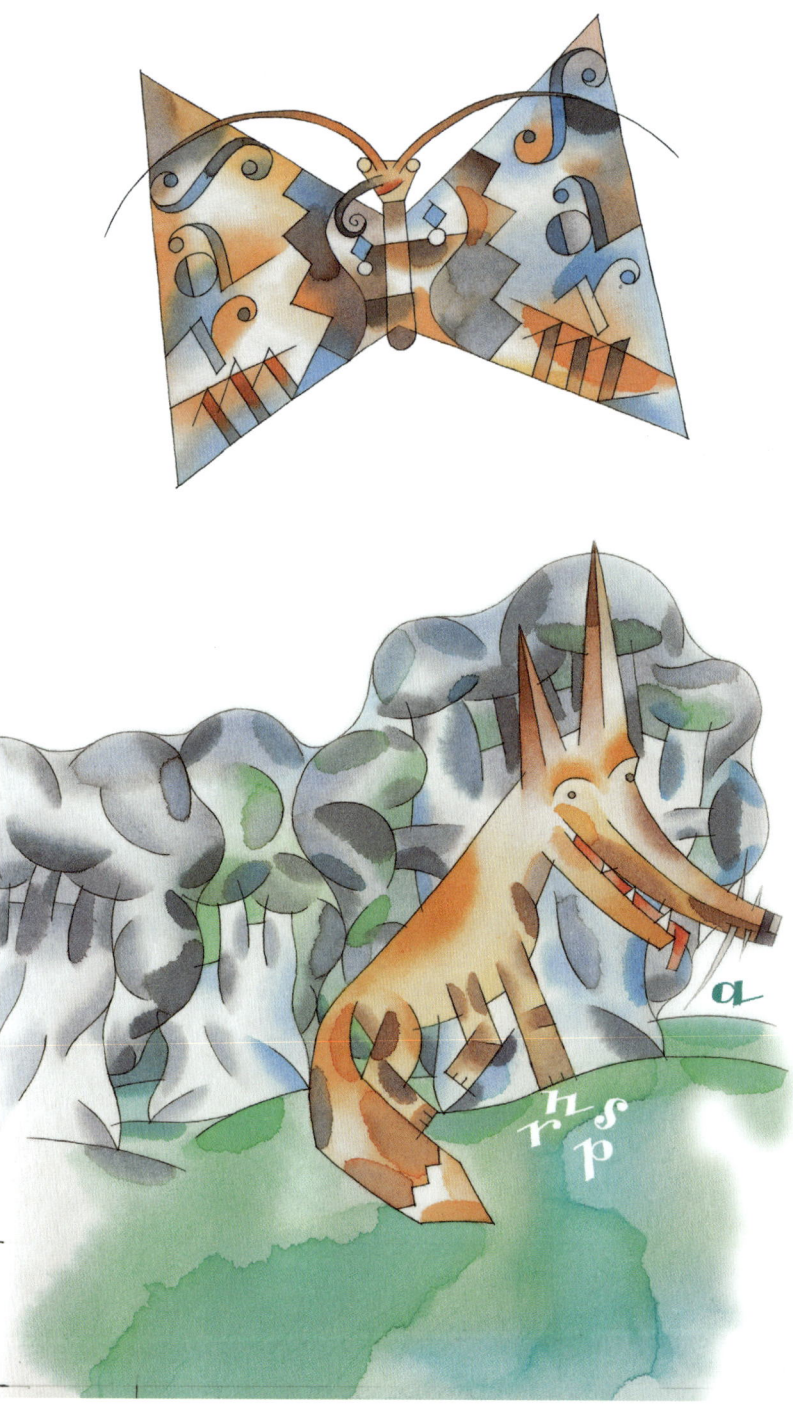

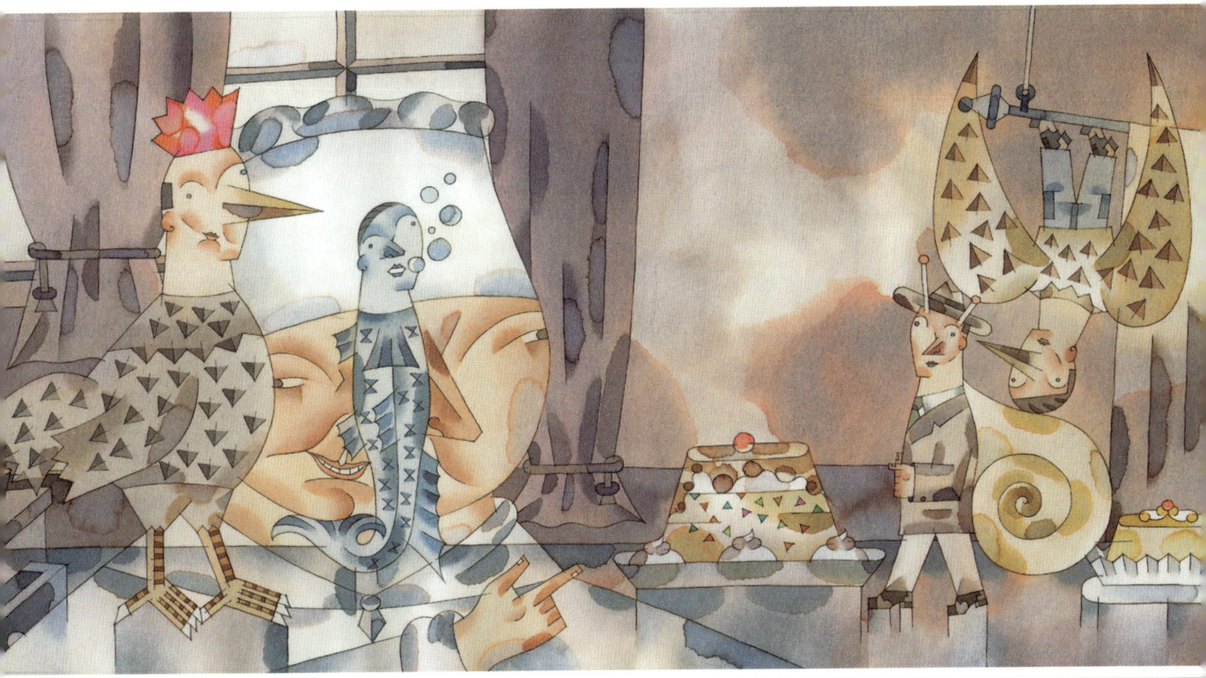

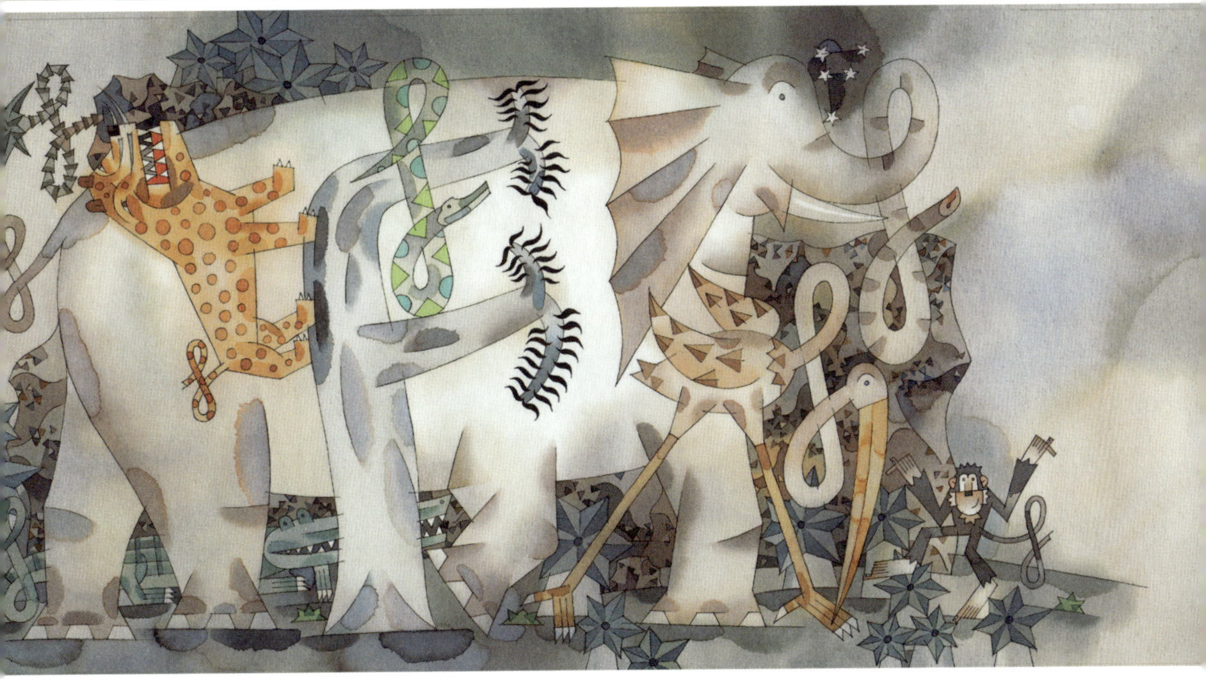

EL BOSQUE DE MI ABECEDARIO. PEDRO VILLAR SÁNCHEZ

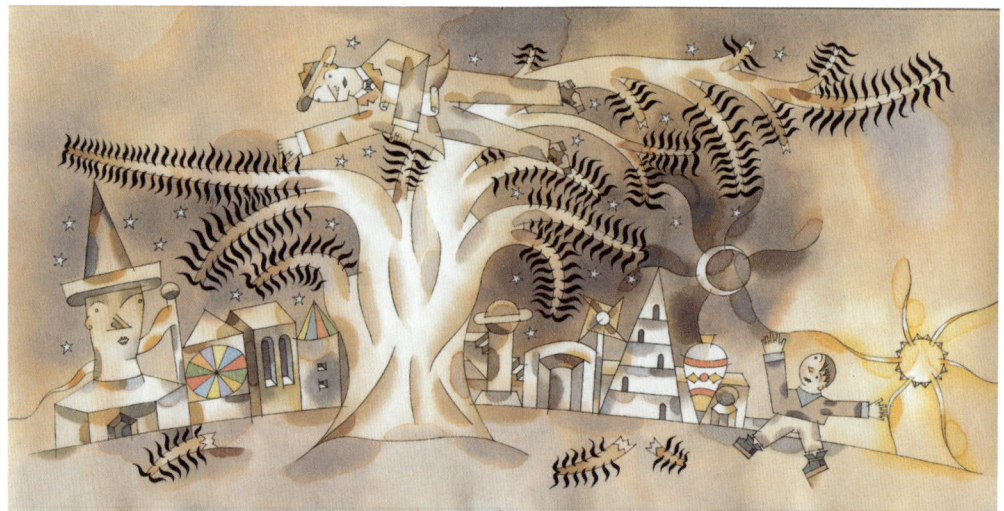

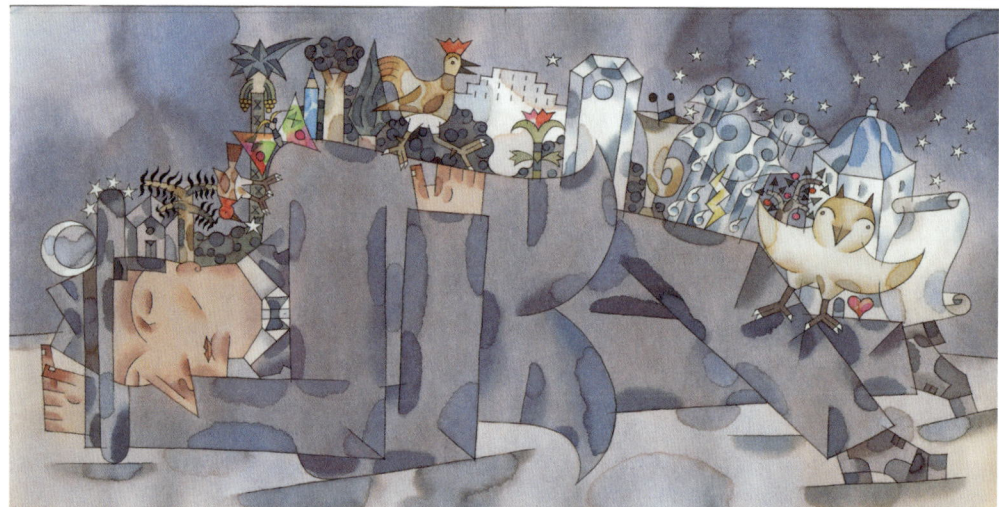

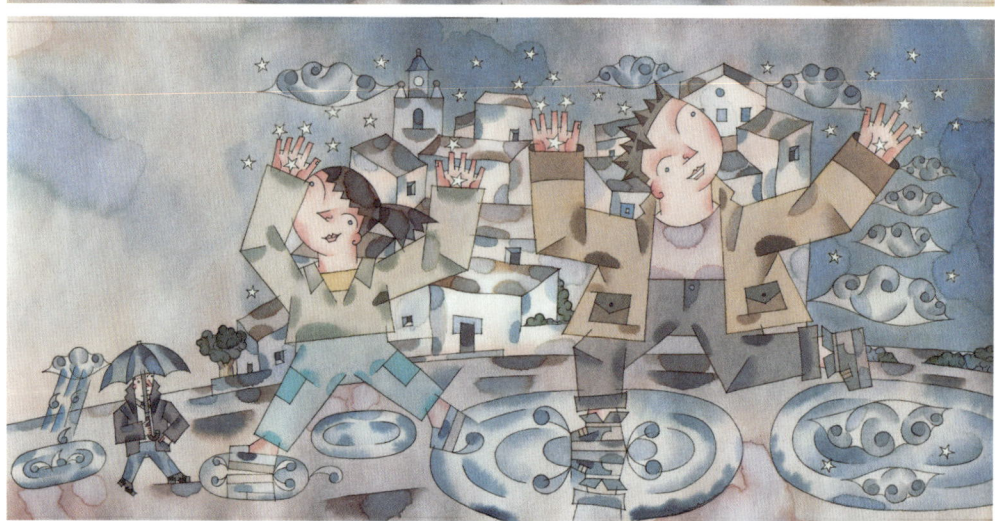

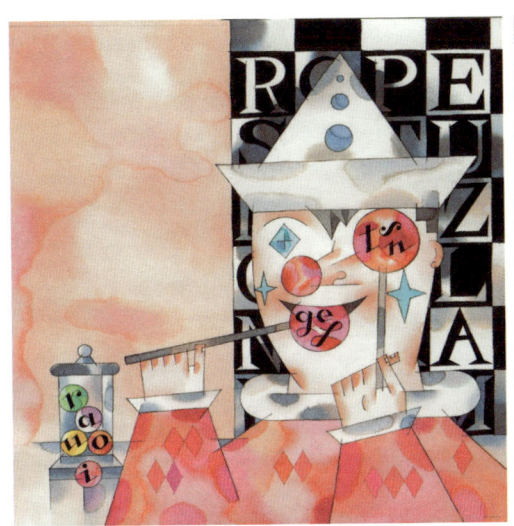
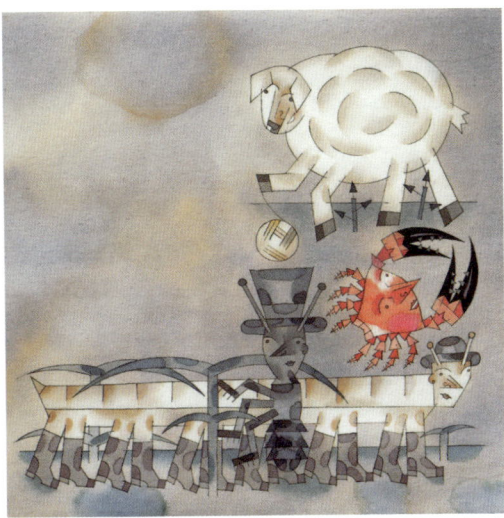
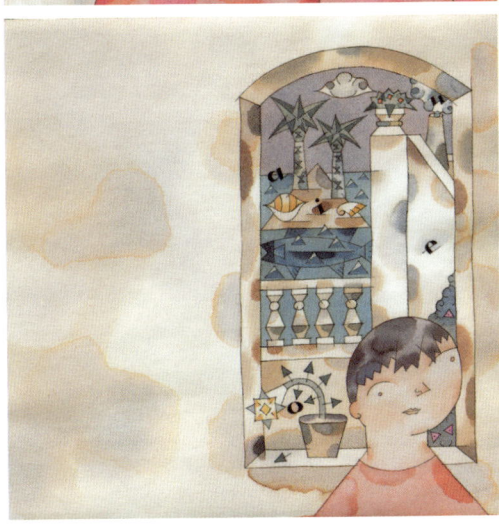
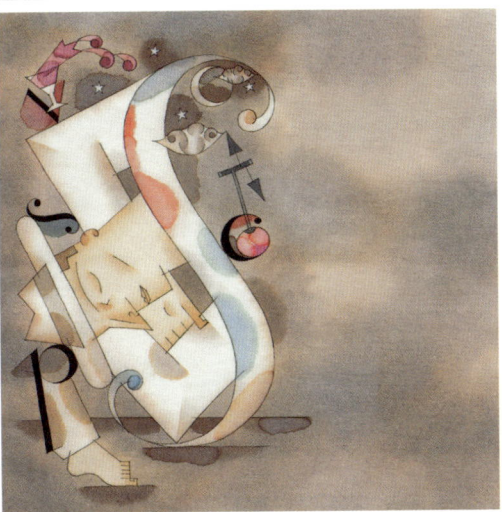

EL BOSQUE DE MI ABECEDARIO. PEDRO VILLAR SÁNCHEZ

Tres viajes. Jordi Botella

"No s'ha de perdre de vista que la forma
(i, en igual mesura, la deformació) té les
seues lleis, que són de major o menor
gravetat, segons dicte cada situació"

"No hay que perder de vista que la forma
(y, en igual medida, la deformación) tiene sus
leyes, que son de mayor o menor gravedad,
según dicte cada situación"

Miguel Calatayud

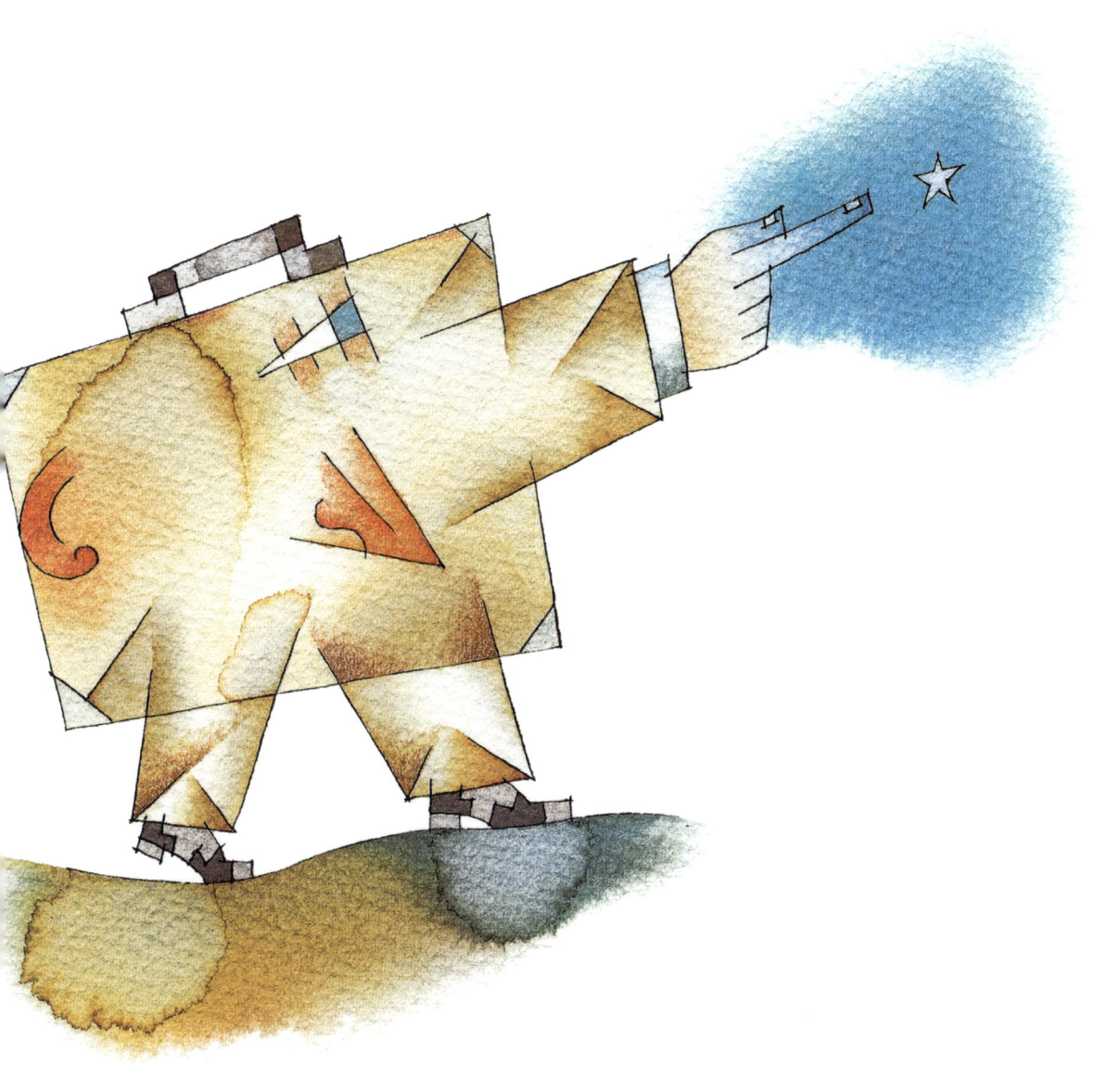

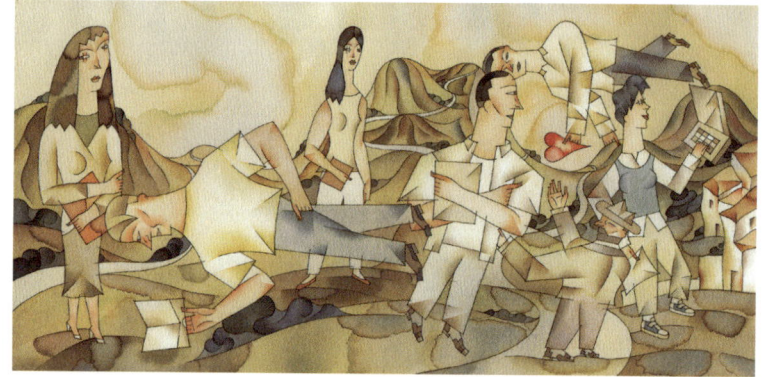

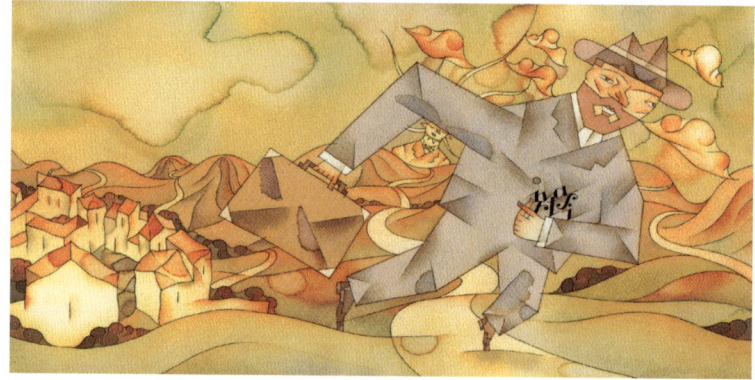

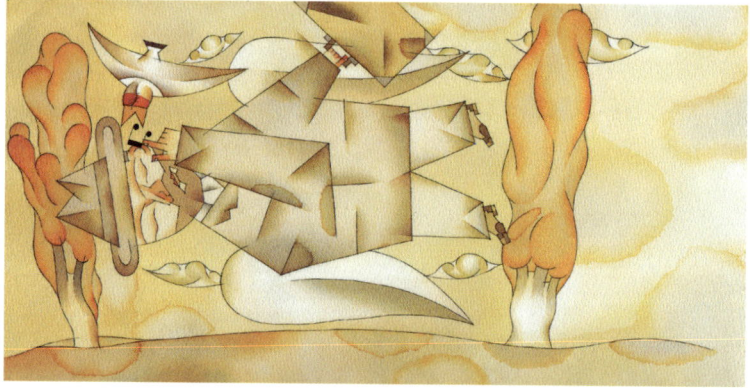

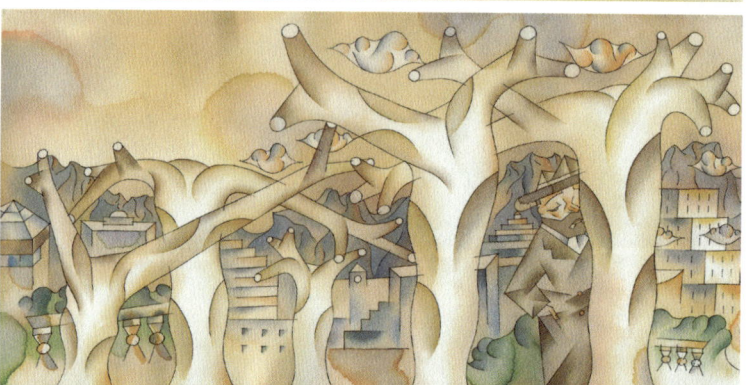

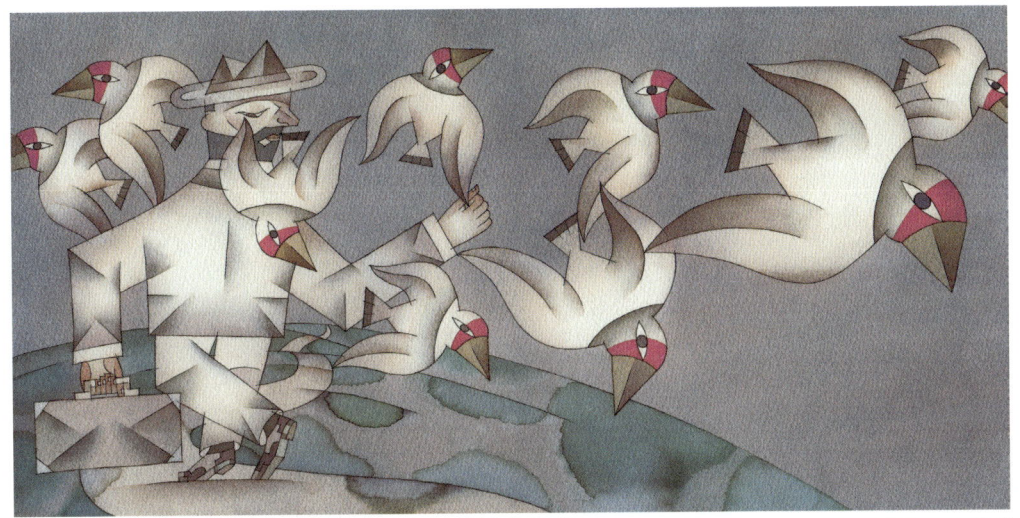

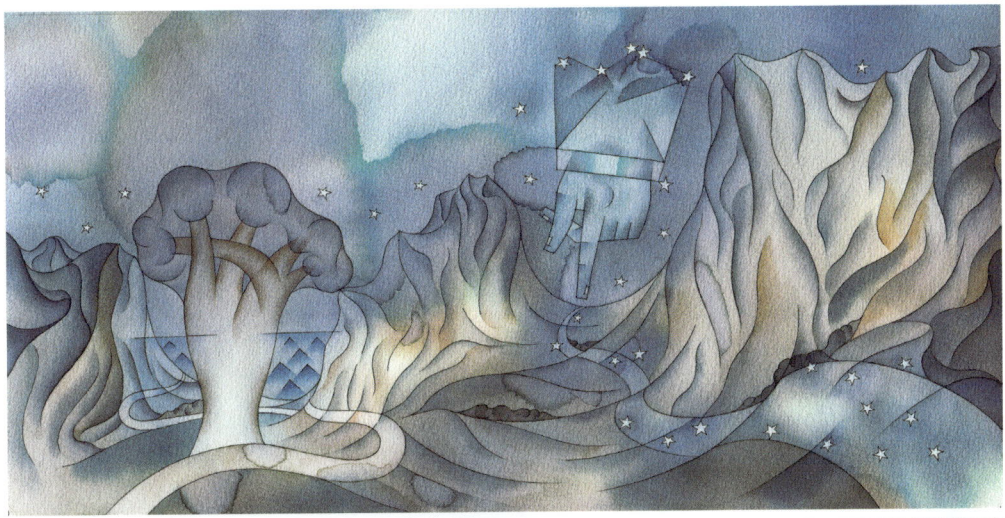

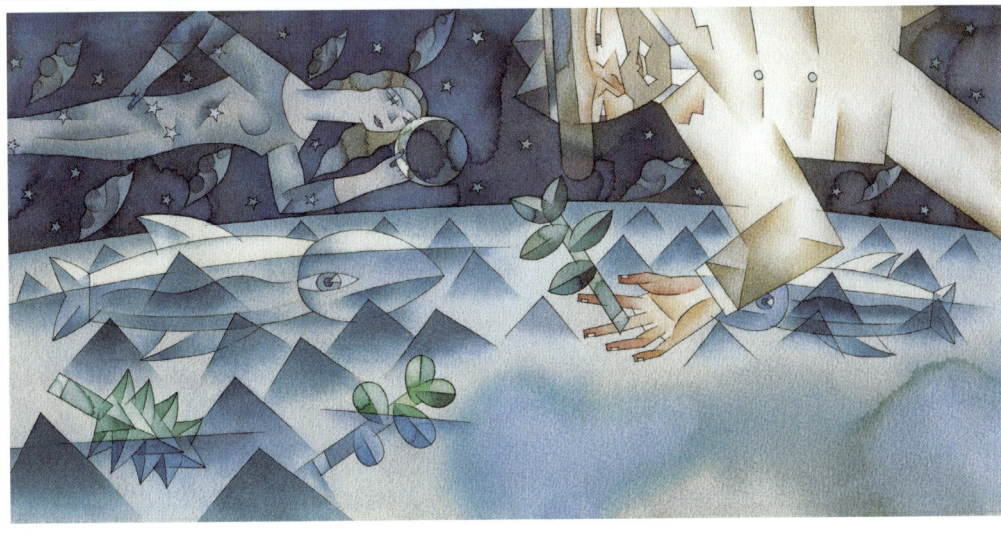

91

TRES VIAJES. JORDI BOTELLA

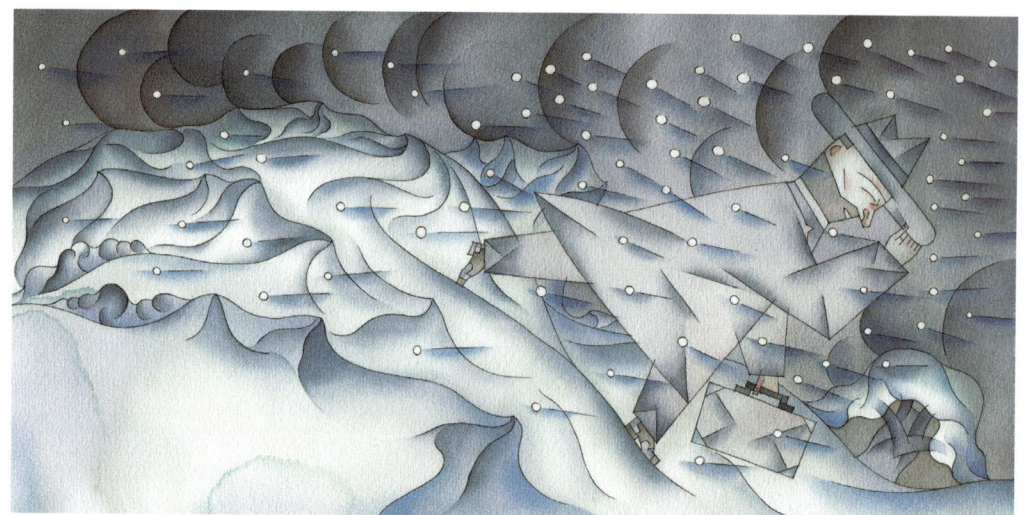

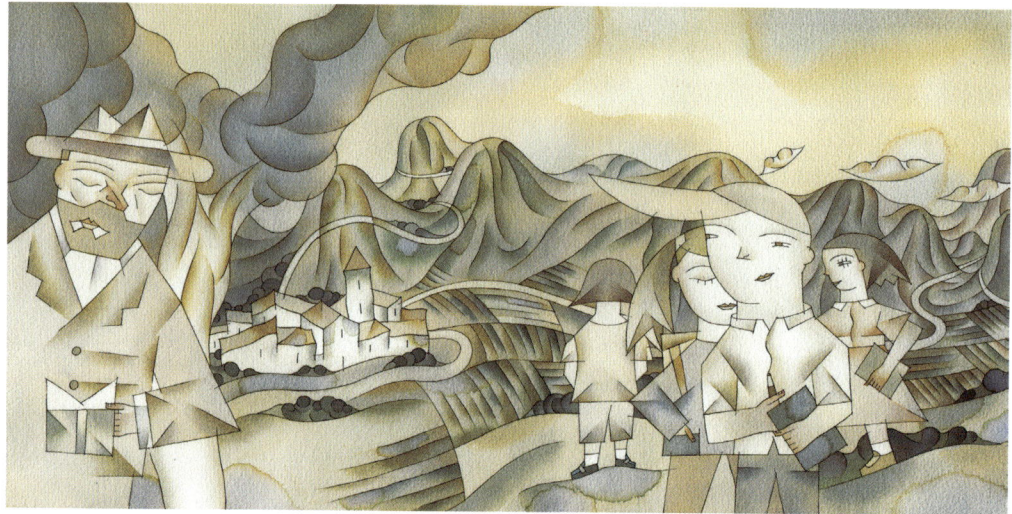

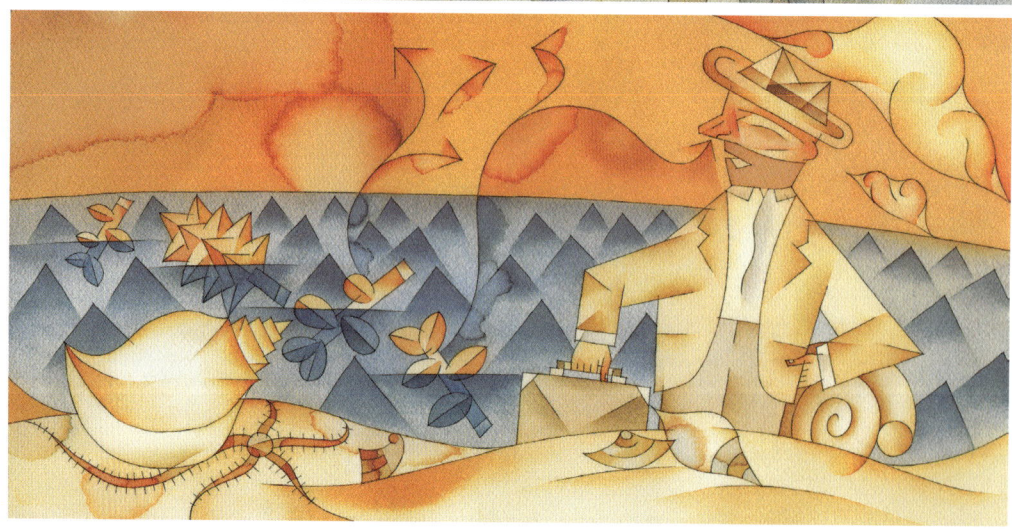

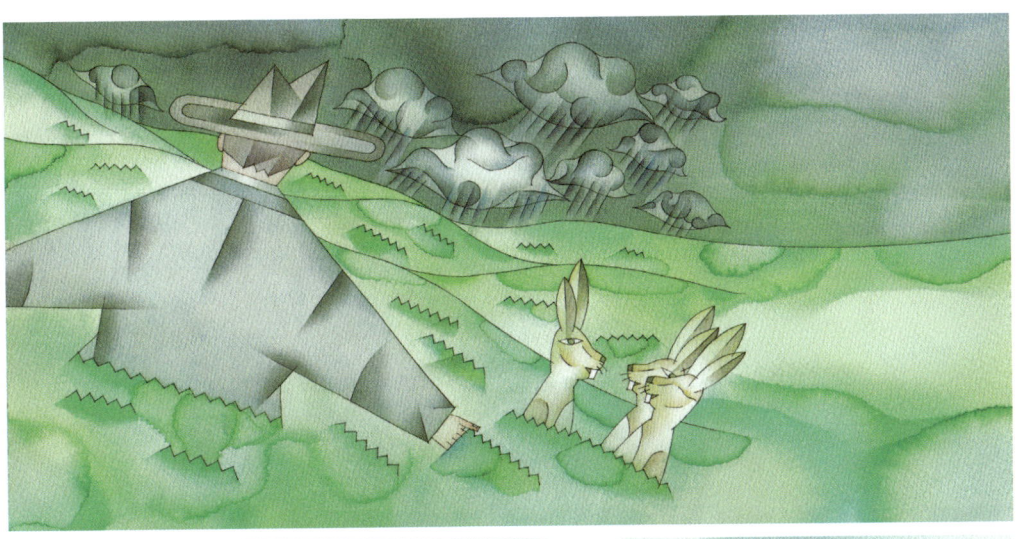

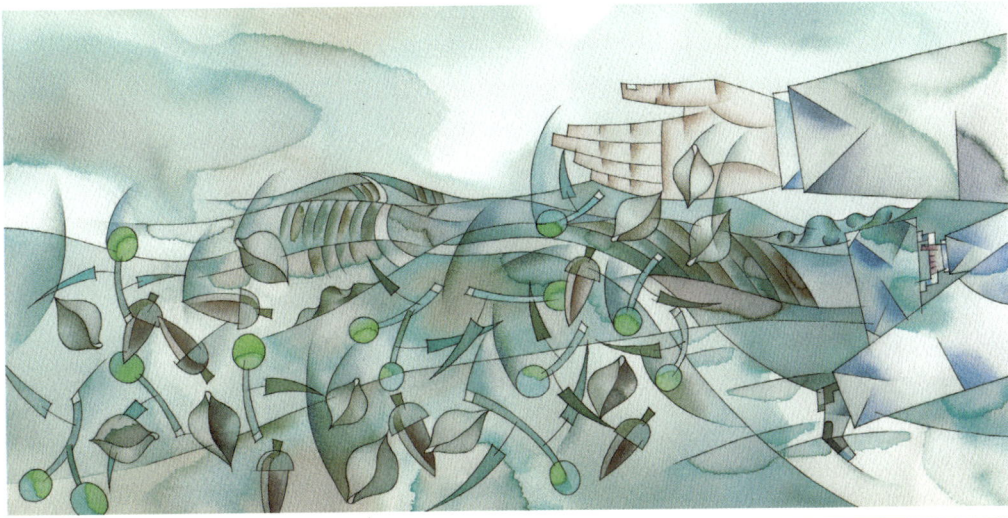

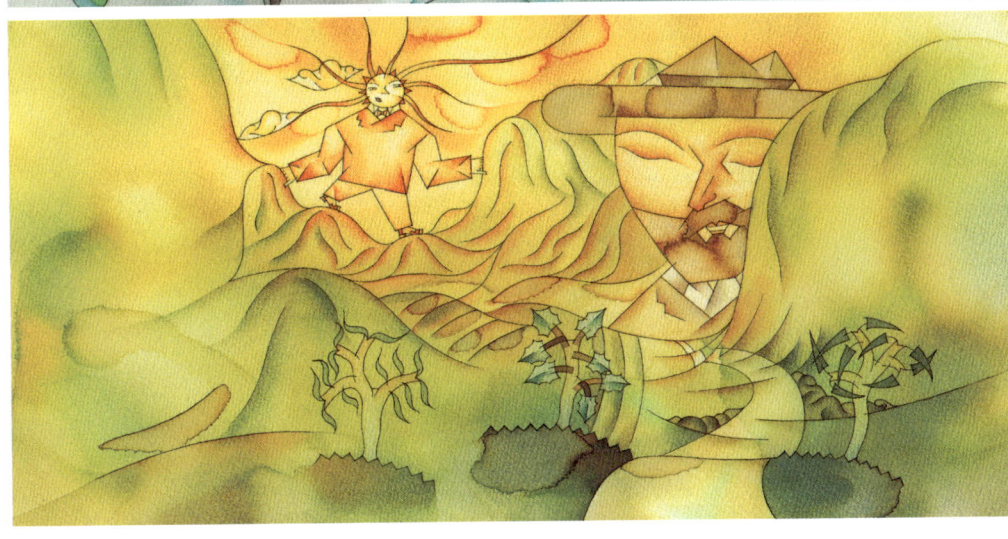

TRES VIAJES. JORDI BOTELLA

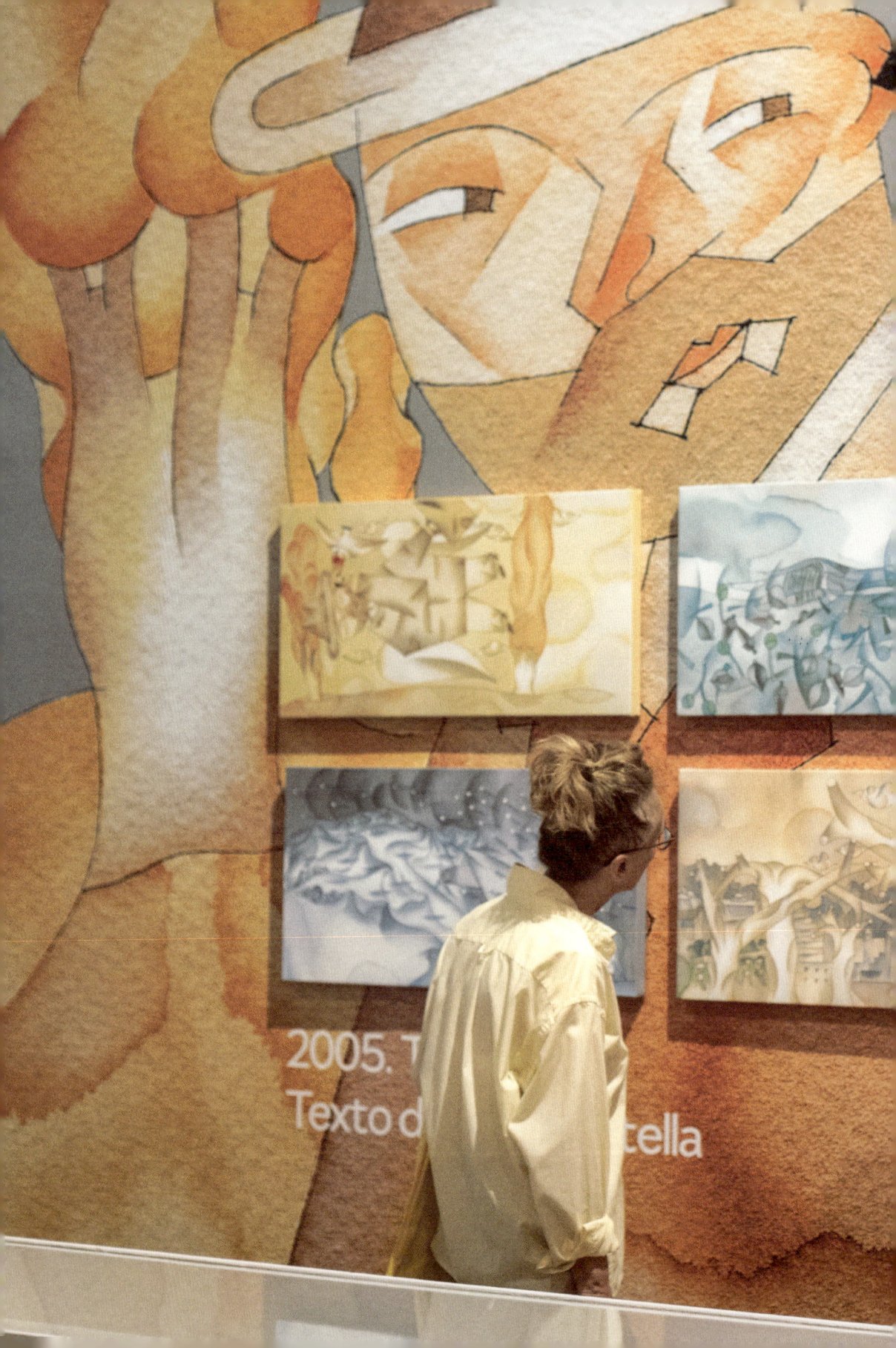

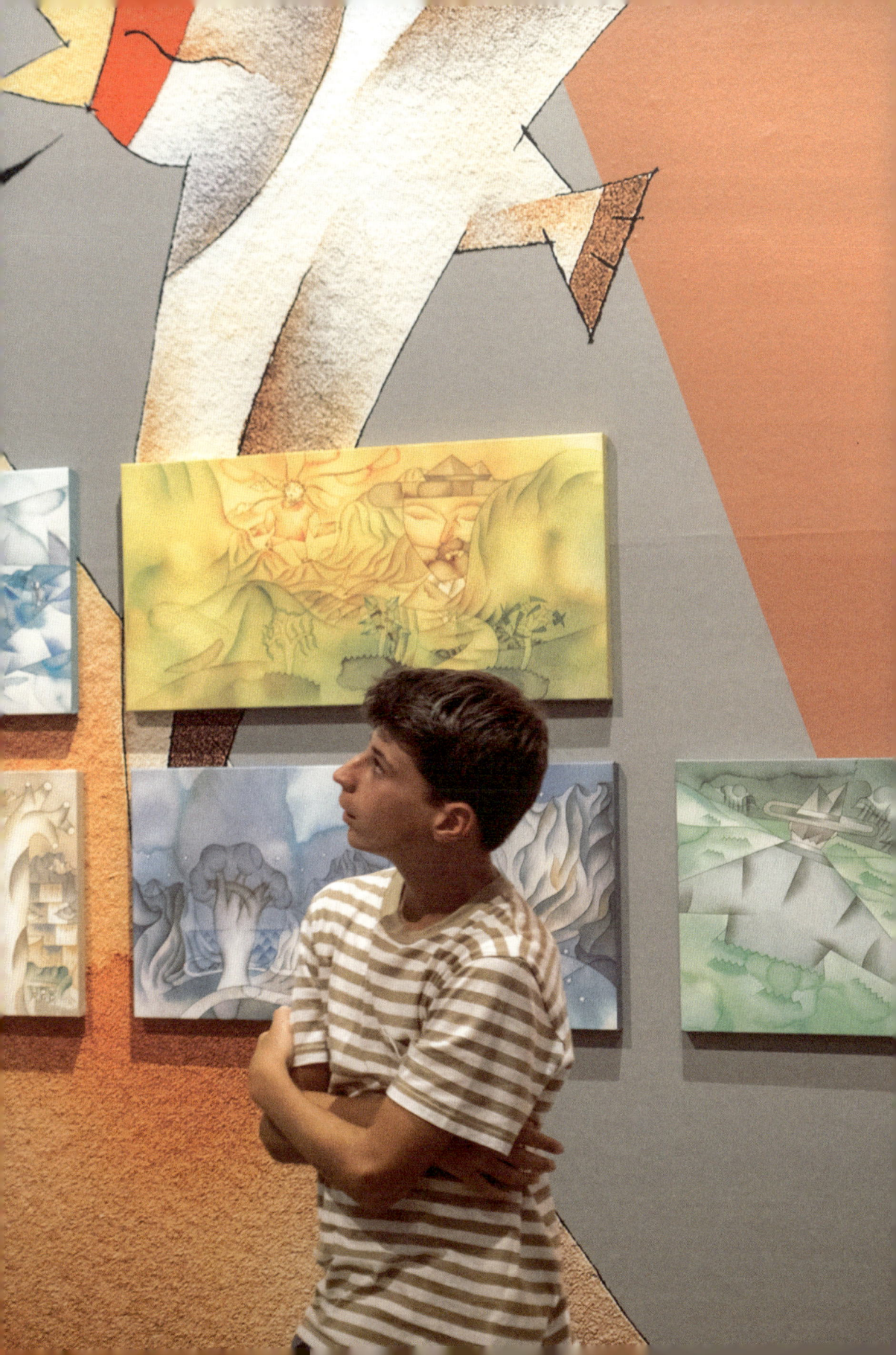

Las islas fabulosas.
Joan Manuel Gisbert

"M'agradaria volar, nadar, bordar, rugir,
mugir. M'agradaria tindre ales, una closca al
llom, crosta, bufar fum, portar una trompa,
contorsionar el meu cos, repartir-me per
molts llocs, estar a tot arreu, deixar-me
ruixar amb les aromes, desenvolupar-me
com les plantes, fluir com l'aigua, tremolar
com el so, brillar com la llum, acatxar-me
davant de totes les formes, travessar tot
àtom, remuntar-me fins al fonament de la
matèria, ser matèria"

"Me gustaría volar, nadar, ladrar, rugir, mugir.
Me gustaría tener alas, un caparazón en
el lomo, costra, resoplar humo, llevar una
trompa, contorsionar mi cuerpo, repartirme
por muchos sitios, estar en todos, dejarme
rociar con los aromas, desarrollarme como
las plantas, fluir como el agua, temblar como
el sonido, brillar como la luz, agacharme
ante todas las formas, cruzar todo átomo,
remontarme hasta el fundamento de la
materia, ser materia"

Flaubert, Les temptacions de Sant Antoni

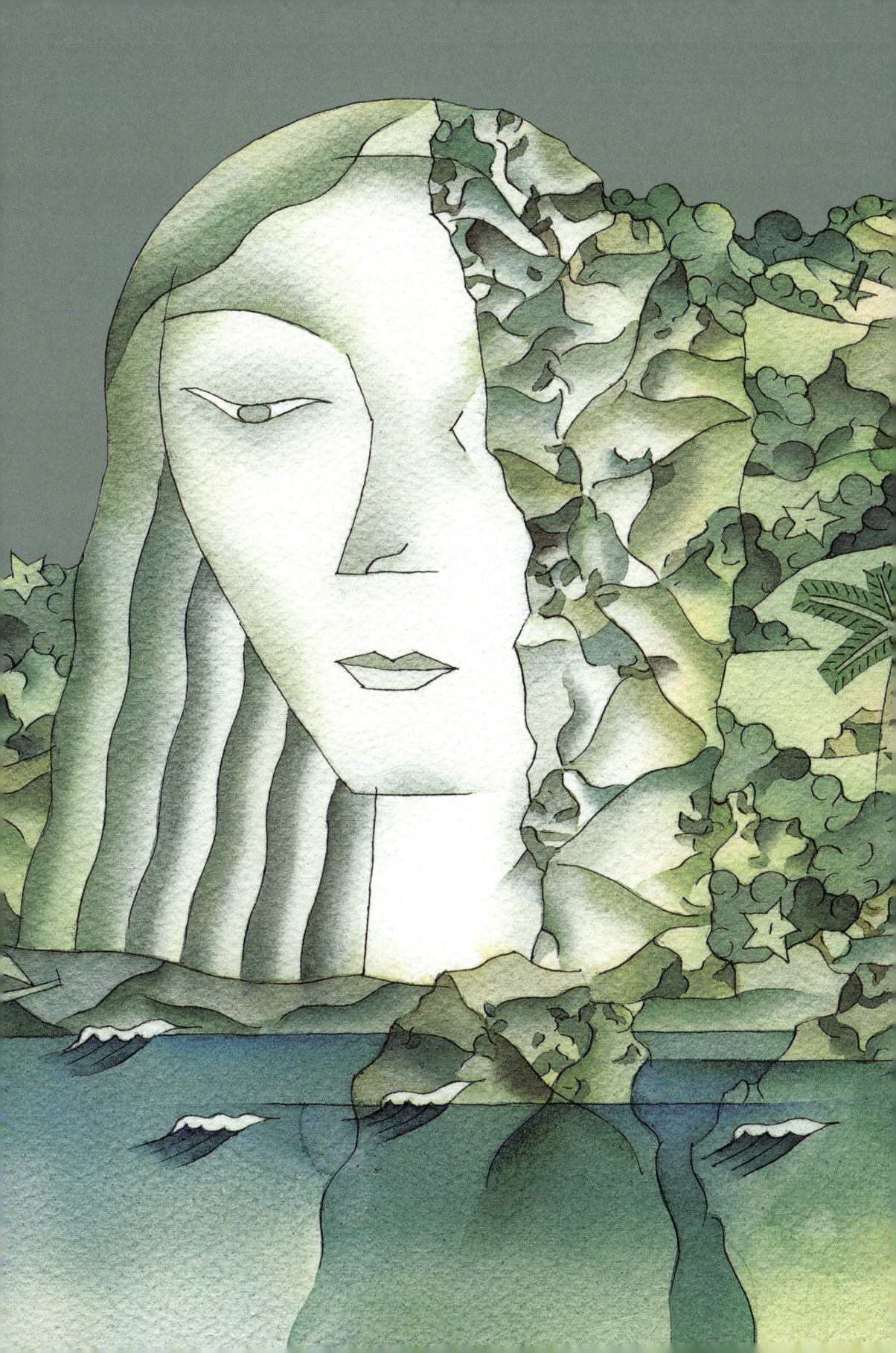

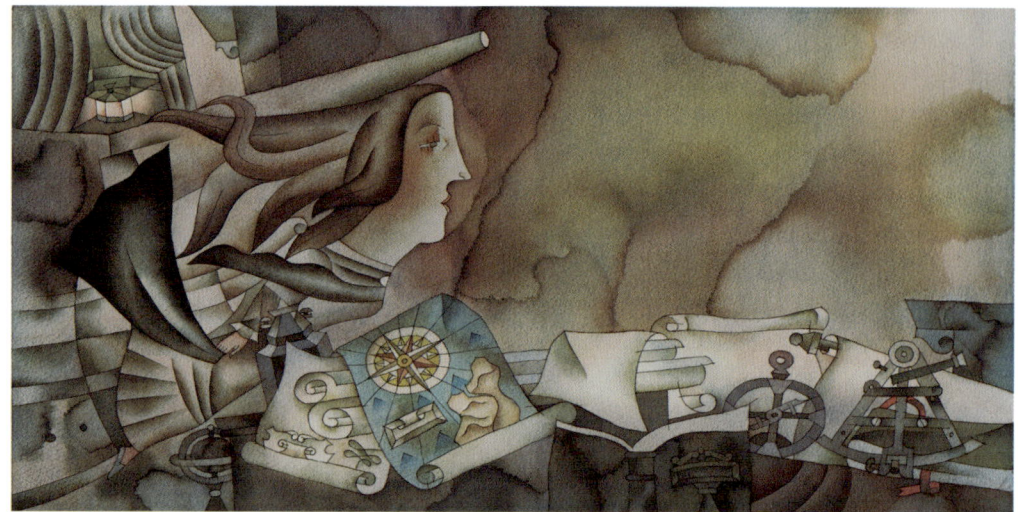

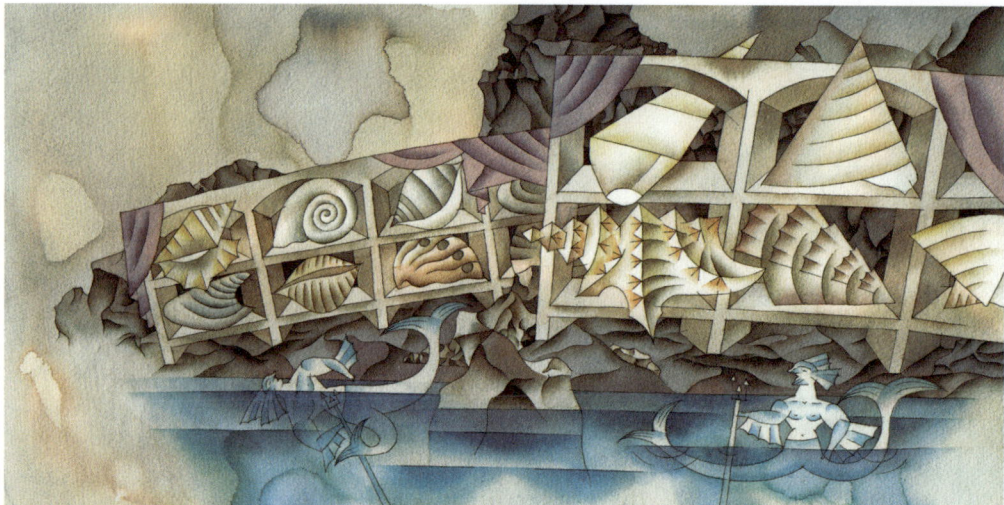

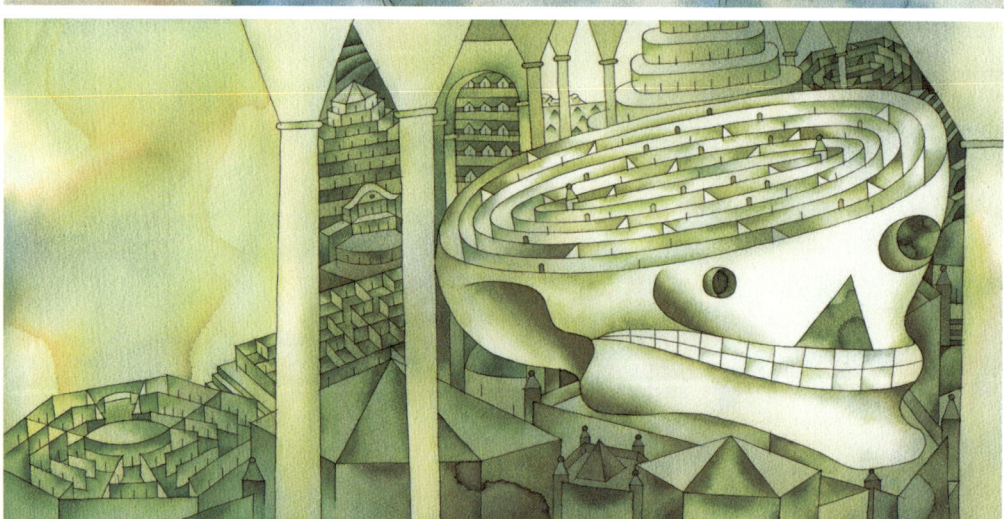

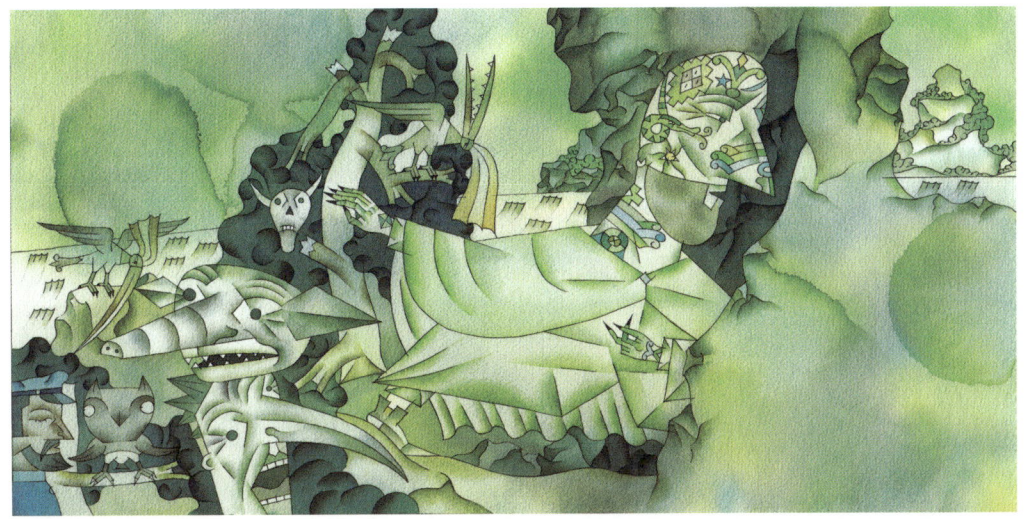

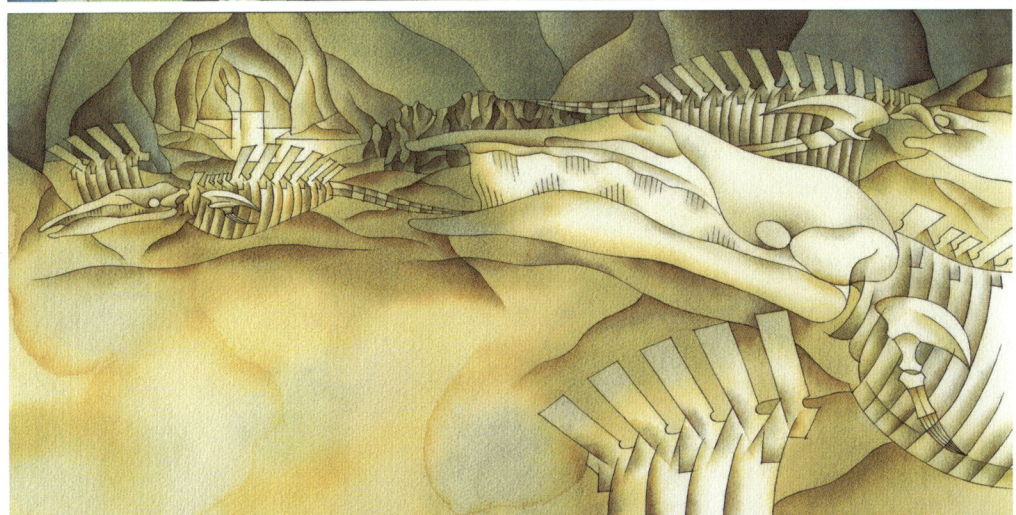

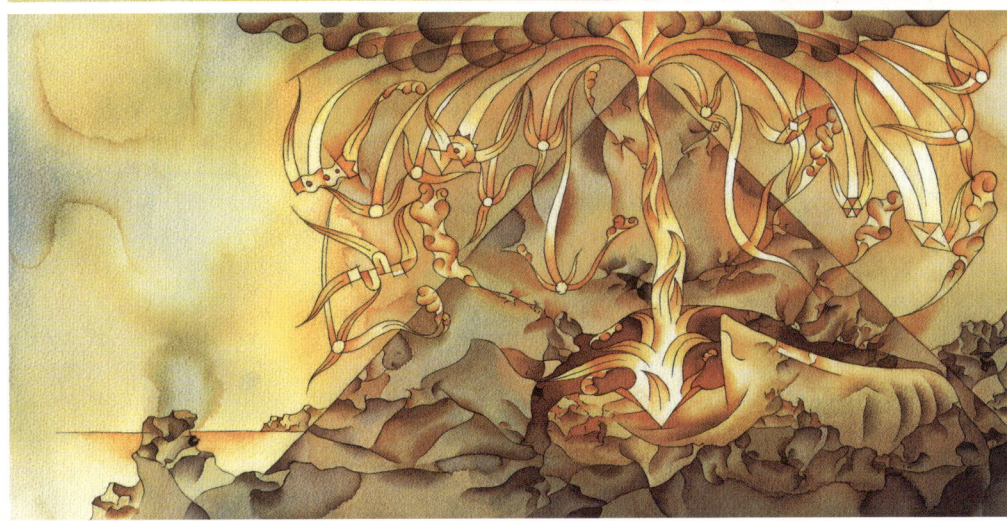

LAS ISLAS FABULOSAS. JOAN MANUEL GISBERT

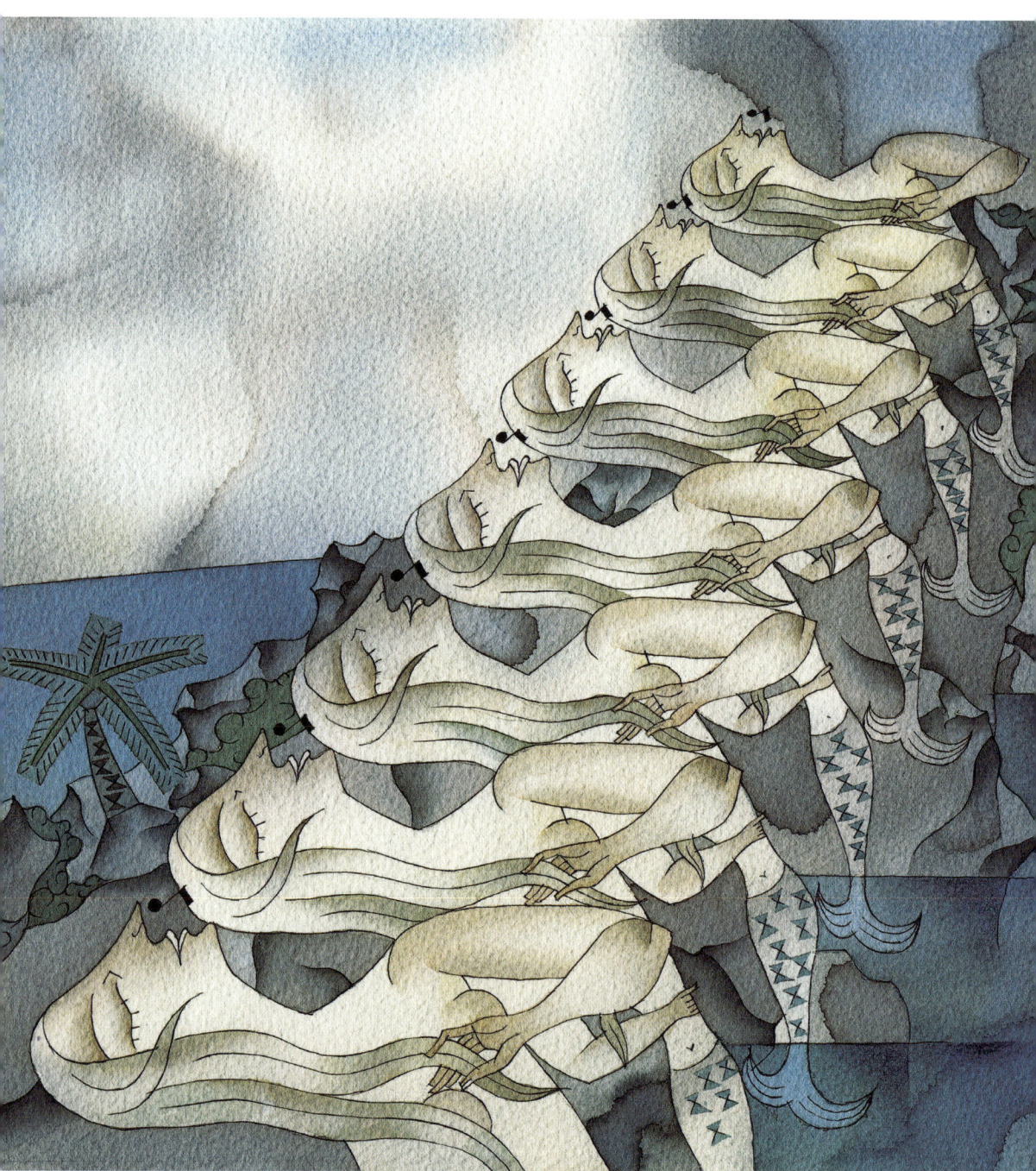

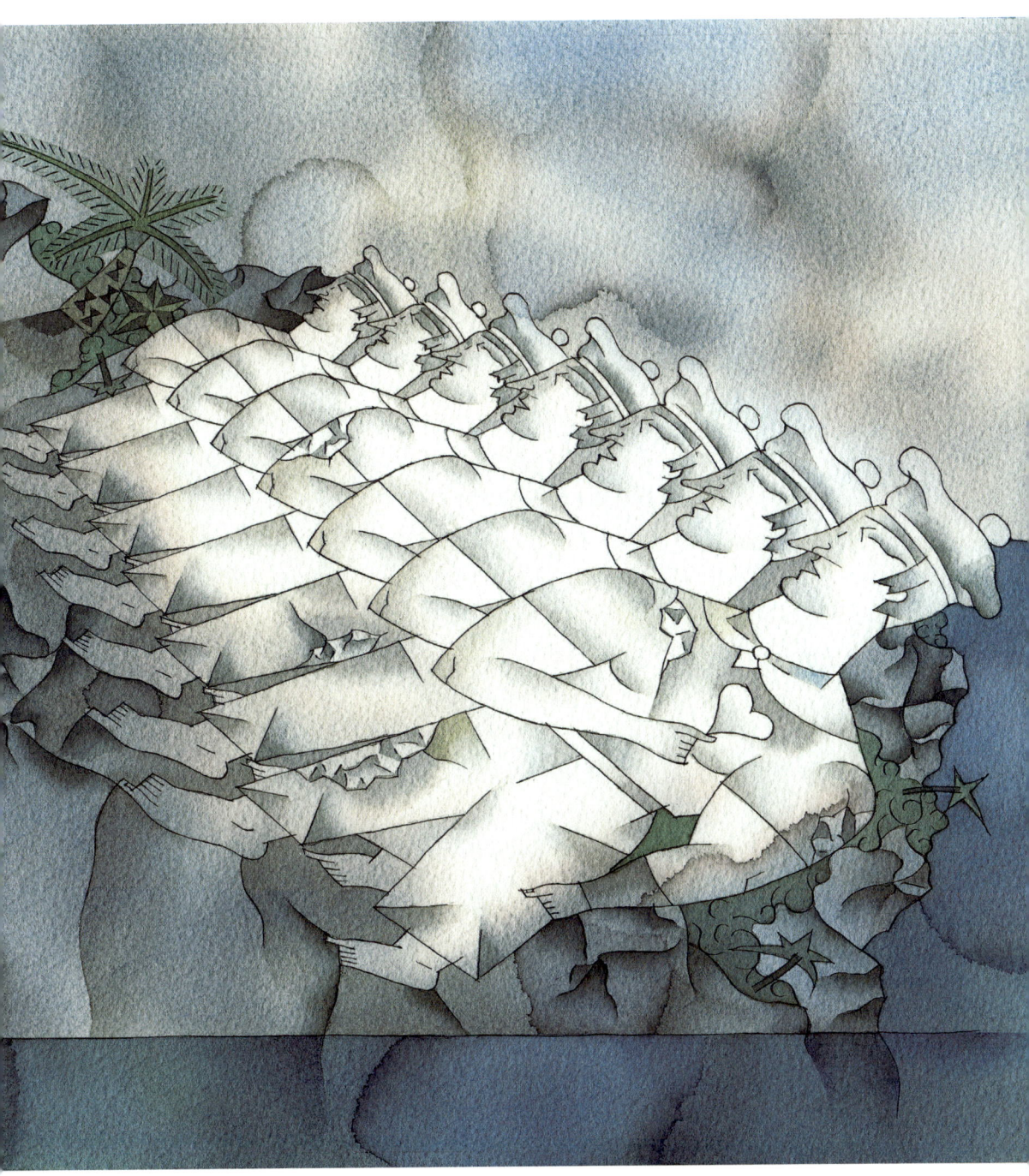

LAS ISLAS FABULOSAS. JOAN MANUEL GISBERT

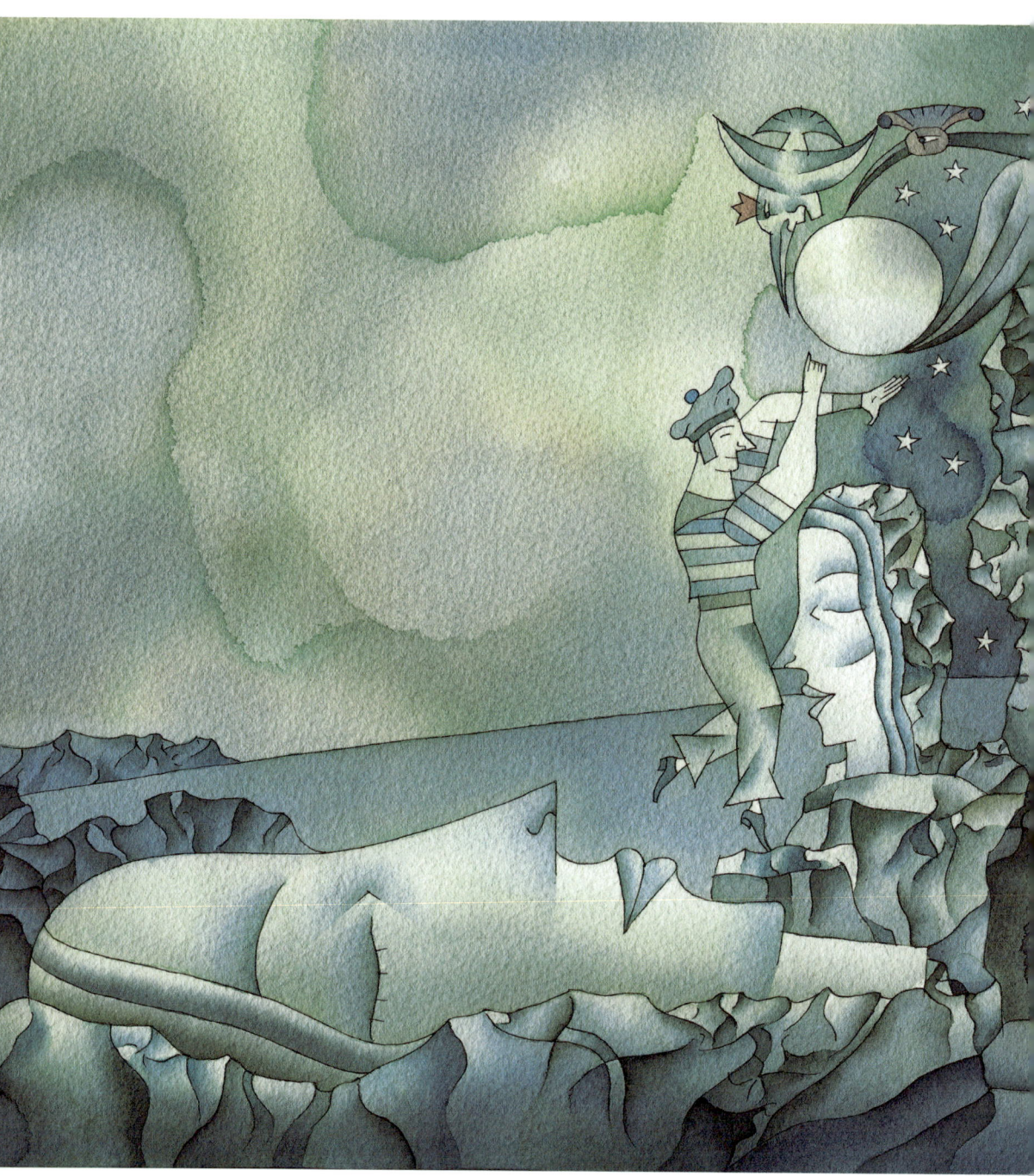

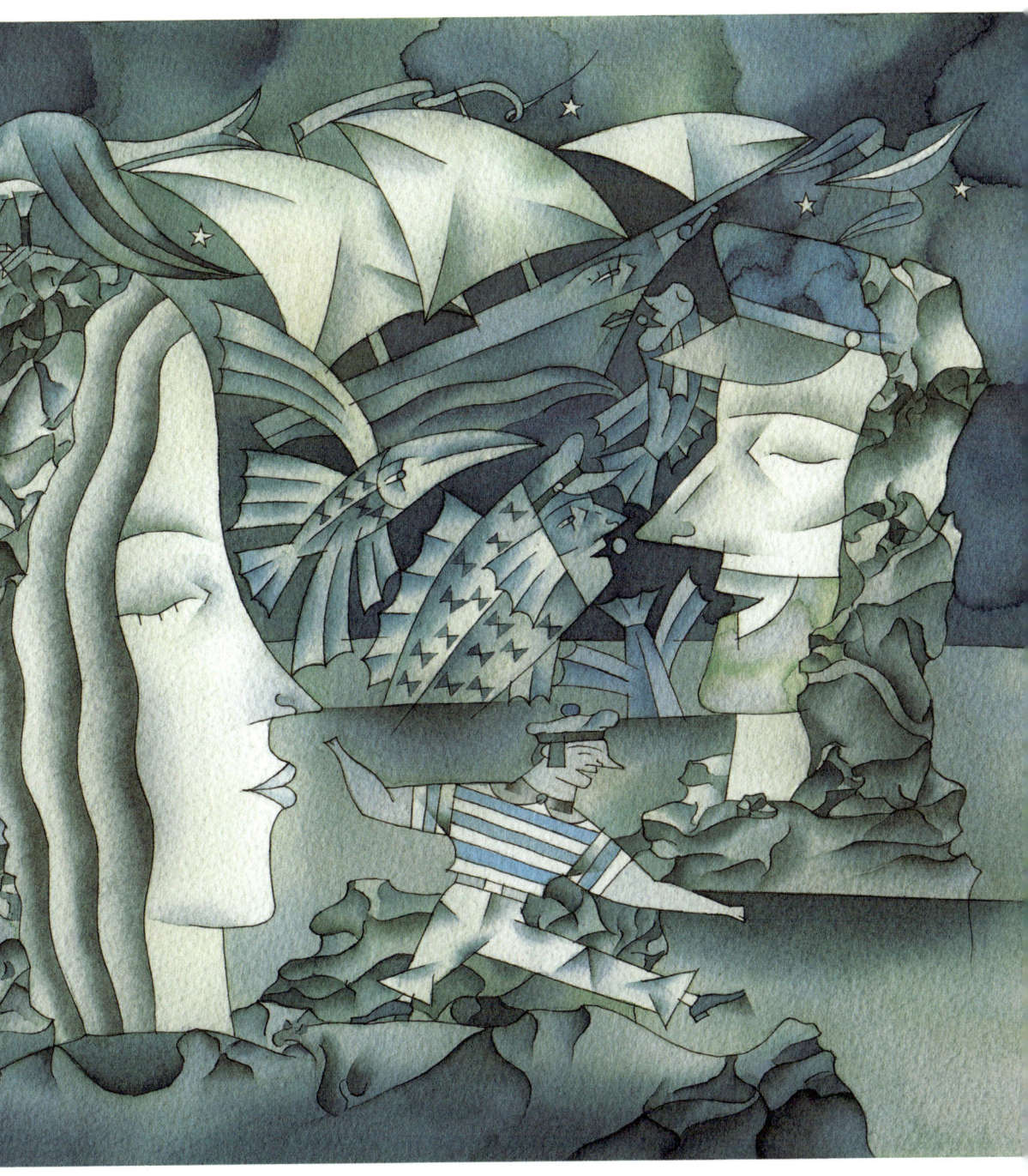

LAS ISLAS FABULOSAS. JOAN MANUEL GISBERT

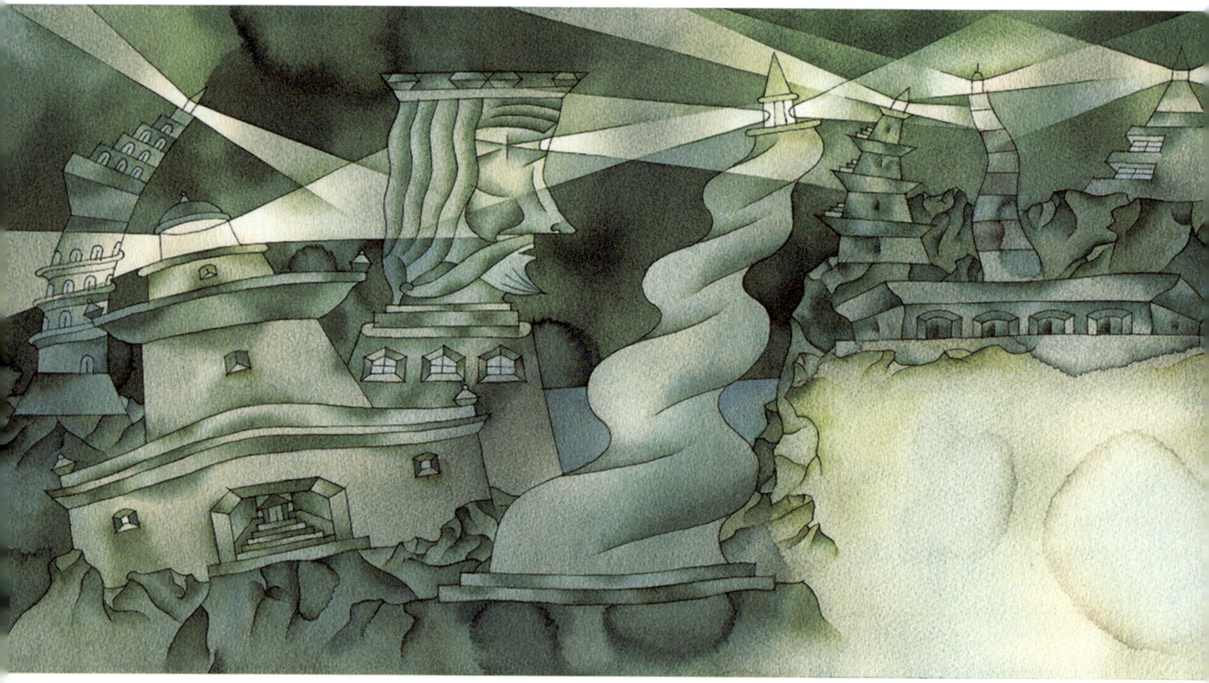

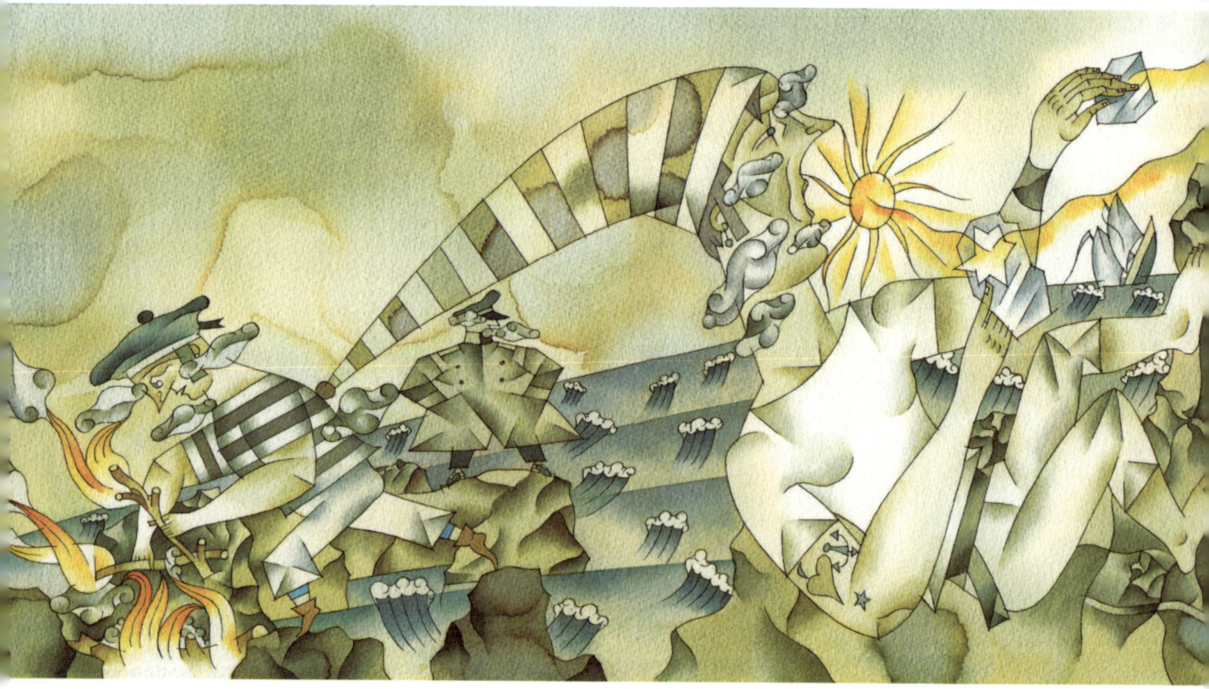

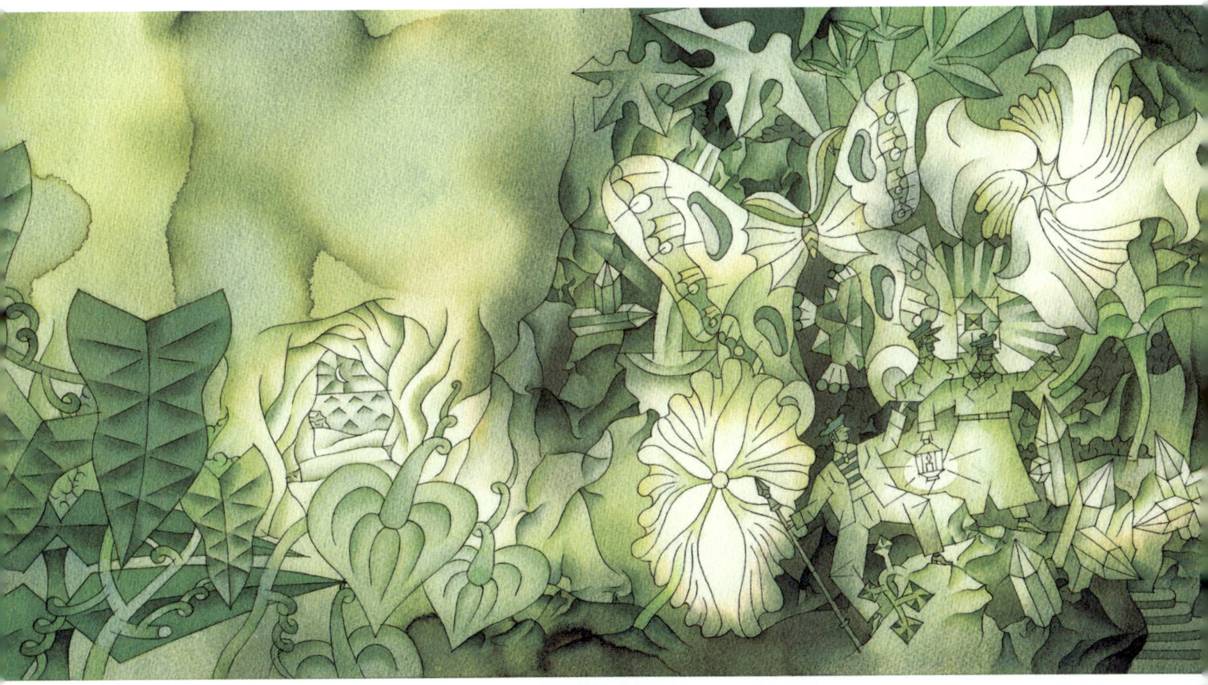

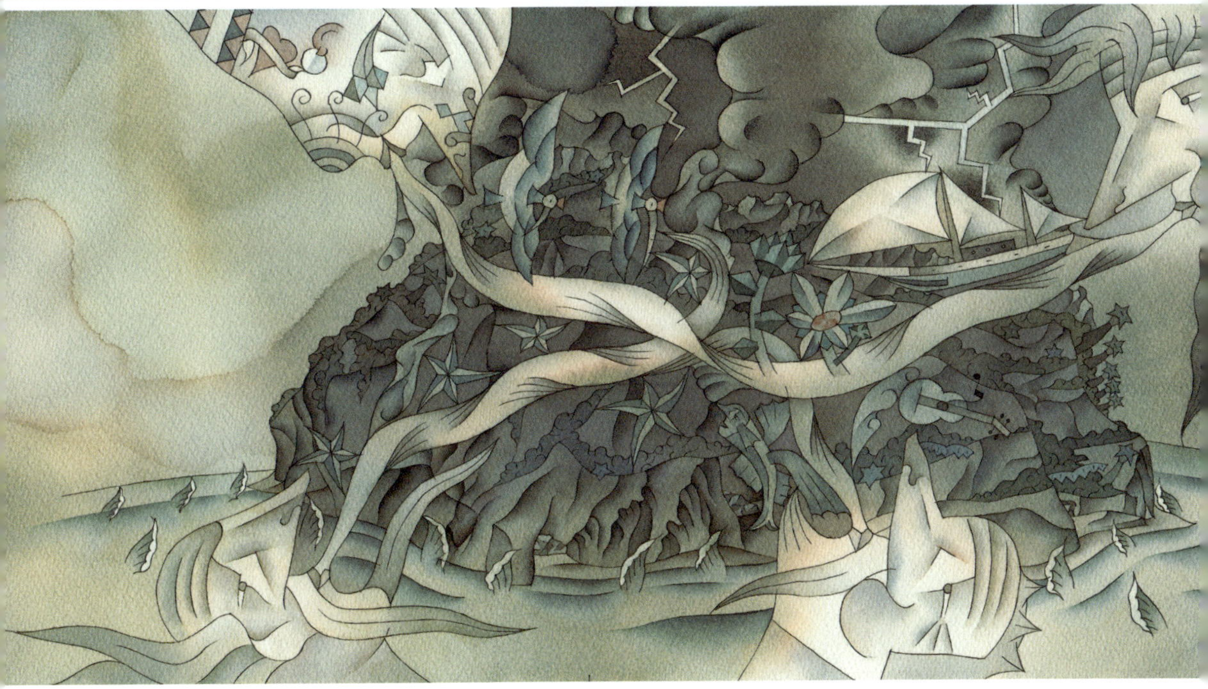

LAS ISLAS FABULOSAS. JOAN MANUEL GISBERT

Memòria del Passat
Memoria del Pasado

La Guardia Real en su historia.
Julio Aldi de la Cuesta

"La Història consisteix en el que subsisteix
i continua animant l'impuls ascendent de la
nostra pròpia vida"

"La Historia consiste en lo que subsiste y
sigue animando el impulso ascendente de
nuestra propia vida"

Américo Castro

"La Guàrdia Reial en la seua història" va ser el tercer dels treballs encarregats a Calatayud per la Fundació Wellington, en els quals alguns han volgut veure el seu lliscament des de la il·lustració infantil cap a la il·lustració adulta. Però, més enllà de les seues experimentacions amb un aparent menor control del color o amb la major llibertat de la línia, l'artista va perseverar una vegada més en els seus jocs amb les perspectives múltiples, l'alteració d'escales i els efectes coreogràfics de les seues figures. Va ser també una oportunitat per a revisar els estereotips de les representacions històriques amb les quals tots estàvem familiaritzats per estampes, gravats i especialment per la pintura d'història del segle XIX, omnipresent en els nostres textos escolars d'Història, i que no hem d'oblidar que ja en 1669 va ser considerada per André Félibien una de les més elevades en la jerarquia artística, en tant era la suma de pràcticament tots els altres gèneres pictòrics. I no hi falten les picades d'ullet a l'alta cultura (Uccello) o la cultura popular (els despersonalitzats protagonistes dels vells retallables infantils).

"La Guardia Real en su historia" fue el tercero de los trabajos encargados a Calatayud por la Fundación Wellington, en los que algunos han querido ver su deslizamiento desde la ilustración infantil hacia la ilustración adulta. Pero, más allá de sus experimentaciones con un aparente menor control del color o con la mayor libertad de la línea, el artista perseveró una vez más en sus juegos con las perspectivas múltiples, la alteración de escalas y los efectos coreográficos de sus figuras. Fue también una oportunidad para revisar los estereotipos de las representaciones históricas con las que todos estábamos familiarizados por estampas, grabados y especialmente por la pintura de historia del siglo XIX, omnipresente en nuestros textos escolares de Historia, y que no debemos olvidar que ya en 1669 fue considerada por André Félibien una de las más elevadas en la jerarquía artística, en tanto era la suma de prácticamente todos los demás géneros pictóricos. Y no faltan los guiños a la alta cultura (Uccello) o la cultura popular (los despersonalizados protagonistas de los viejos recortables infantiles).

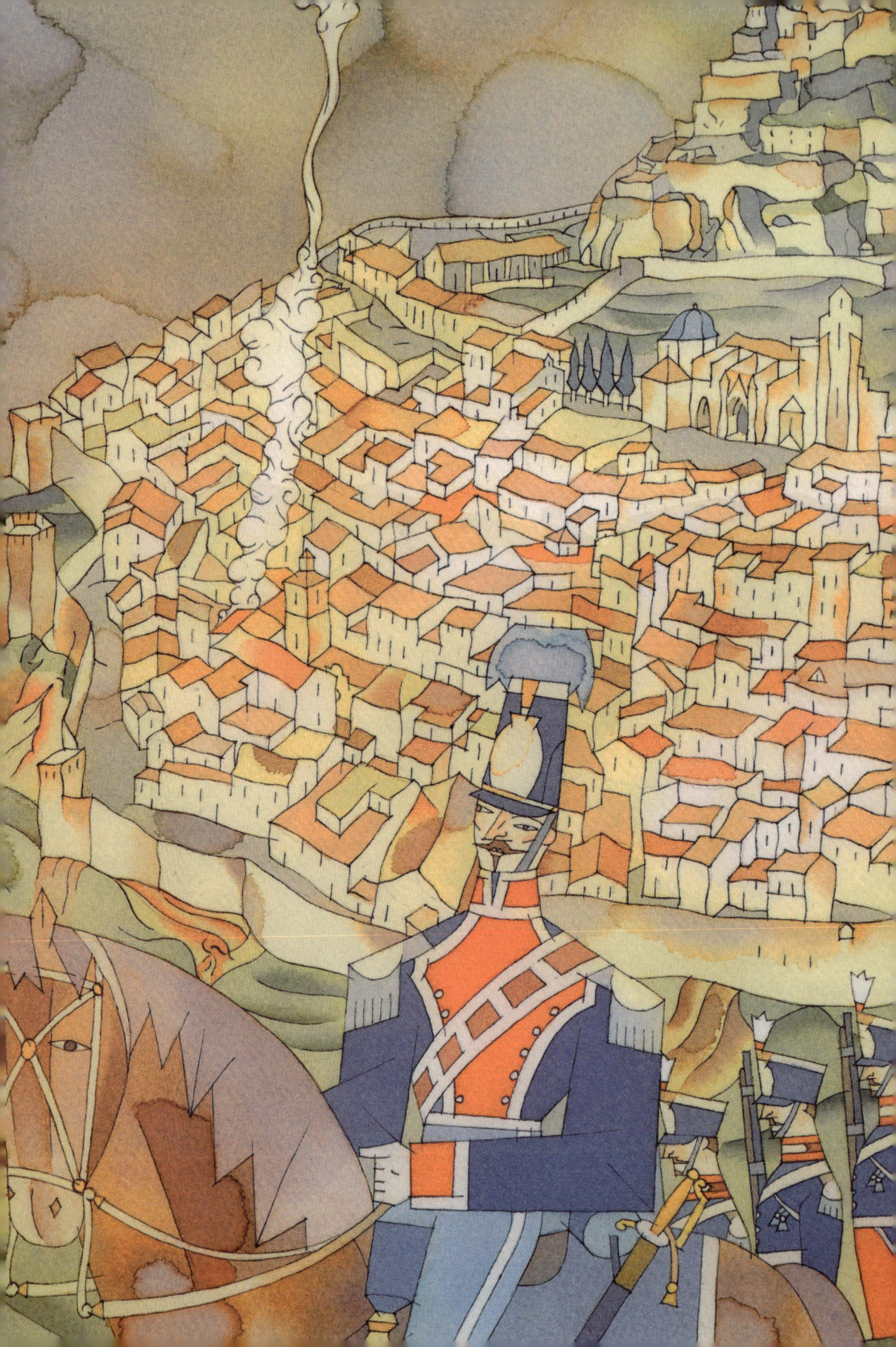

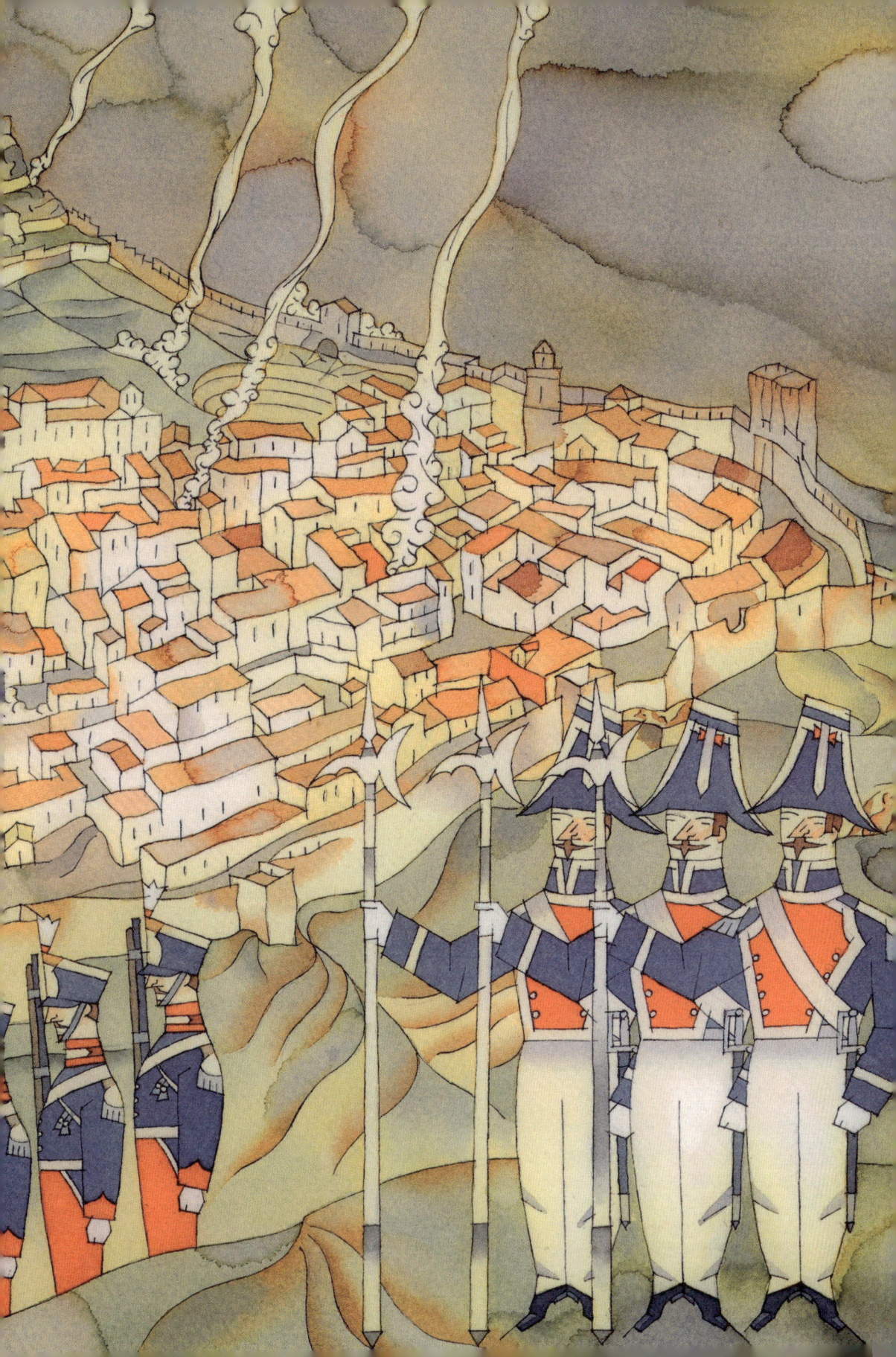

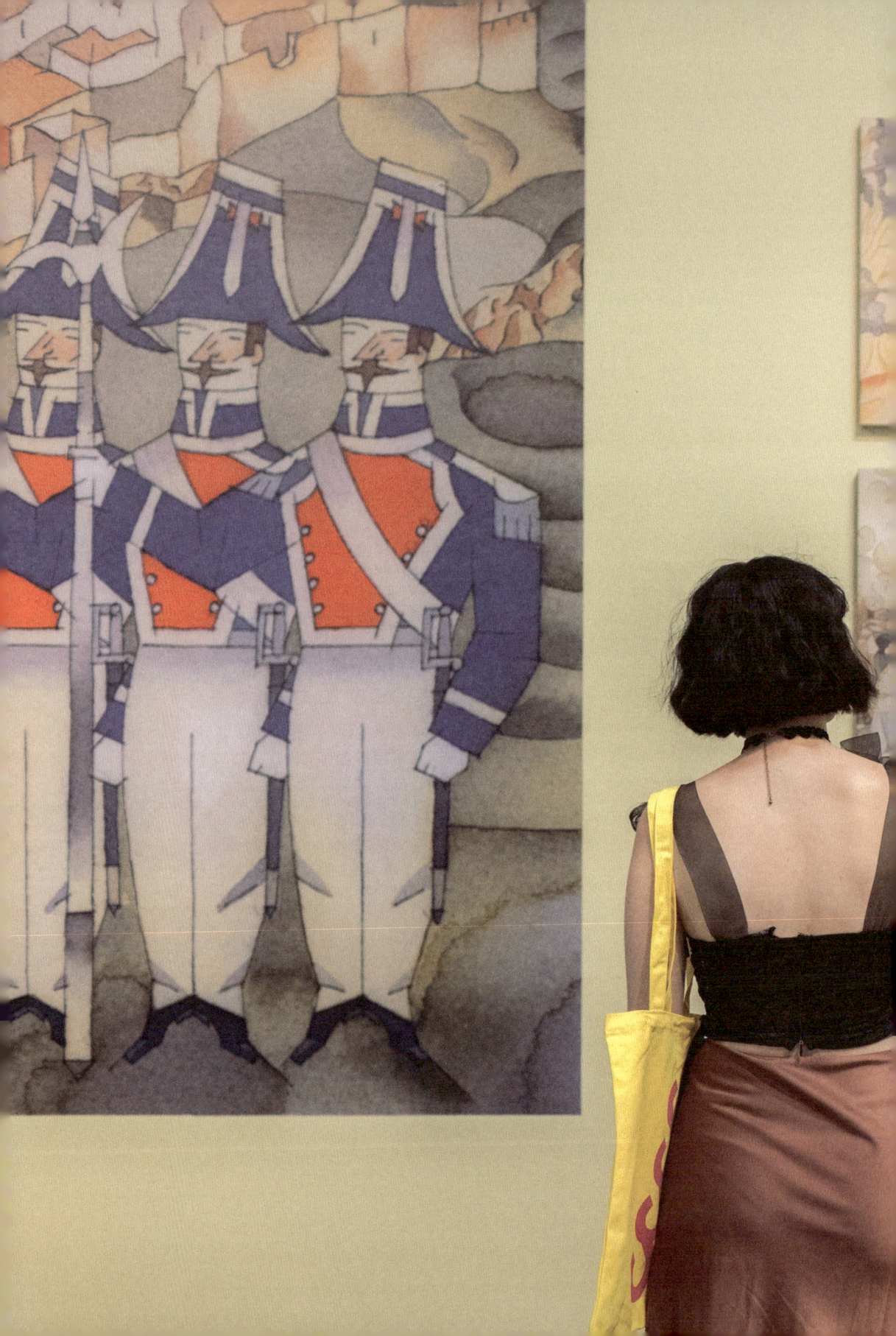

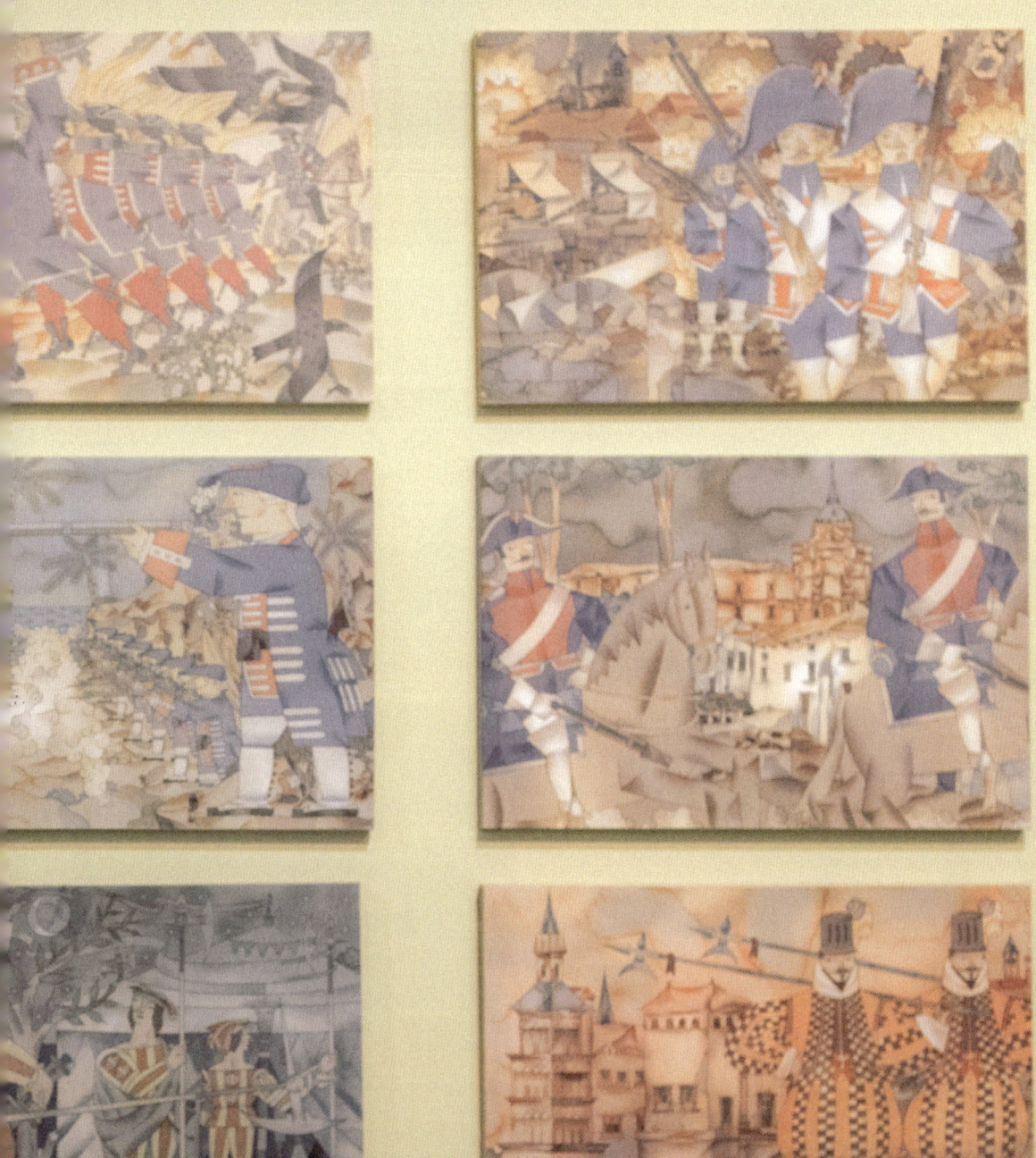

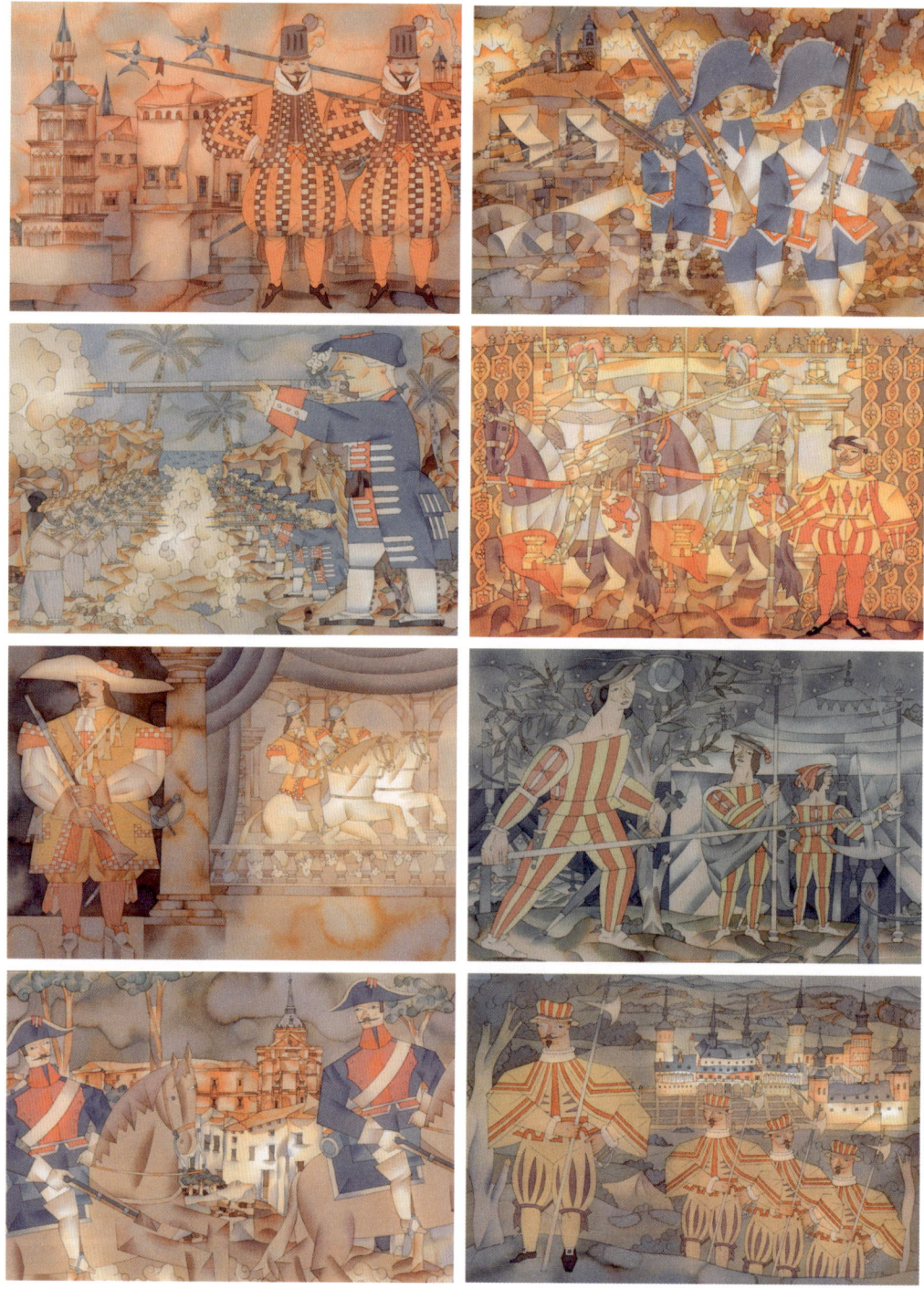

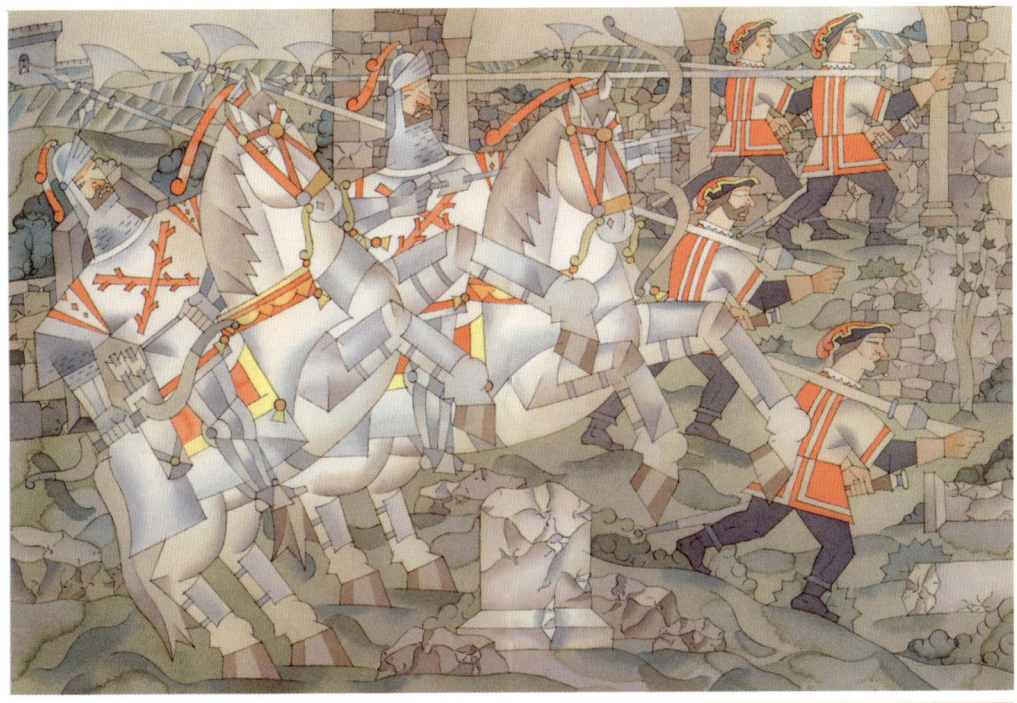

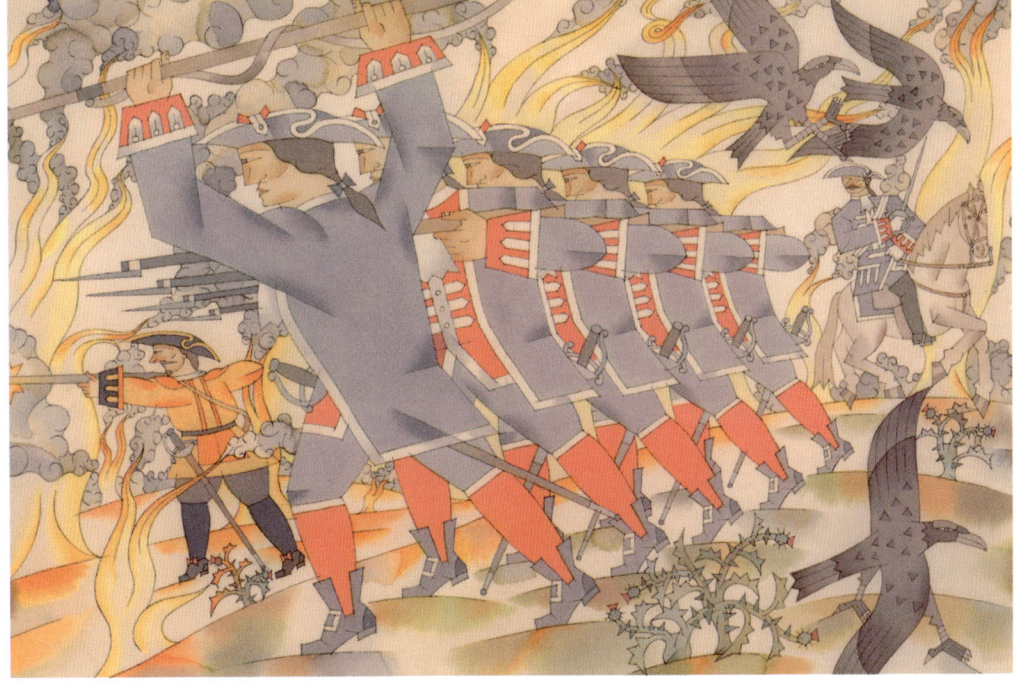

LA GUARDIA REAL EN SU HISTORIA. JULIO ALDI DE LA CUESTA

DesPLAçaments
DesPLAzamientos

Viaje en autobús. Josep Pla

"Cal viatjar per a descobrir amb els propis ulls que el món és molt petit i, per tant, que és absolutament necessari fer un gran esforç per a dignificar la visió fins a arribar a veure les coses en gran"

"Hay que viajar para descubrir con los propios ojos que el mundo es muy pequeño y, por tanto, que es absolutamente necesario hacer un gran esfuerzo para dignificar la visión hasta llegar a ver las cosas en grande"

Josep Pla, Viatge amb autobús

Aquest encàrrec de la Fundació Wellington, inequívocament una de les millors obres realitzades per Calatayud, i possiblement la més pictòrica, el va posar en contacte amb un text del qual per a molts, juntament amb Gabriel Miró i Azorín, és un dels escriptors en castellà (el va escriure en aquesta llengua en 1942) que més gal·la ha fet del virtuosisme en la precisió descriptiva. L'il·lustrador, que havia conegut autobusos d'aquesta mena en els seus viatges infantils de Múrcia a Aspe o d'Aspe fins a les platges mediterrànies, compassa la seua mirada al detallisme i la ironia de l'autor català projectant-se a través del temps i de l'espai. El seu trànsit il·lustrat, com es denomina aquesta exposició, subratlla la idea del desplaçament com el millor mètode "per a aprendre a prescindir de petiteses, de difusos detalls, de tortes enganyifes tribals, de grandiositats escenogràfiques i falses", com va dir aquell savi rondinaire de Palafrugell. Amb una nuesa estilística suprema, plena d'homenatges (entre d'altres a la poètica de Chagall), el creador es mostra més rabiosament modern que mai.

Este encargo de la Fundación Wellington, inequívocamente una de las mejores obras realizadas por Calatayud, y posiblemente la más pictórica, le puso en contacto con un texto del que para muchos, junto a Gabriel Miró y Azorín, es uno de los escritores en castellano (lo escribió en esa lengua en 1942) que más gala ha hecho del virtuosismo en la precisión descriptiva. El ilustrador, que había conocido autobuses de ese jaez en sus viajes infantiles de Murcia a Aspe o de Aspe hasta las playas mediterráneas, acompasa su mirada al detallismo y la ironía del autor catalán proyectándose a través del tiempo y del espacio. Su tránsito ilustrado, como se denomina esta exposición, subraya la idea del desplazamiento como el mejor método "para aprender a prescindir de pequeñeces, de difusos detalles, de torcidos cubileteos tribales, de grandiosidades escenográficas y falsas", como dijo aquel sabio gruñón de Palafrugell. Con una desnudez estilística suprema, llena de homenajes (entre otros a la poética de Chagall), el creador se muestra más rabiosamente moderno que nunca.

VIAJE EN AUTOBÚS. JOSEP PLA

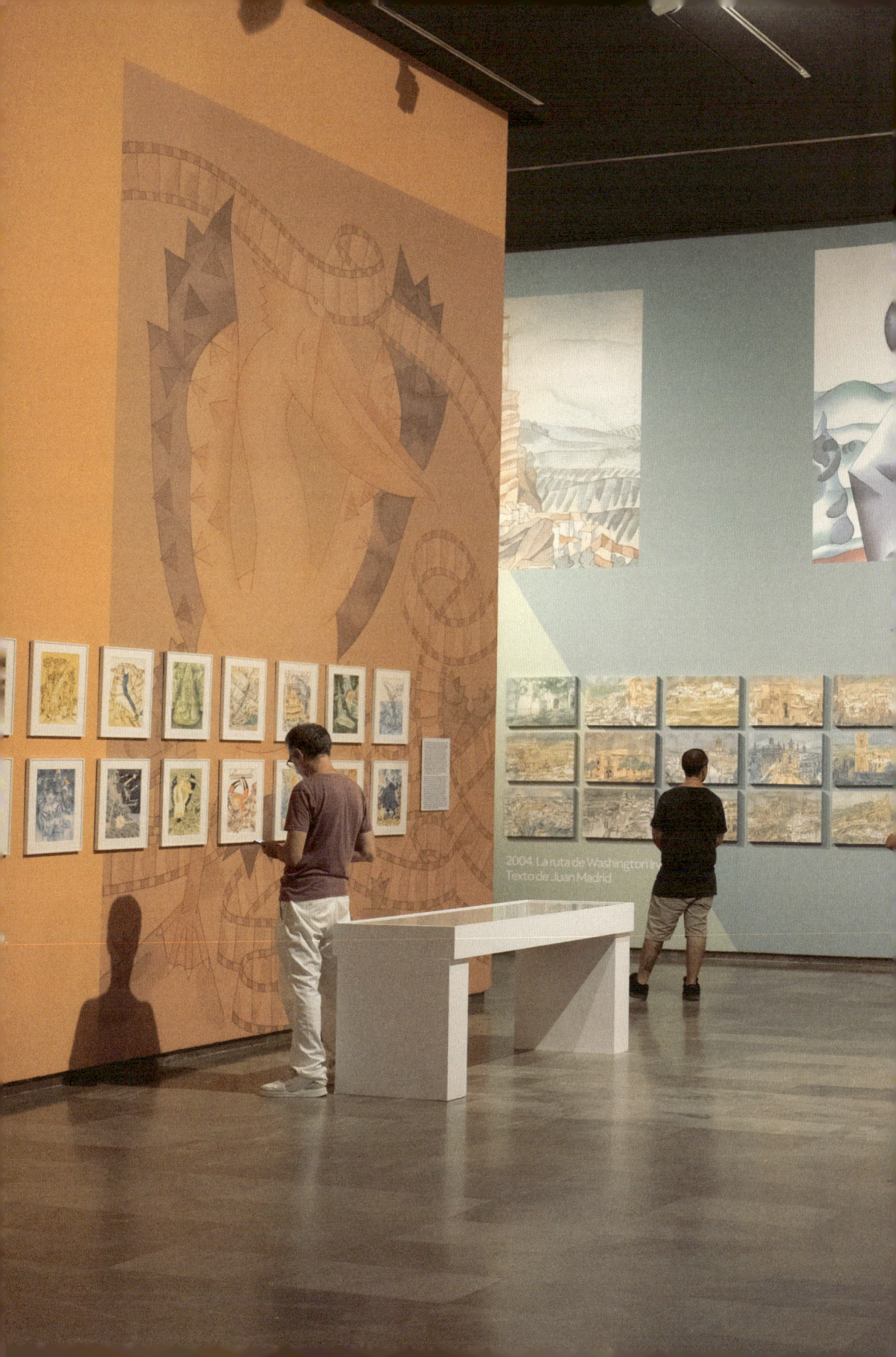

2004 La ruta de Washington Irving
Texto de Juan Madrid

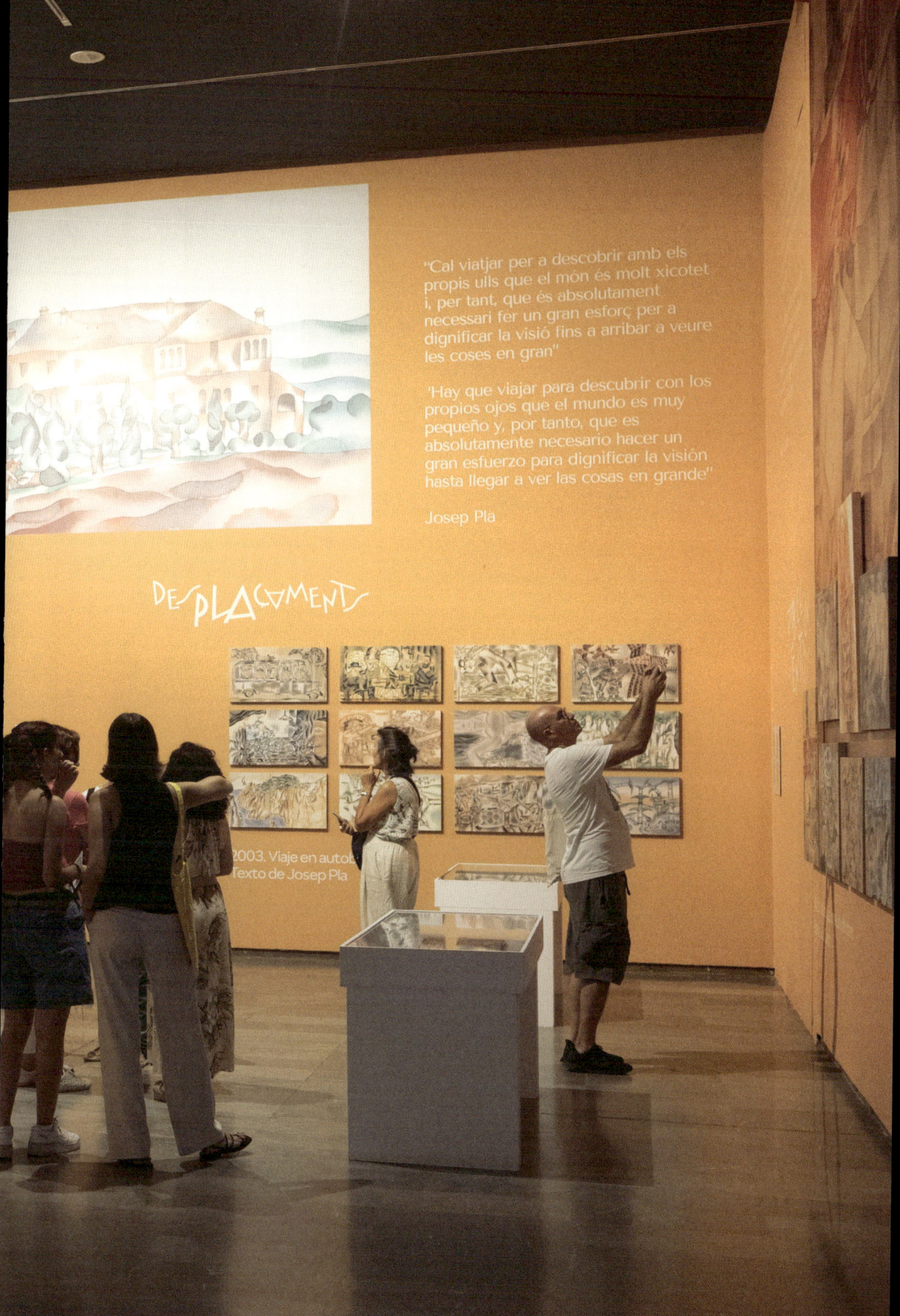

"Cal viatjar per a descobrir amb els propis ulls que el món és molt xicotet i, per tant, que és absolutament necessari fer un gran esforç per a dignificar la visió fins a arribar a veure les coses en gran"

'Hay que viajar para descubrir con los propios ojos que el mundo es muy pequeño y, por tanto, que es absolutamente necesario hacer un gran esfuerzo para dignificar la visión hasta llegar a ver las cosas en grande''

Josep Pla

DESPLAÇAMENTS

2003, Viaje en autob...
Texto de Josep Pla

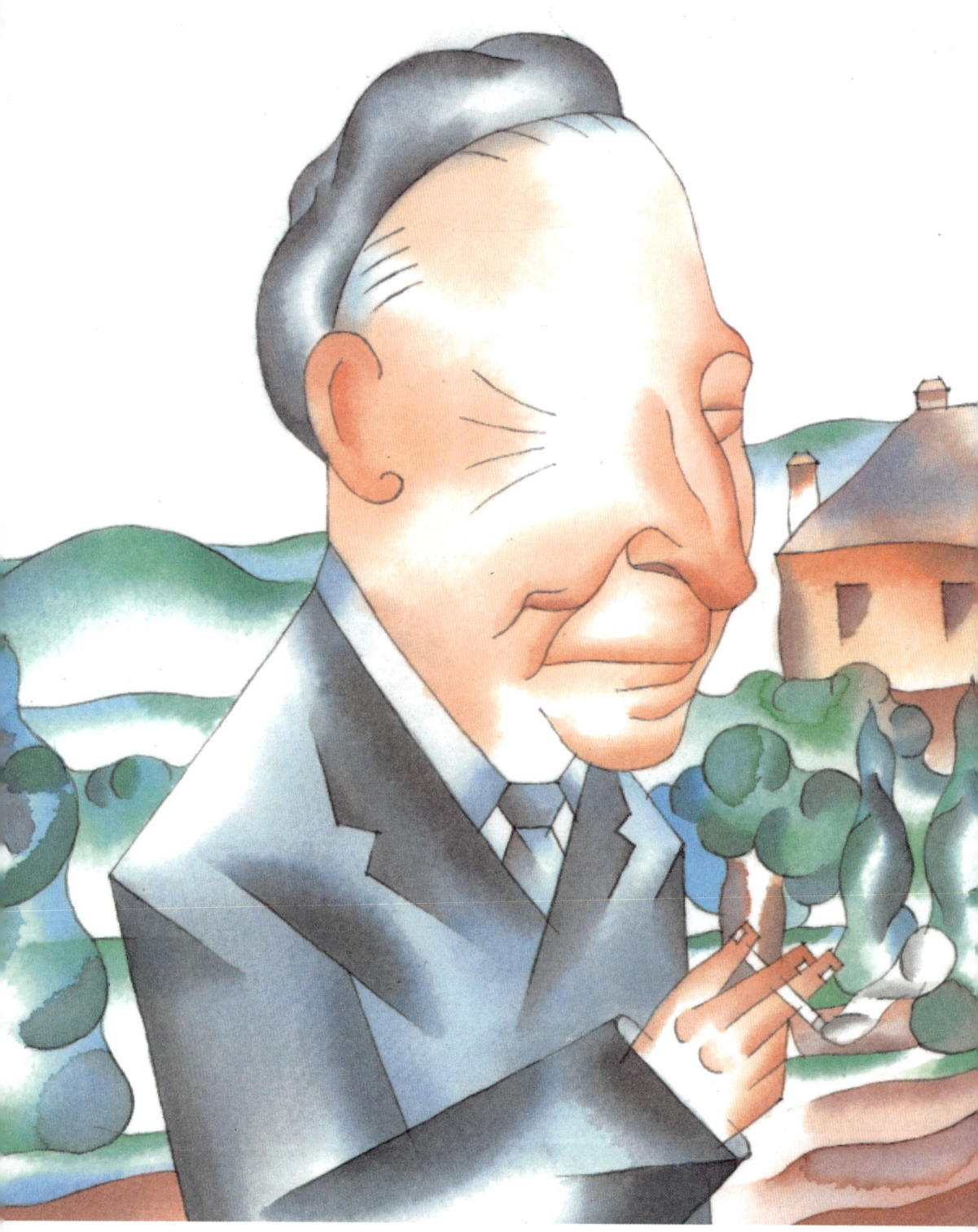

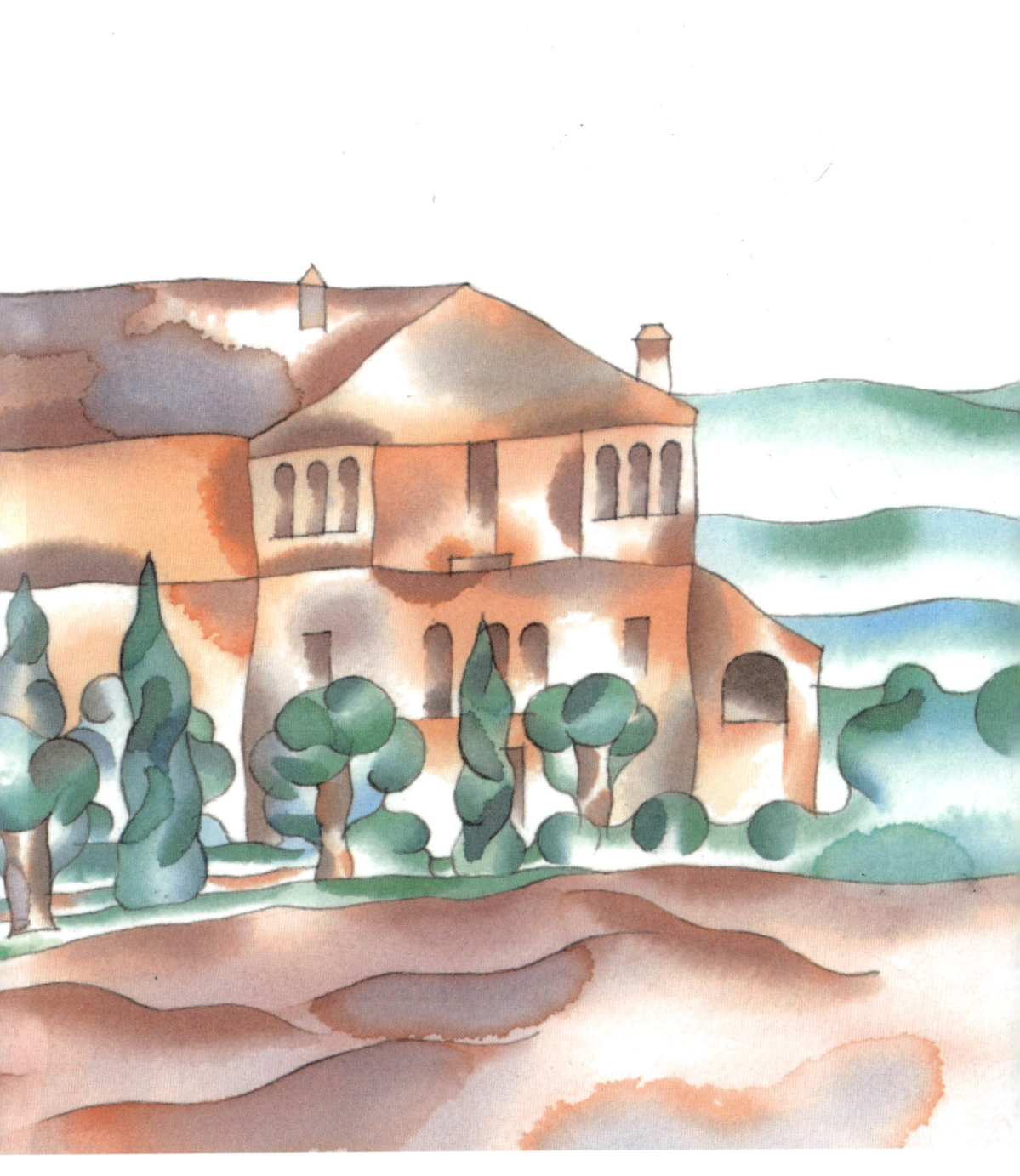

VIAJE EN AUTOBÚS. JOSEP PLA

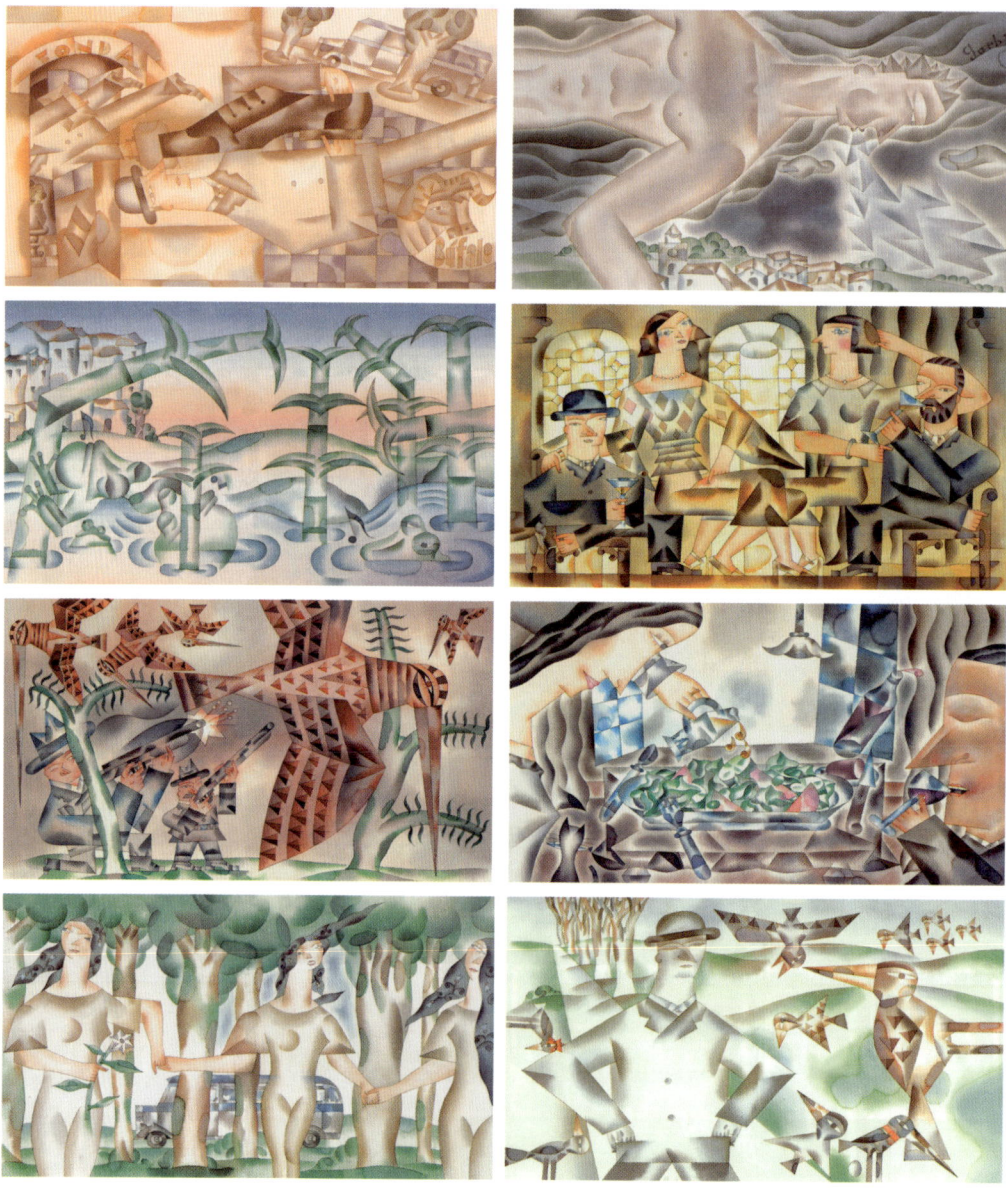

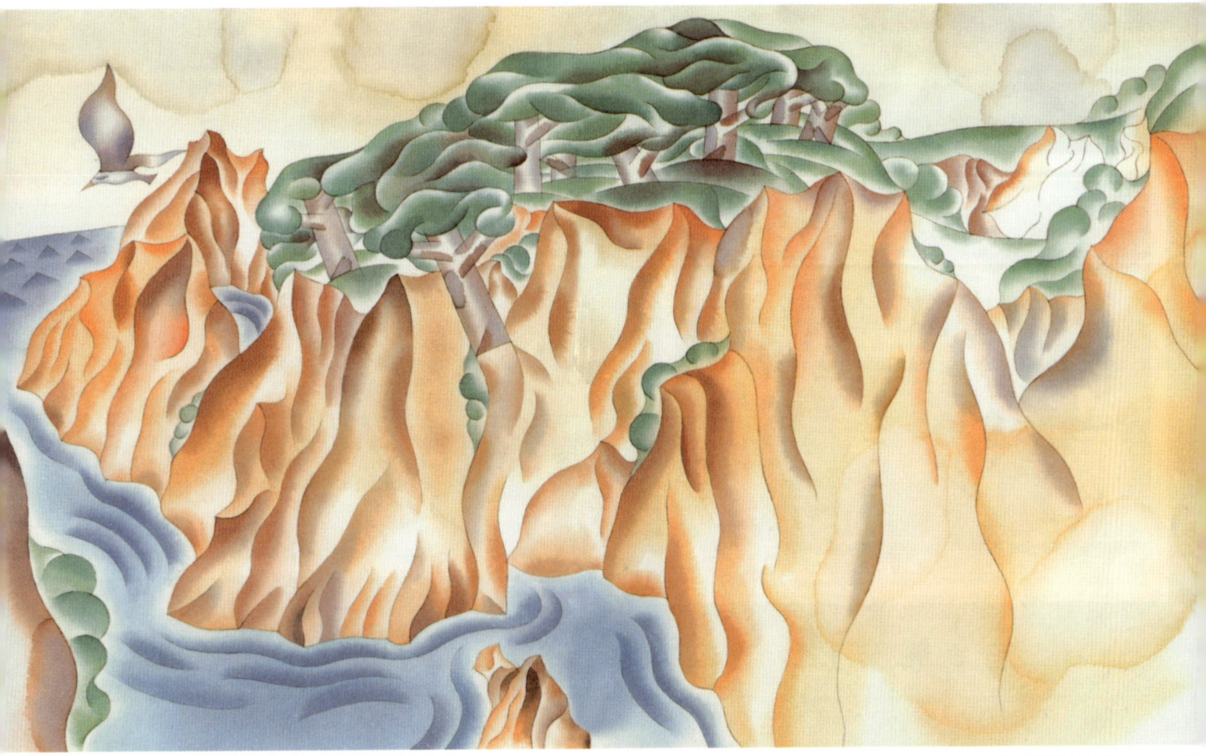

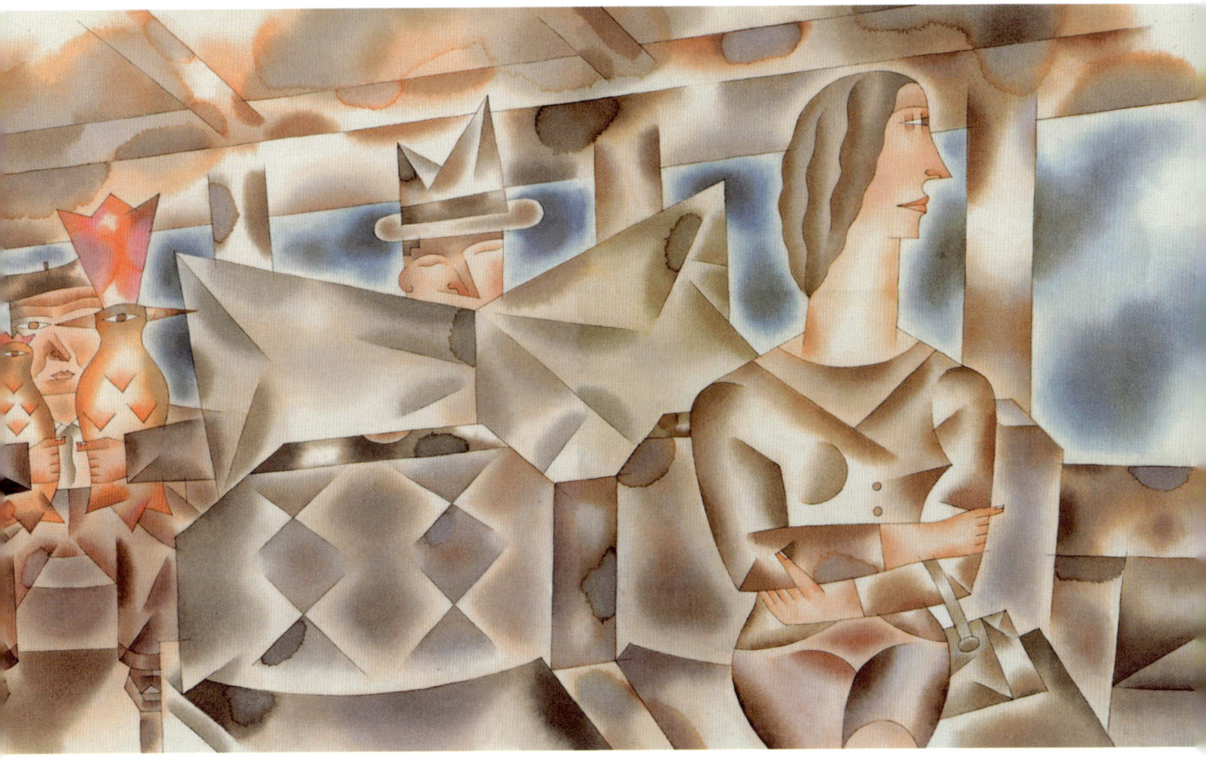

VIAJE EN AUTOBÚS. JOSEP PLA

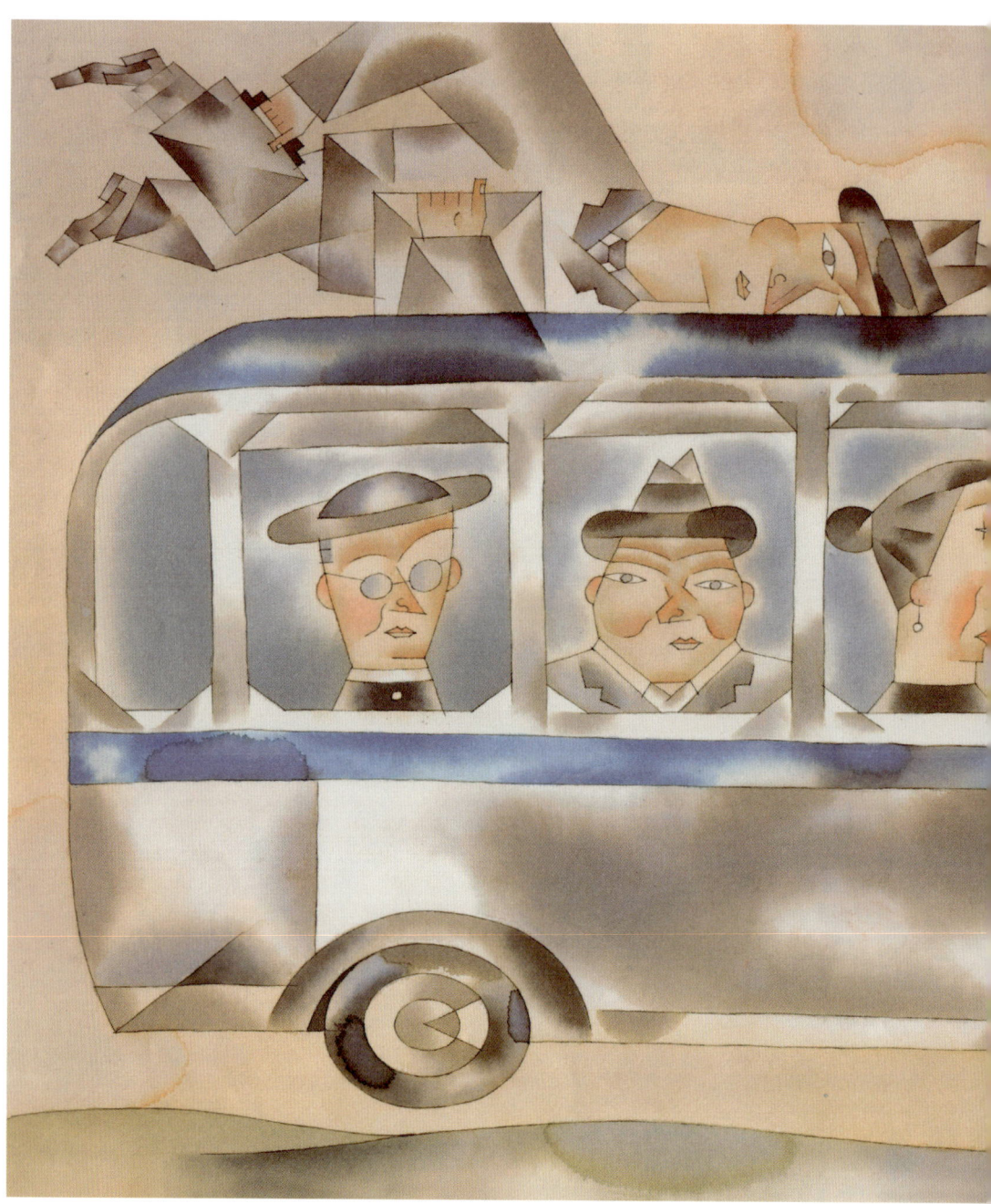

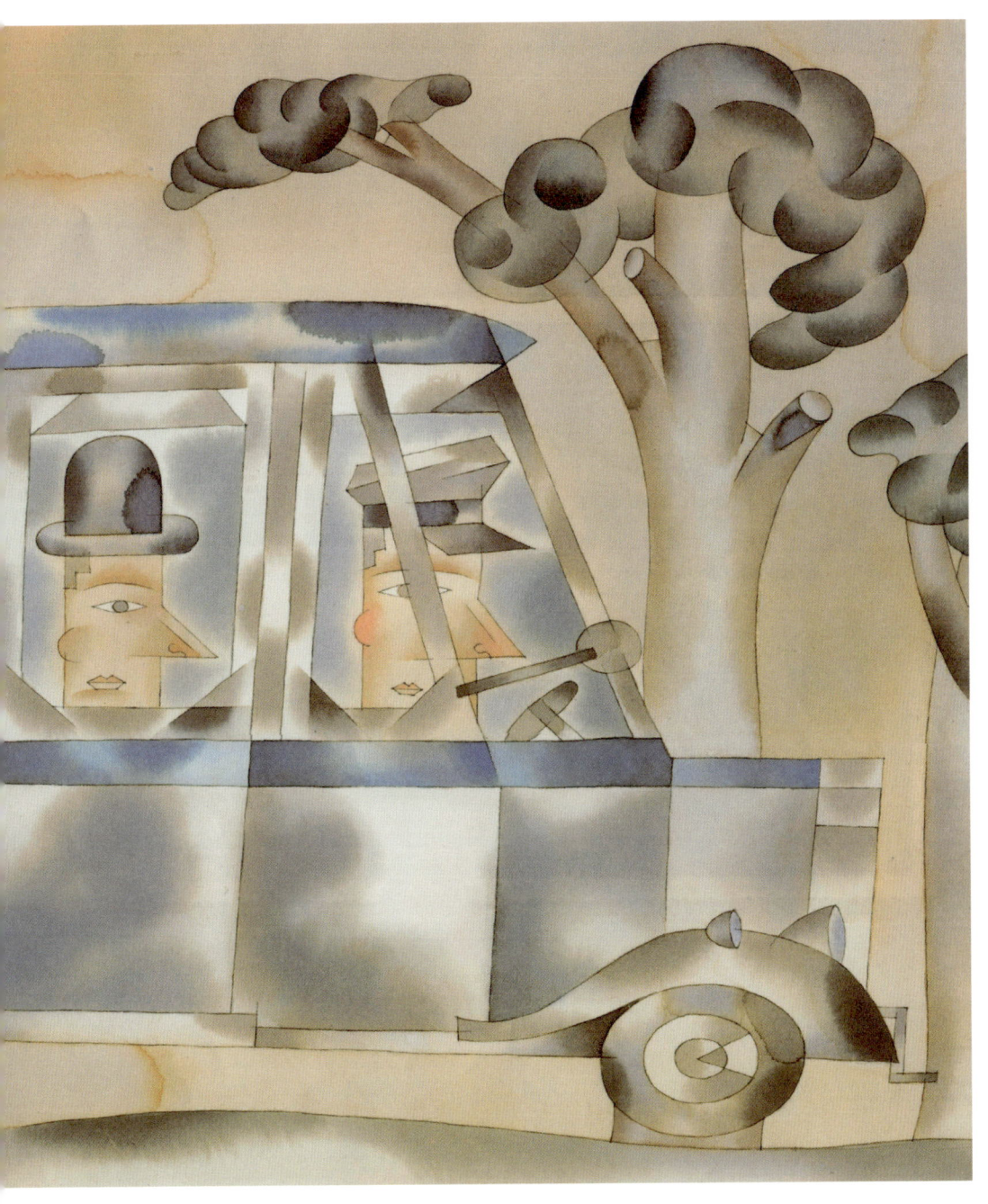

VIAJE EN AUTOBÚS. JOSEP PLA

L'aura del paisatge
El aura del paisaje

La ruta de Washington Irving. Juan Madrid

"Pintar la Naturalesa no és copiar un
objecte, és la realització d'una sensació"

"Pintar la Naturaleza no es copiar un
objeto, es la realización de una sensación"

Paul Cézanne

El paisatge sempre ha tingut un paper important en l'obra de Calatayud, però generalment com un teló de fons, a la manera en què va ser interpretat pels artistes anteriors als flamencs del segle XVII. No obstant això, en el present, la sobreabundància de representacions, multiplicades fins a l'infinit per les càmeres dels telèfons mòbils, ha acabat pauperitzant-ne o espoliant-ne l'aura fins a convertir-lo en un succedani de la seua vertadera condició. Aquesta proposta de l'organisme de Turisme de la Província de la Diputació de Sevilla va permetre a Miguel enfrontar-se a la redefinició del seu sentit primigeni conferint-li, per damunt de tot, temps i "desbanalització". Era, a més, per tractar-se d'un text sobre el viatge d'un d'aquells romàntics que el veia, el mateix que veia els espanyols, de forma prejuiciada, una possibilitat per a examinar l'interior d'aquestes imatges, a les quals va sotmetre a propòsit a una llum inventada i inexistent per a reclamar l'autonomia de l'atenció.

El paisaje siempre tuvo un papel importante en la obra de Calatayud, pero generalmente como un telón de fondo, a la manera en que fue interpretado por los artistas anteriores a los flamencos del siglo XVII. Sin embargo, en el presente, la sobreabundancia de representaciones, multiplicadas hasta el infinito por las cámaras de los teléfonos móviles, ha acabado por pauperizar o expoliar el aura del mismo hasta convertirlo en un sucedáneo de su verdadera condición. Esta propuesta del organismo de Turismo de la Provincia de la Diputación de Sevilla le permitió a Miguel enfrentarse a la redefinición de su sentido primigenio confiriéndole, por encima de todo, tiempo y "desbanalización". Era, además, por tratarse de un texto sobre el viaje de uno de aquellos románticos que lo veía, lo mismo que veía a los españoles, de forma prejuiciada, una posibilidad para examinar el interior de esas imágenes, a las que sometió a propósito a una luz inventada e inexistente para reclamar la autonomía de la atención.

LA RUTA DE WASHINGTON IRVING. JUAN MADRID

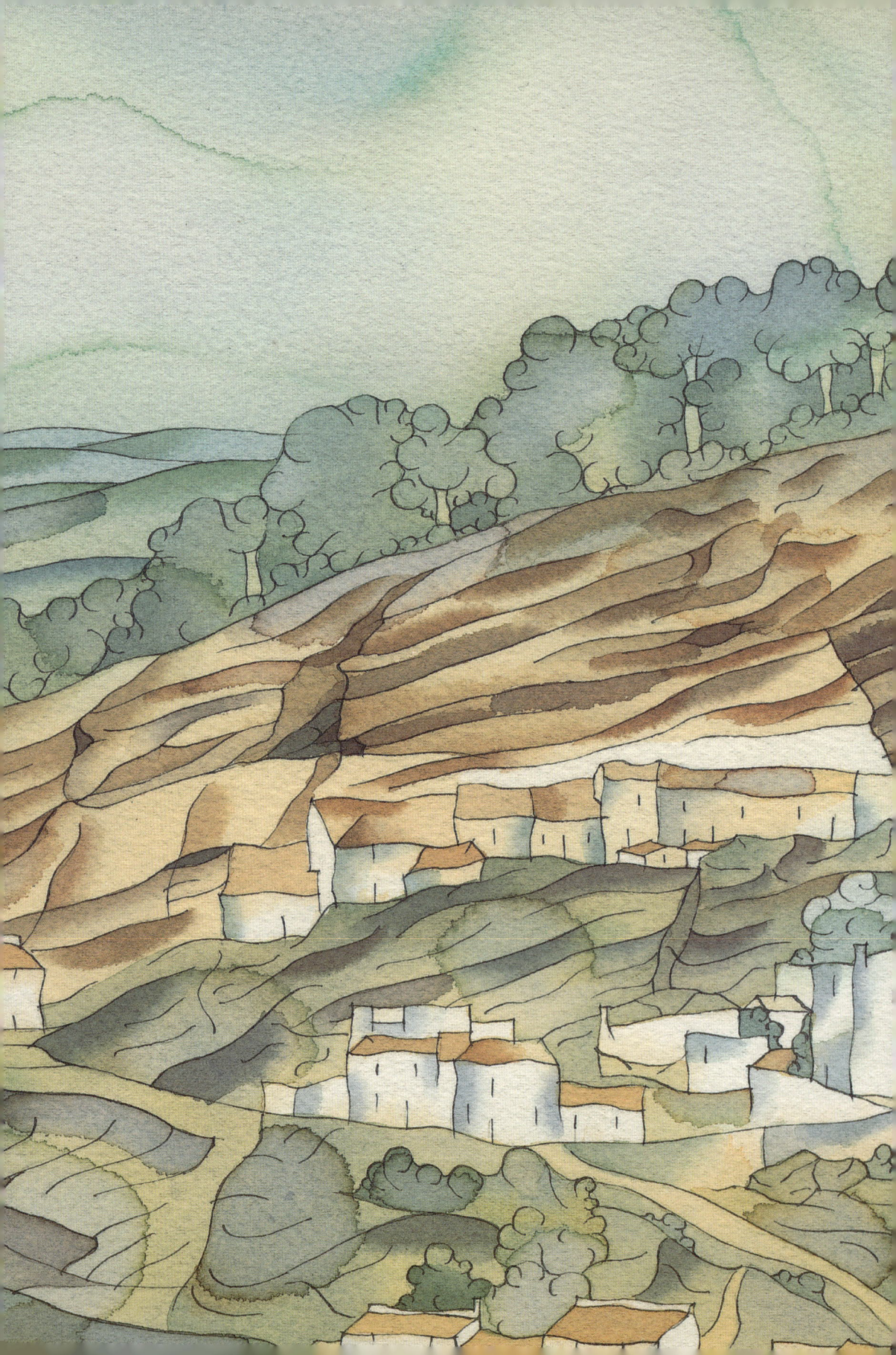

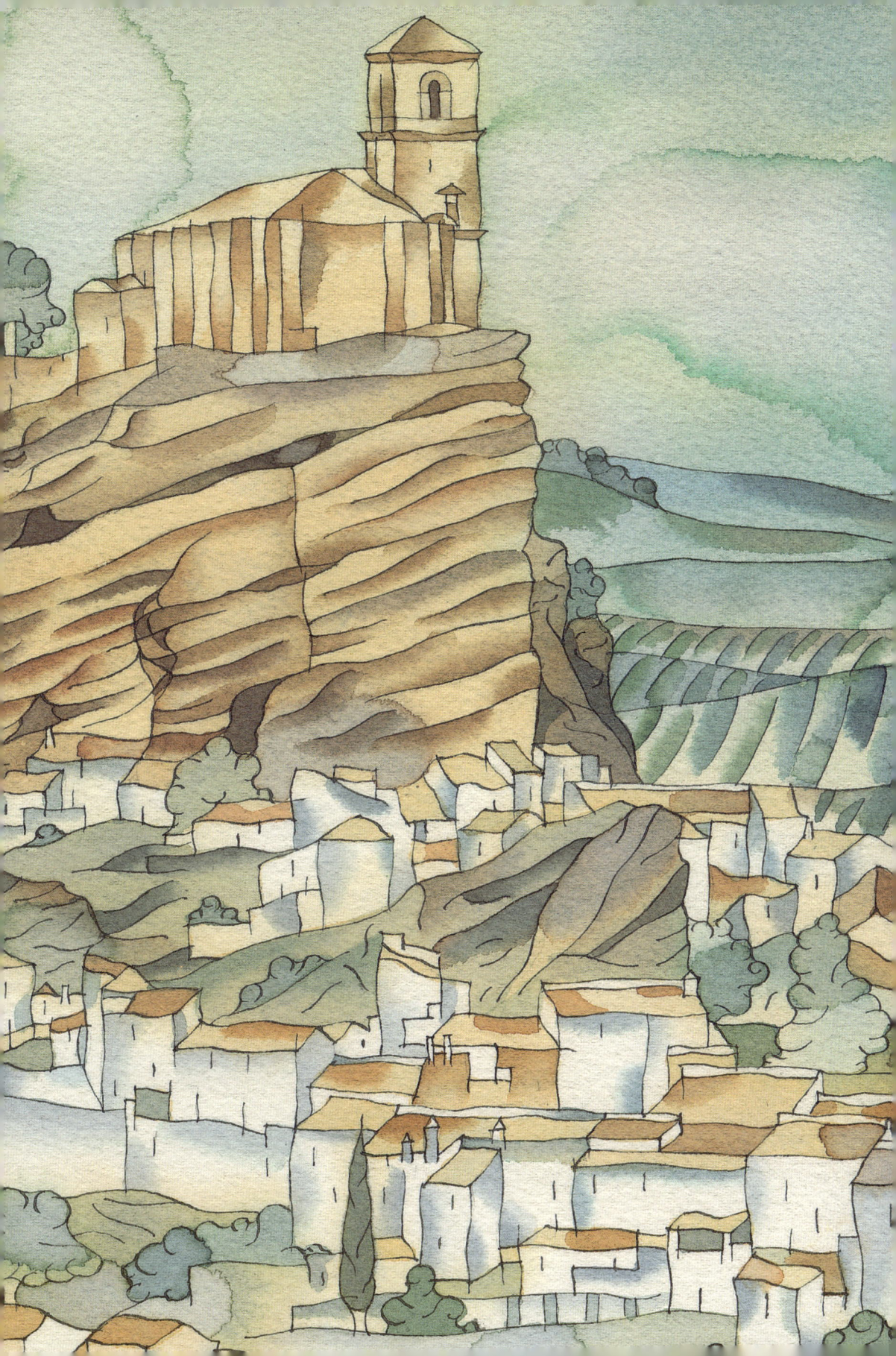

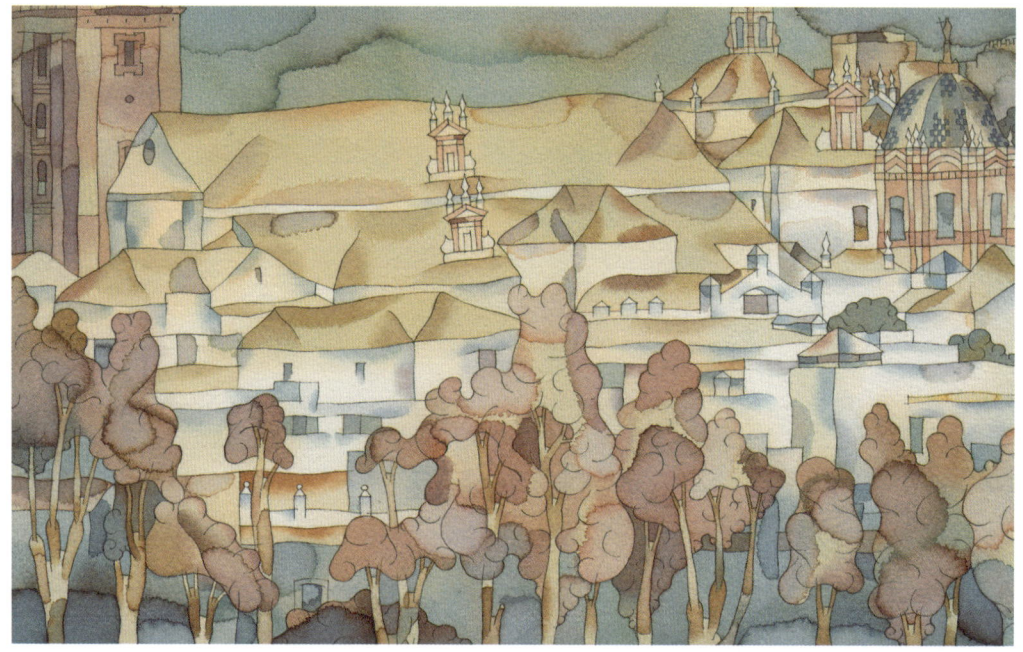

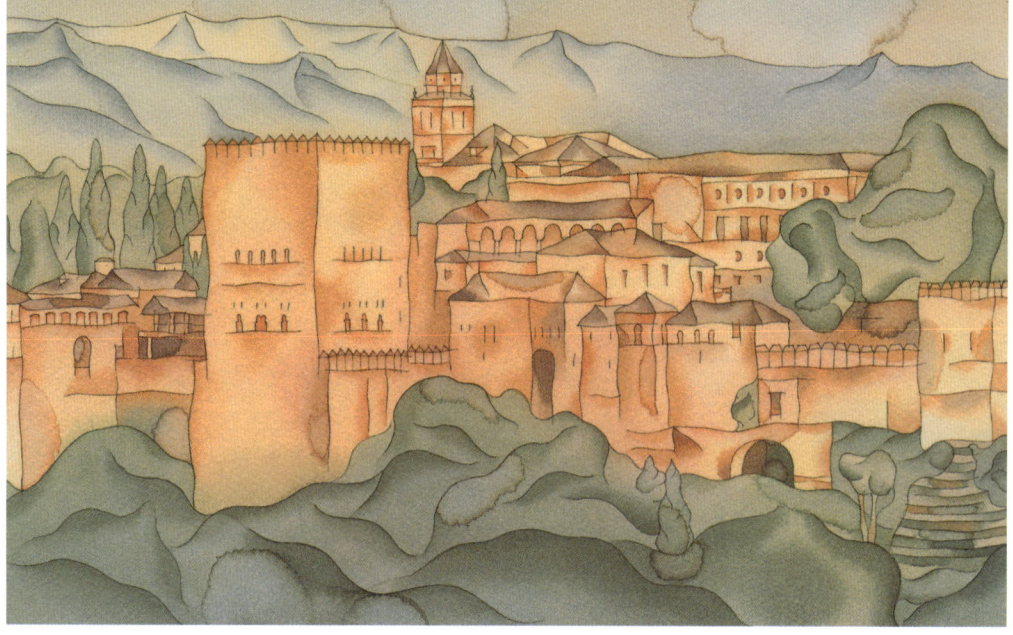

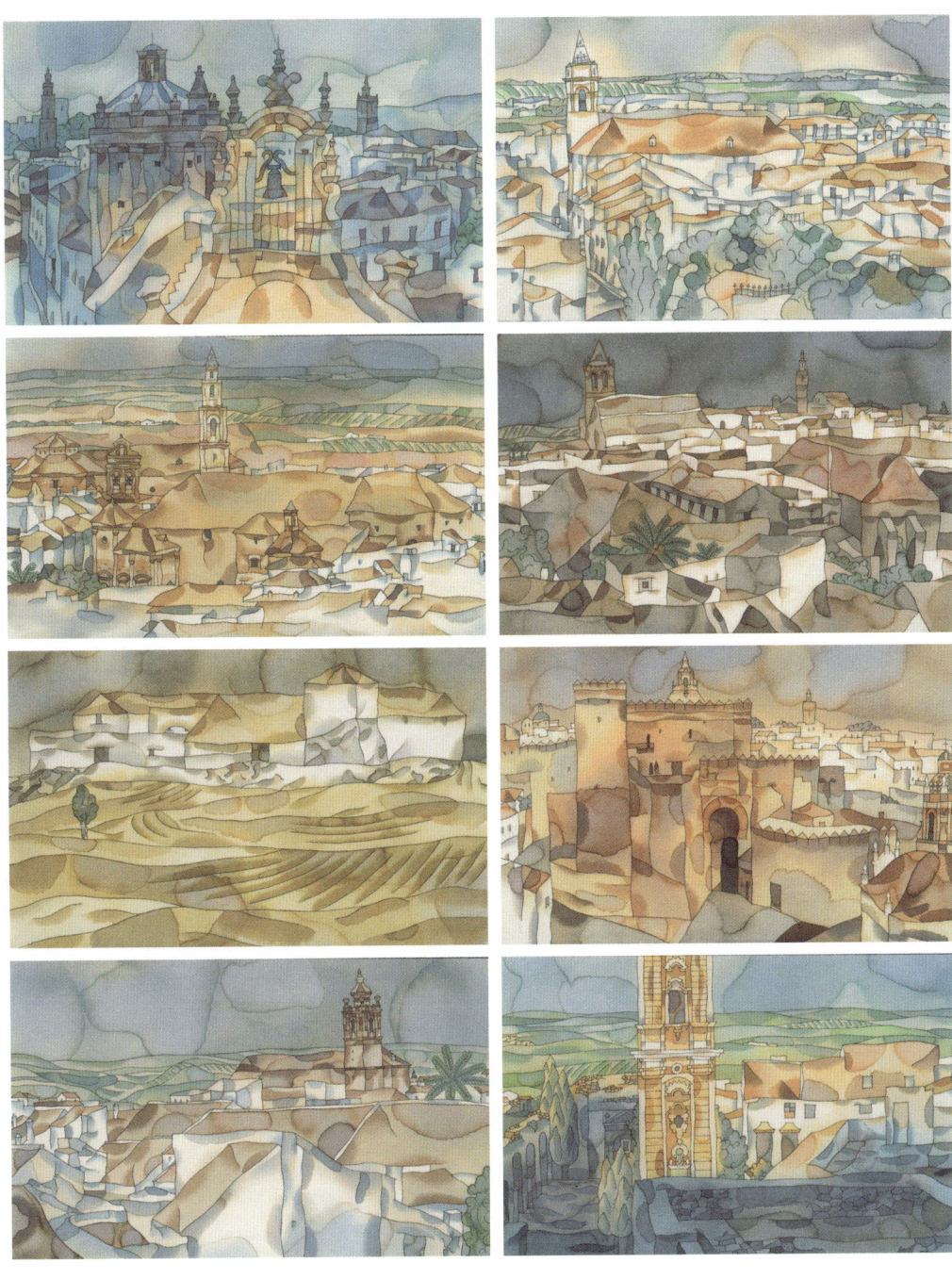

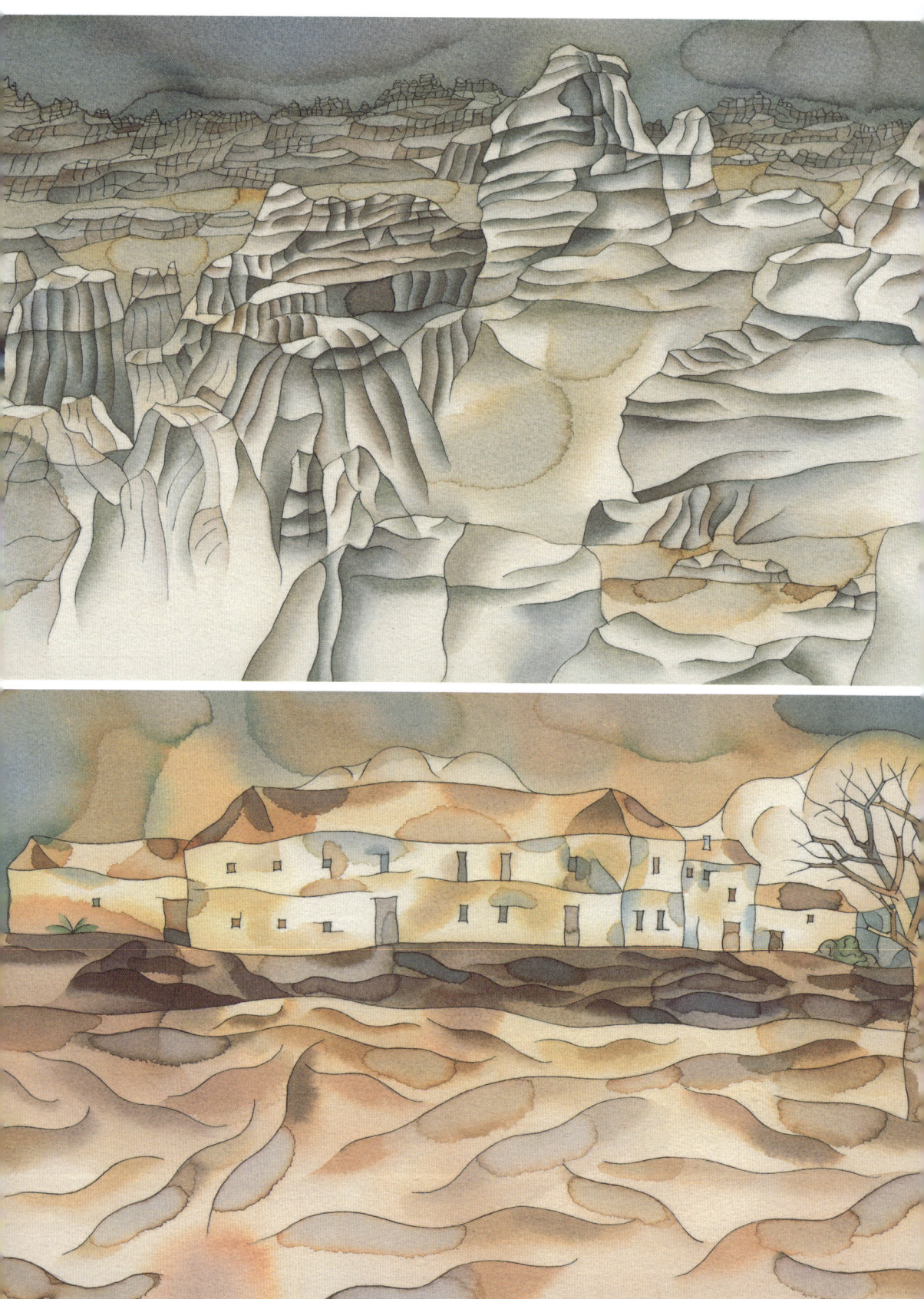

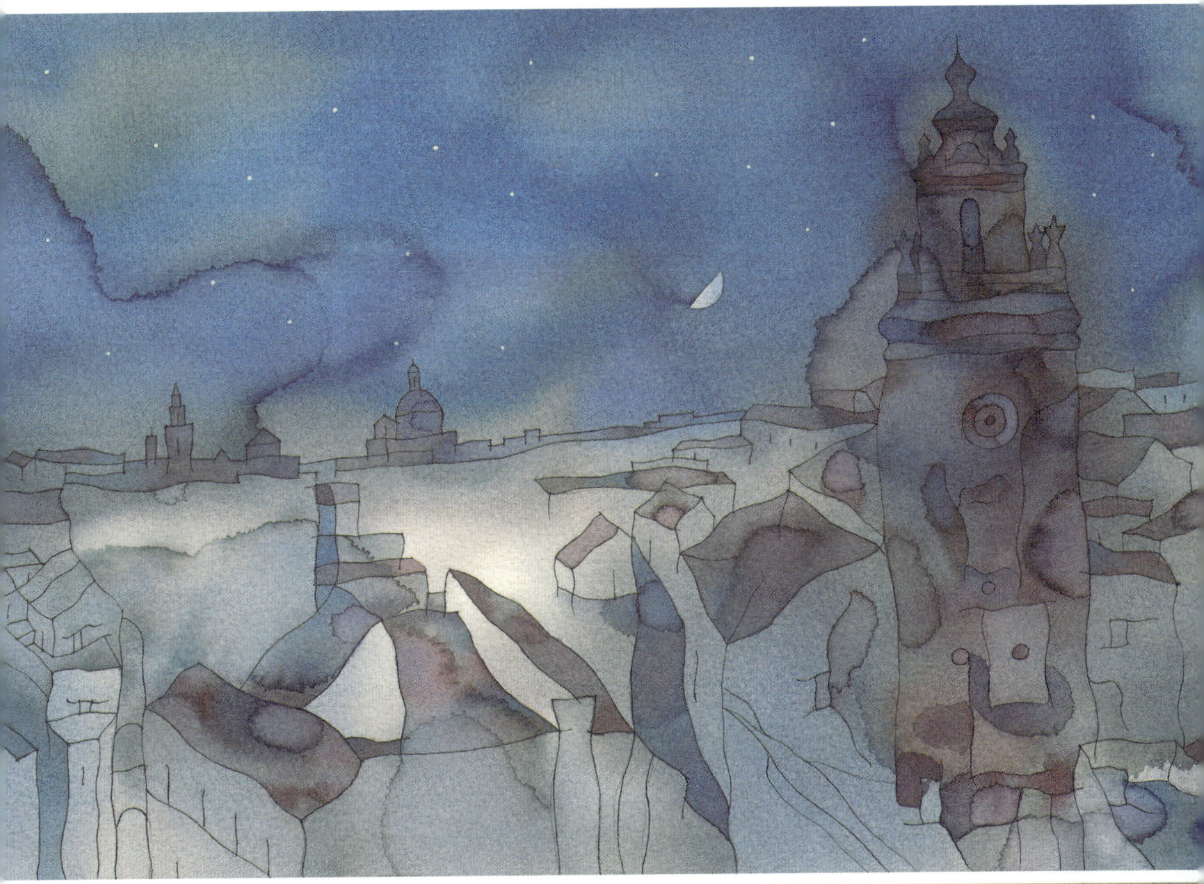

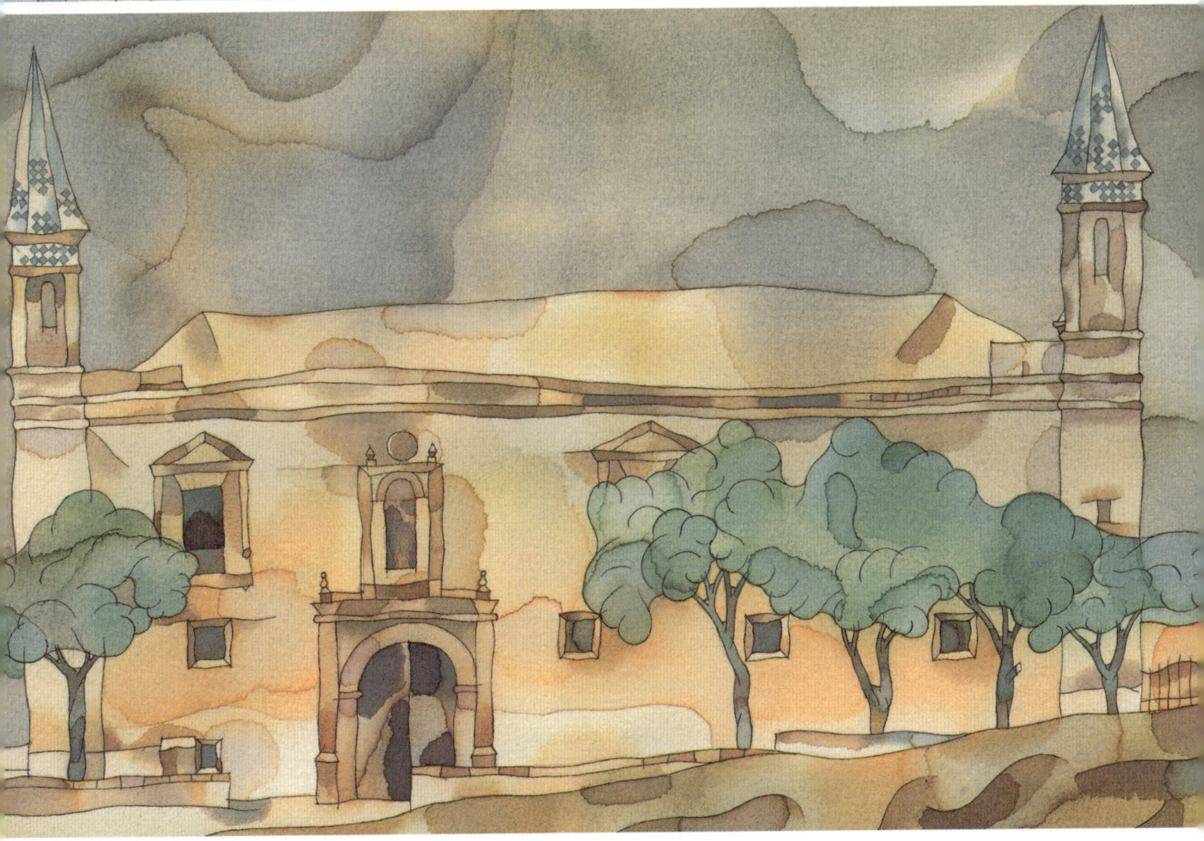

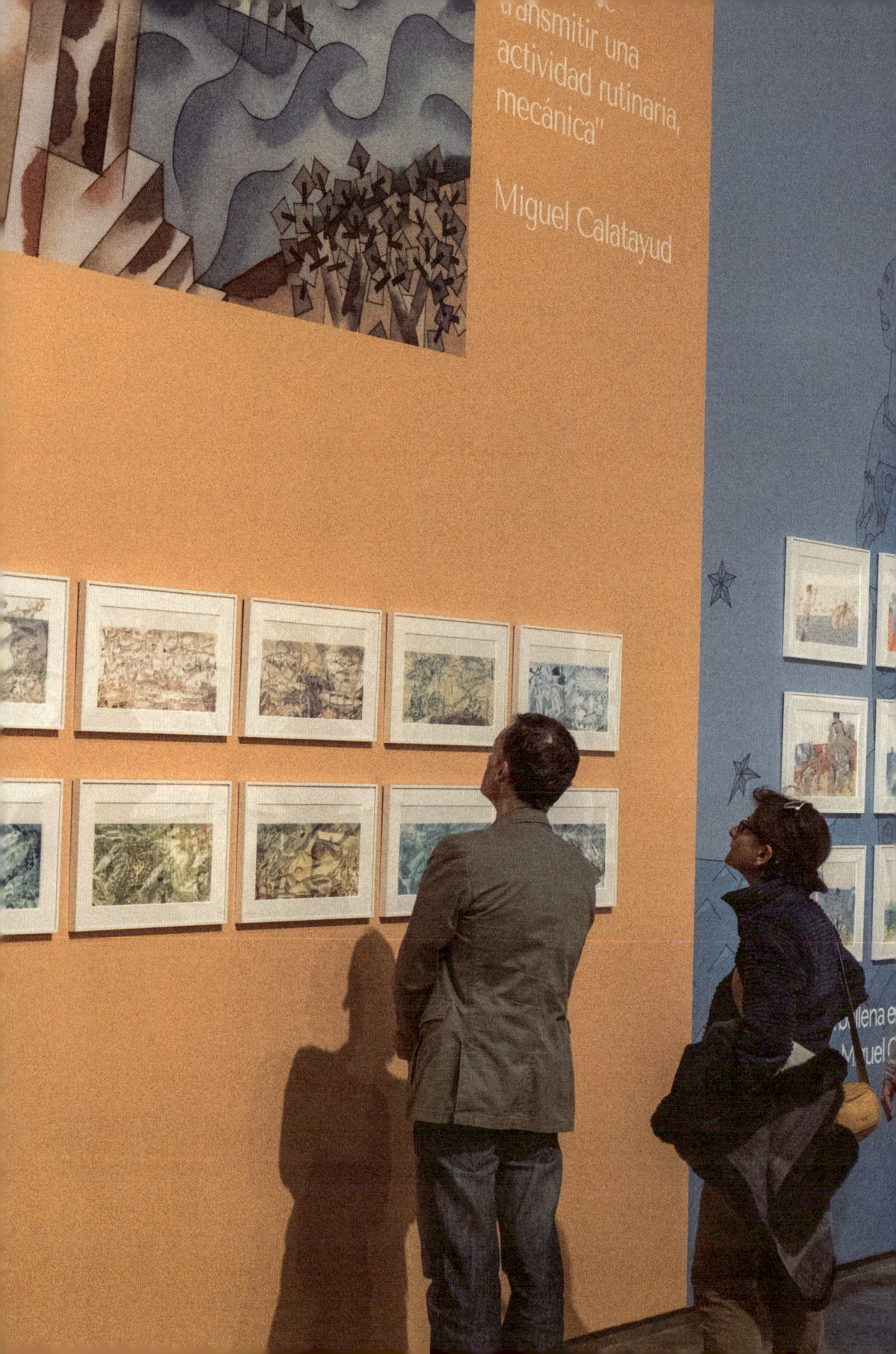

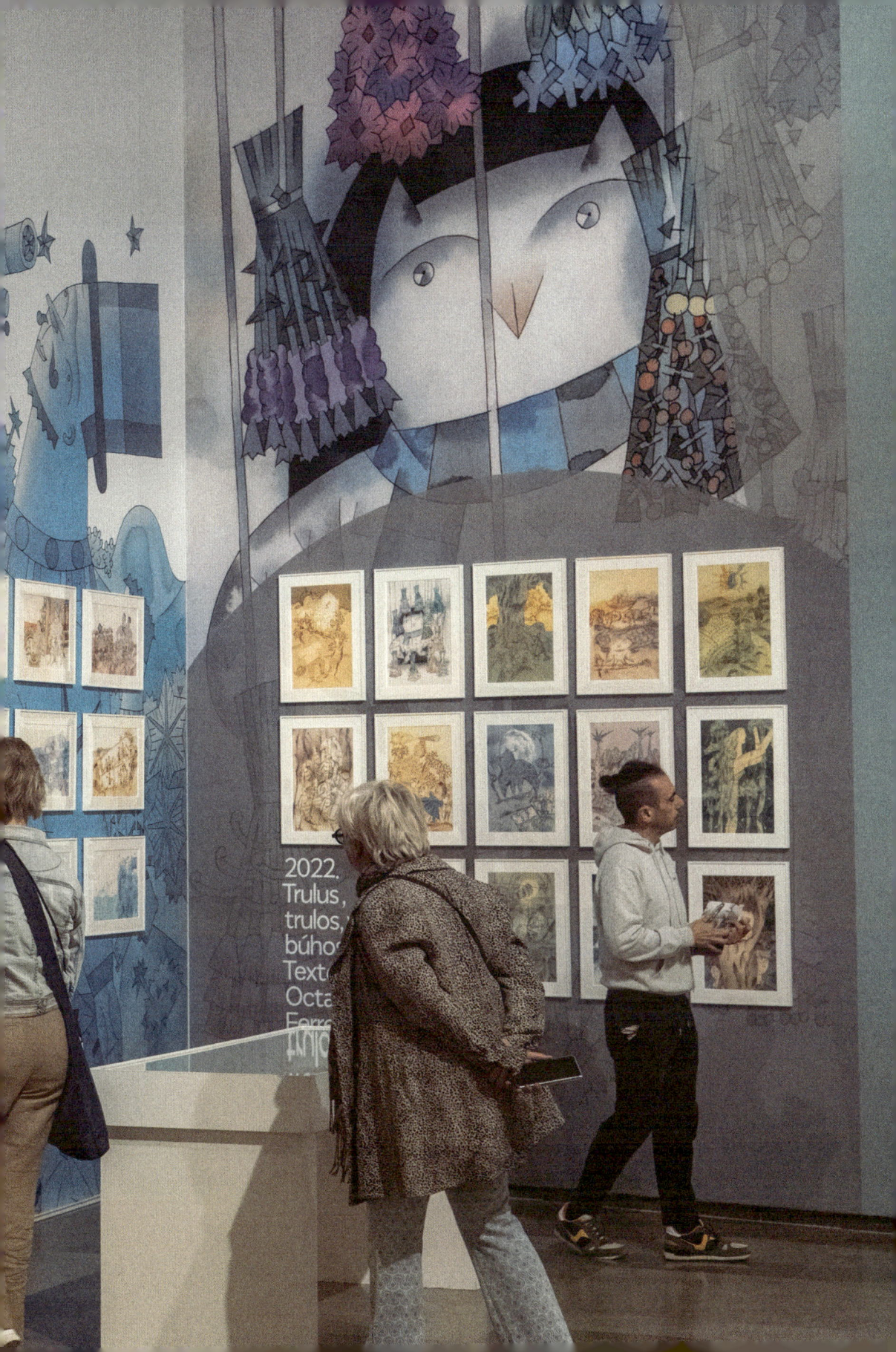

2022,
Trulus ,
trulos,
búhos
Text
Octa
Ferre

Amb els cinc sentits
Con los cinco sentidos

La casa de Lúculo o el arte de comer.
Julio Camba

"El menjar popular, bo o dolent, ha de
constituir per al viatger una dada de tant
valor com el paisatge, amb el qual guarda
sempre una íntima afinitat"

La comida popular, buena o mala, debe
constituir para el viajero un dato de tanto
valor como el paisaje, con el que guarda
siempre una íntima afinidad"

Julio Camba, La casa de Lúculo

Calatayud és, vitalment, un epicuri, algú que no persegueix l'hedonisme desaforat, com pensem erròniament dels adscrits a aquesta escola, sinó que troba en el plaer un element positiu i connatural amb el nostre ésser al qual ens ha predestinat la naturalesa. Aquest plaer, que lògicament té els seus límits, està arrelat al més profund de la seua sensibilitat com a il·lustrador, abocada a viure tan feliçment com puga mitjançant un tarannà optimista. Si gaudim amb la seua obra és precisament perquè ell n'ha gaudit prèviament, aplicant-se en tot moment a apreciar la bellesa. Així les coses, aquest segon treball per a la Fundació Wellington, el va posar en contacte amb un dels millors textos de Julio Camba, aquell mestre en la reivindicació dels plaers del gust sense oblidar la seua relació amb els de l'ànima, que seguia els dictats de la "Fisiologia del gust" (1825) de Brillat-Savarin, qui deia que "El descobriment d'un nou plat fa més per la felicitat de la humanitat que el descobriment d'una nova estrella. D'estrelles, ja n'hi ha prou".

Calatayud es, vitalmente, un epicúreo, alguien que no persigue el hedonismo desaforado, como pensamos erróneamente de los adscritos a esa escuela, sino que halla en el placer un elemento positivo y connatural con nuestro ser al que nos ha predestinado la naturaleza. Ese placer, que lógicamente posee sus límites, está enraizado en lo más hondo de su sensibilidad como ilustrador, abocada a vivir lo más felizmente posible mediante un talante optimista. Si gozamos con su obra es precisamente porque él ha gozado con ella previamente, aplicándose en todo momento en apreciar lo bello. Así las cosas, este segundo trabajo para la Fundación Wellington, le puso en contacto con uno de los mejores textos de Julio Camba, aquel maestro en la reivindicación de los placeres del gusto sin olvidar su relación con los del alma, que seguía los dictados de la "Fisiología del gusto" (1825) de Brillat-Savarin, quien decía que "El descubrimiento de un nuevo plato hace más por la felicidad de la humanidad que el descubrimiento de una nueva estrella. Estrellas ya hay bastantes".

135

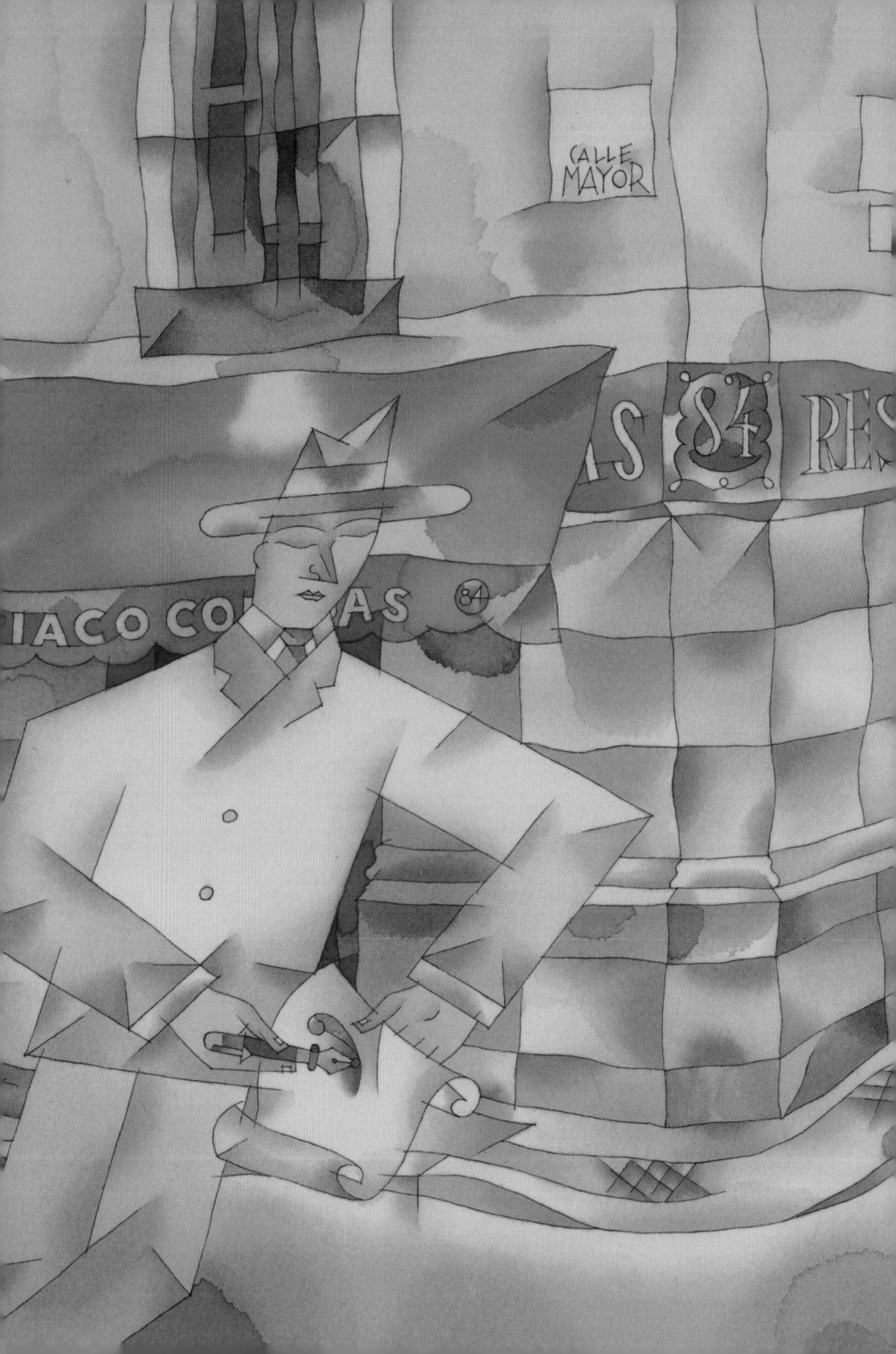

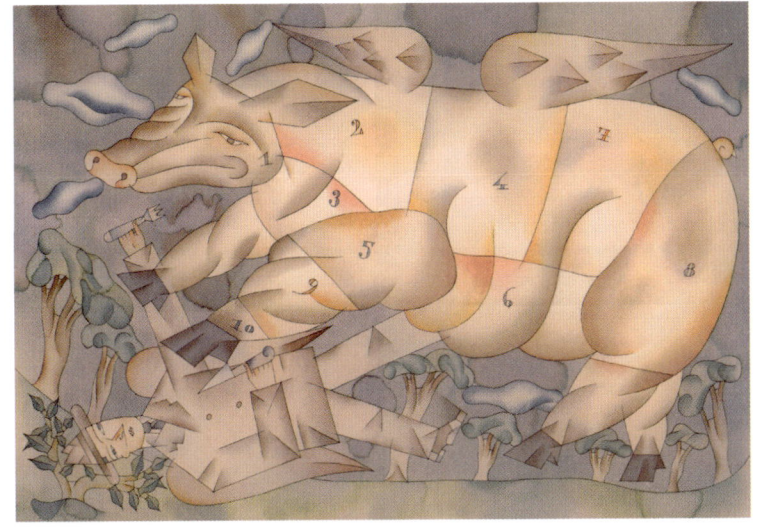

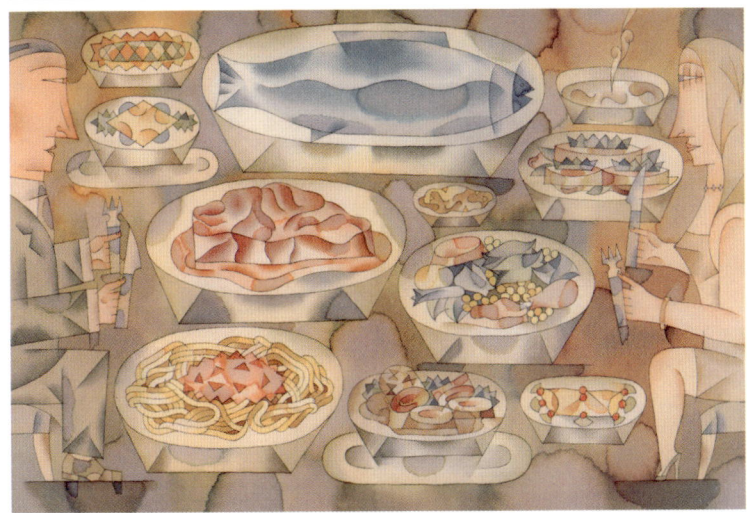

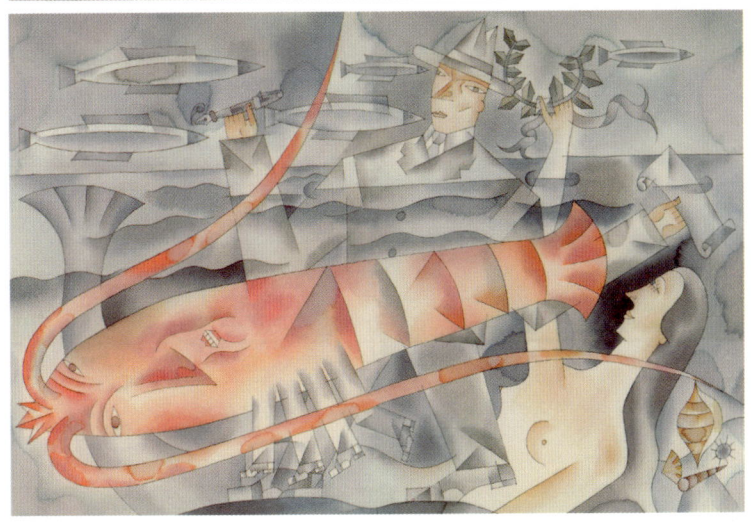

137

LA CASA DE LÚCULO O EL ARTE DE COMER. JULIO CAMBA

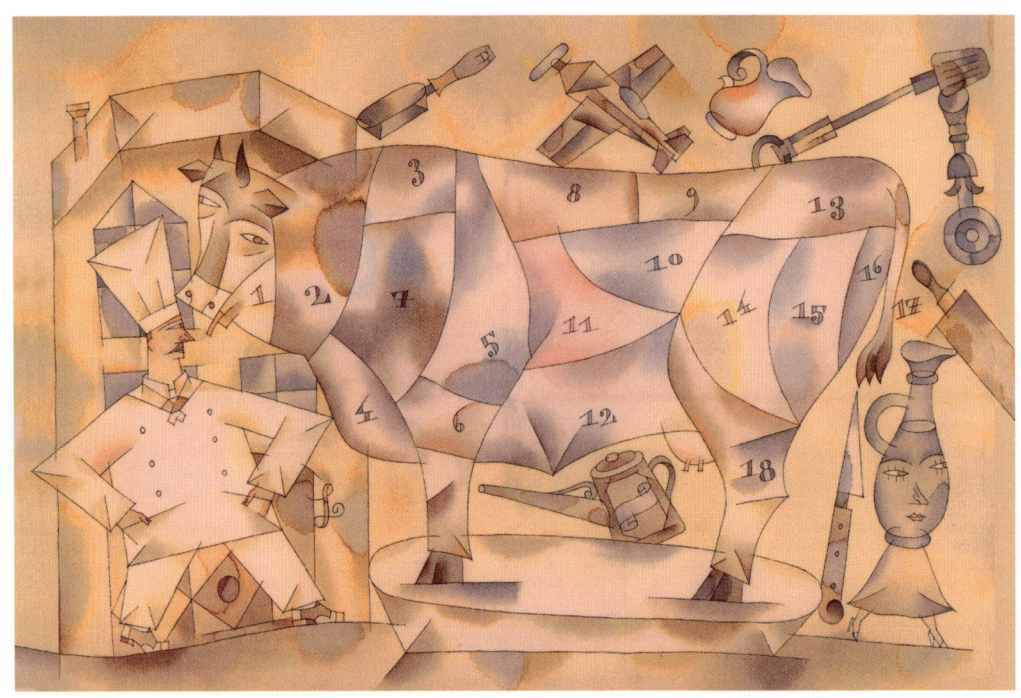

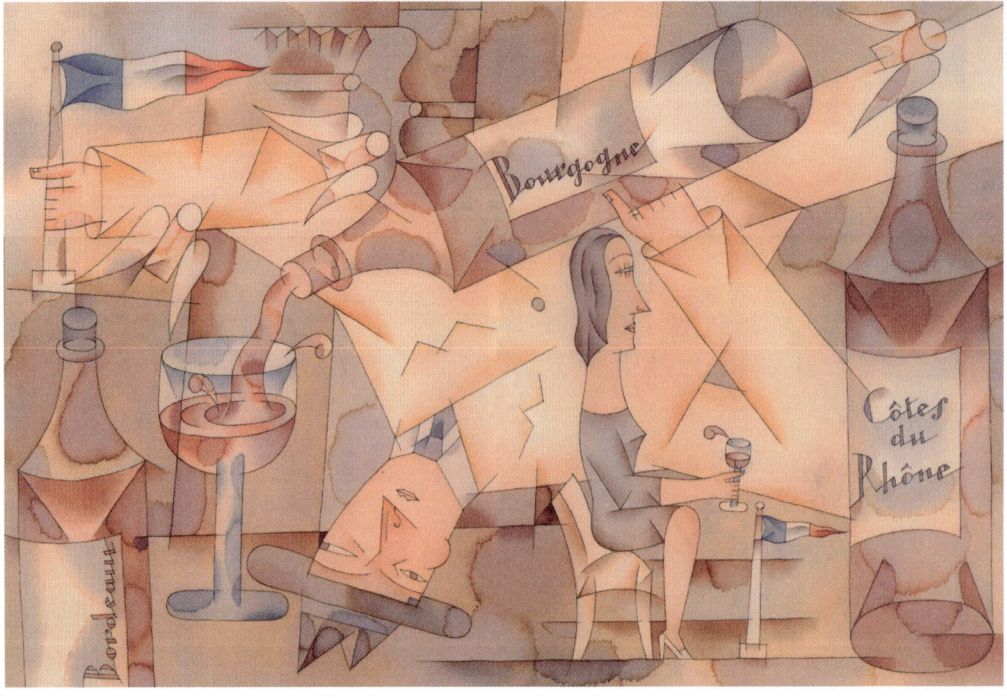

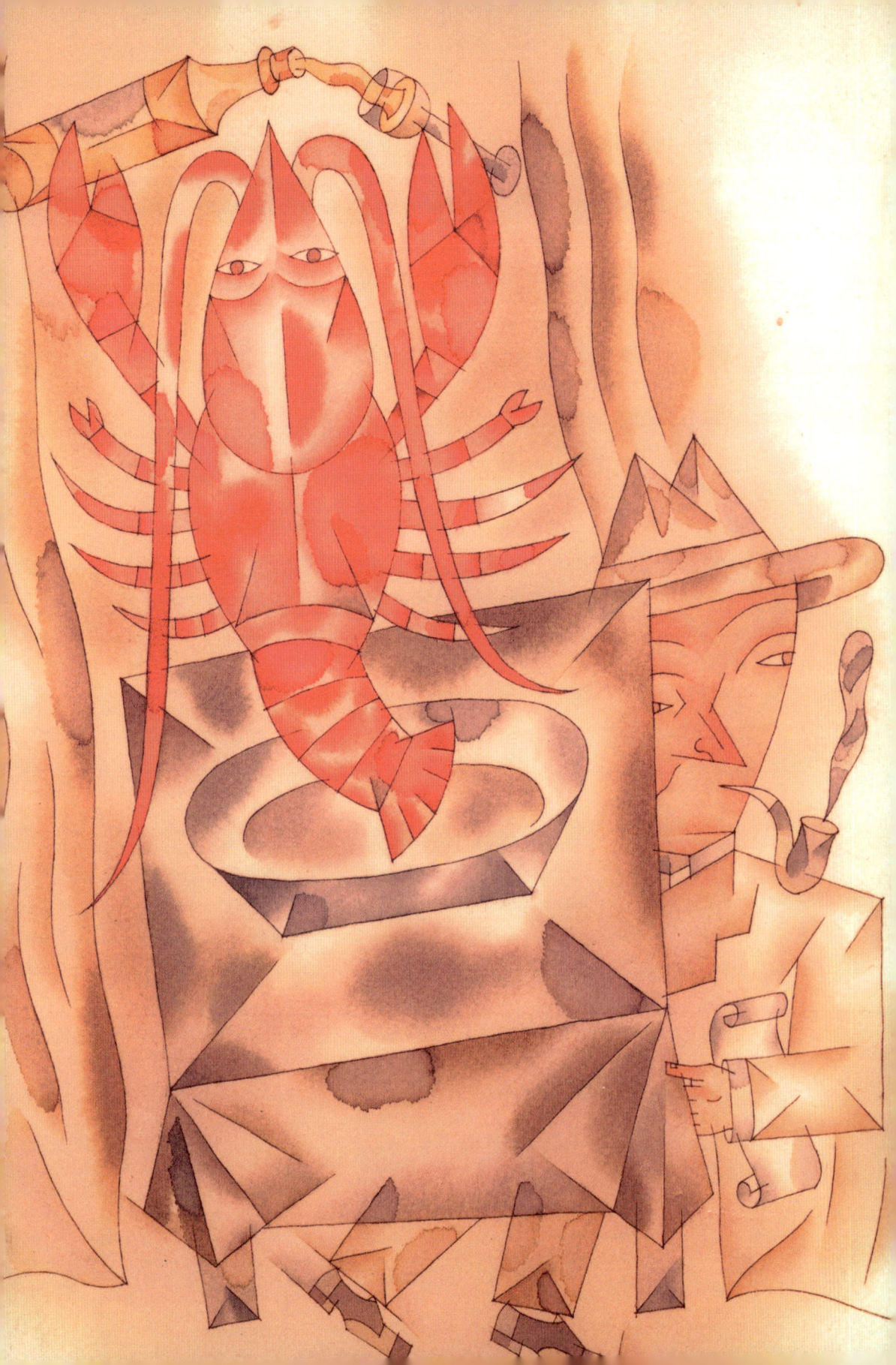

Assumptes interns
Asuntos internos

"Separar la disciplina de l'exercici imaginatiu, despreocupat, sense cap propòsit, deixar-se portar, donar curs al traç… D'un dibuix al llapis inacabat a un altre amb tinta i color treballadíssim i, en la mateixa mesura, sense cap finalitat"

"Separar la disciplina del ejercicio imaginativo, despreocupado, sin ningún propósito, dejarse llevar, dar rienda suelta al trazo… De un dibujo a lápiz inacabado a otro con tinta y color trabajadísimo y, en la misma medida, sin ninguna finalidad"

Miguel Calatayud

Tot el que celebrem d'aquest trànsit il·lustrat de Calatayud que dura sis dècades ha sigut experimentat prèviament en la intimitat del seu estudi, sovint amb un grau d'acabat que semblara pensat per a la publicació. Lluny de les distraccions que s'ofereixen a la mirada en contacte amb l'exterior, esmussant-la la major part de les vegades, i lluny també de les urgències narcotitzants, el dibuixant genera una infinitat d'imatges, plenes de subjectivitat, per a si mateix com a bestretes d'un futur o com a reconstrucció d'un passat. Unes imatges cridades a ser germen i fruit de si mateixes. El que per a un altre podrien ser mers assajos o tantejos per a trobar la pedra filosofal del reclam de l'atenció en una obra posterior, això que entenem per esbossos, és ací una càpsula en la qual trobar refugi davant l'atordiment visual generalitzat, el dejuni amb què la seua sensibilitat i la seua percepció es netegen dels detritus més volàtils de la superficialitat.

Todo lo que celebramos de ese tránsito ilustrado de Calatayud que dura seis décadas ha sido experimentado previamente en la intimidad de su estudio, a menudo con un grado de acabado que pareciera pensado para la publicación. Lejos de las distracciones que se ofrecen a la mirada en contacto con el exterior, embotándola las más de las veces, y lejos también de las urgencias narcotizantes, el dibujante genera un sinfín de imágenes, plenas de subjetividad, para sí mismo como anticipos de un futuro o como reconstrucción de un pasado. Unas imágenes llamadas a ser germen y fruto de ellas mismas. Lo que para otro podrían ser meros ensayos o tanteos para hallar la piedra filosofal del reclamo de la atención en una obra posterior, eso que entendemos por bocetos, es aquí una cápsula en la que hallar refugio ante el aturdimiento visual generalizado, el ayuno con que su sensibilidad y su percepción se limpian de los detritos más volátiles de la superficialidad.

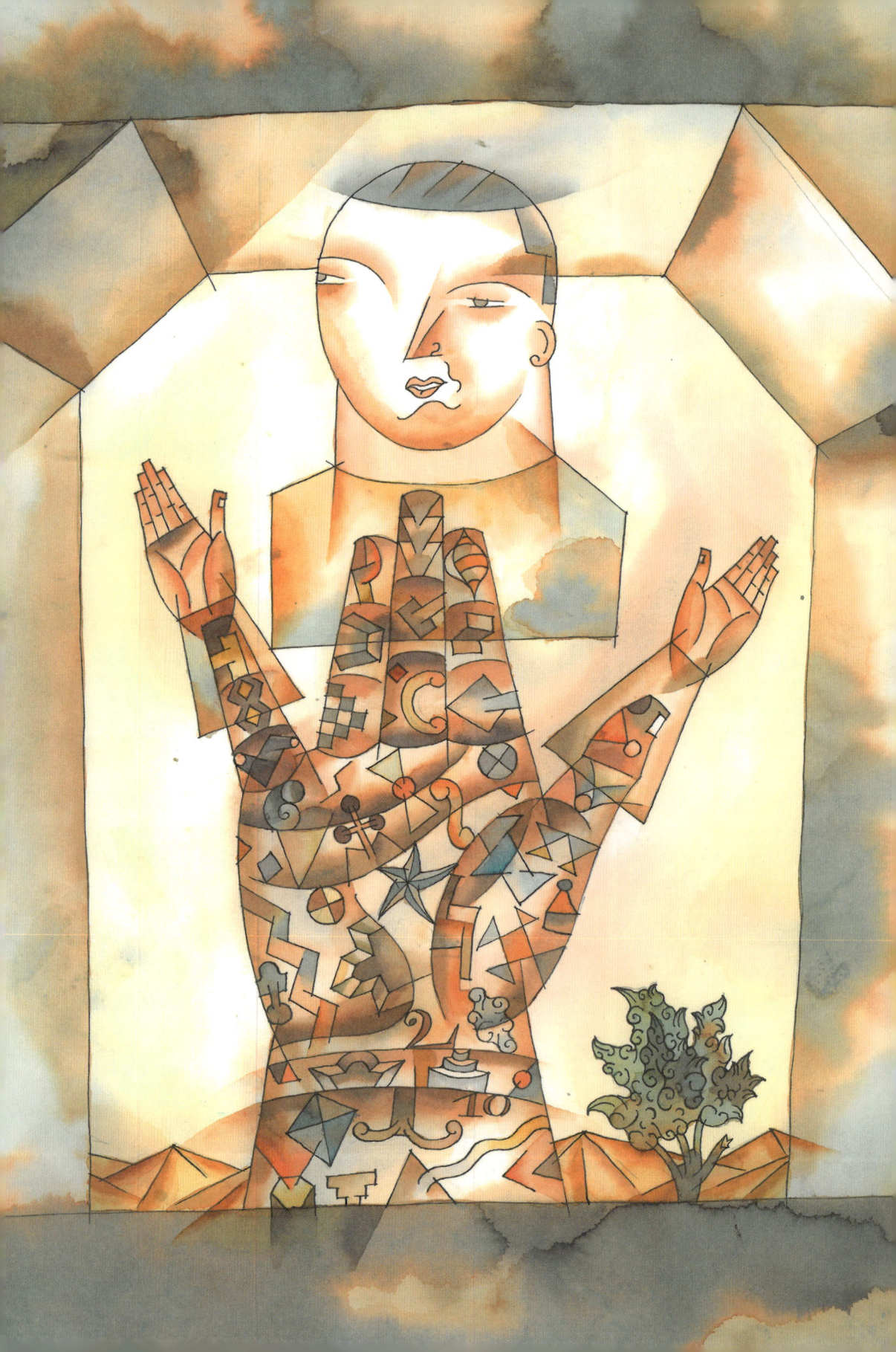

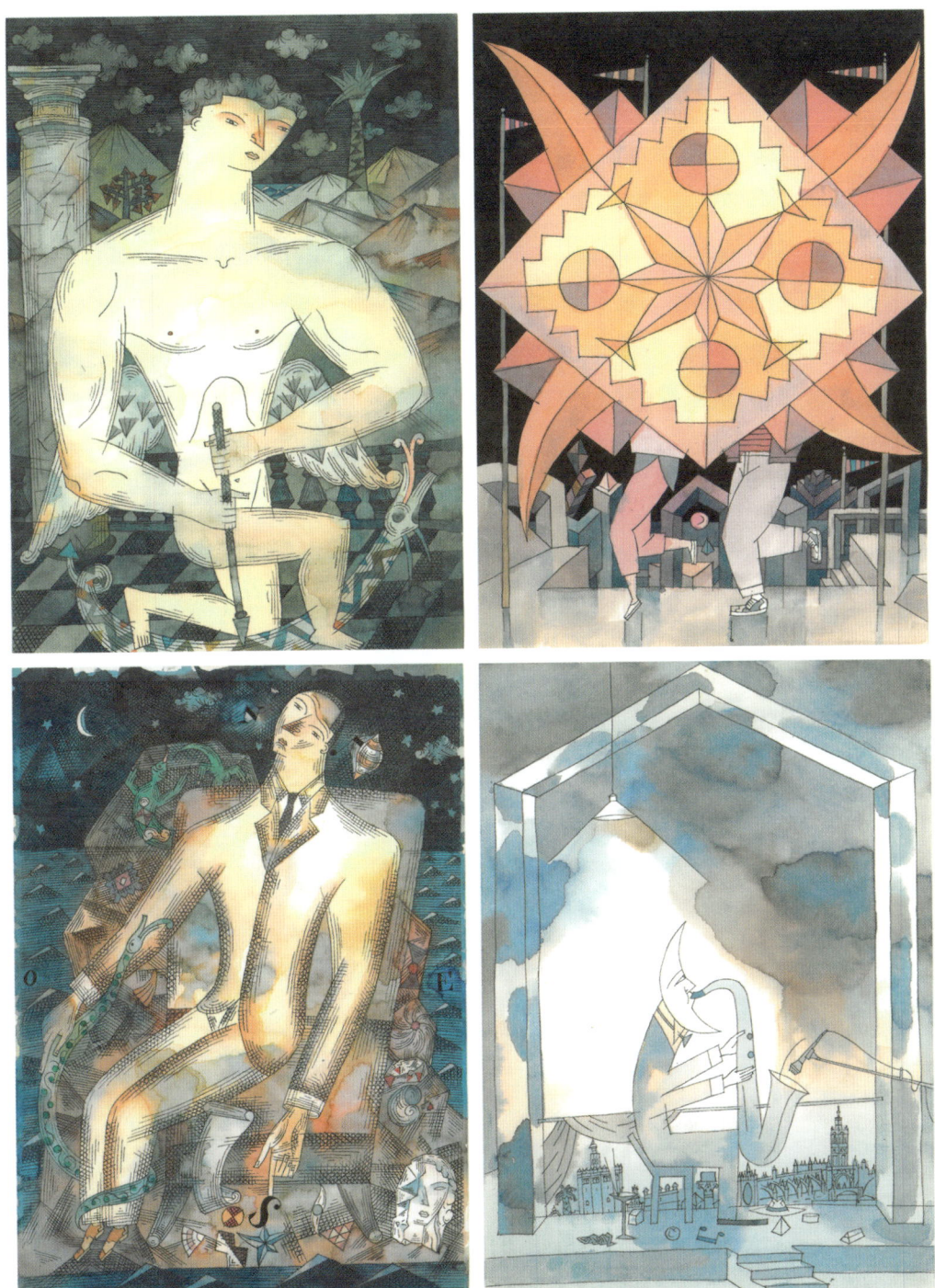

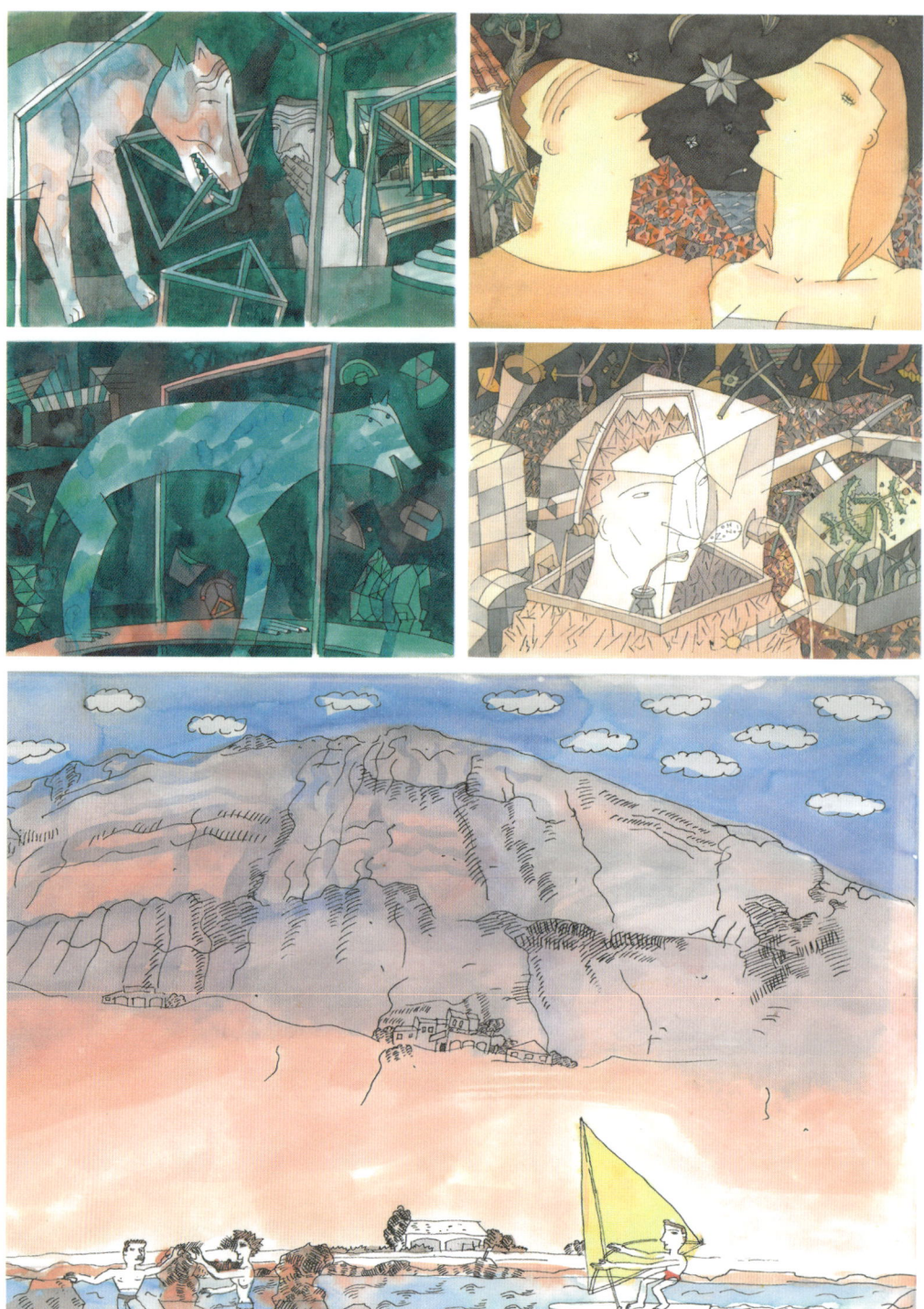

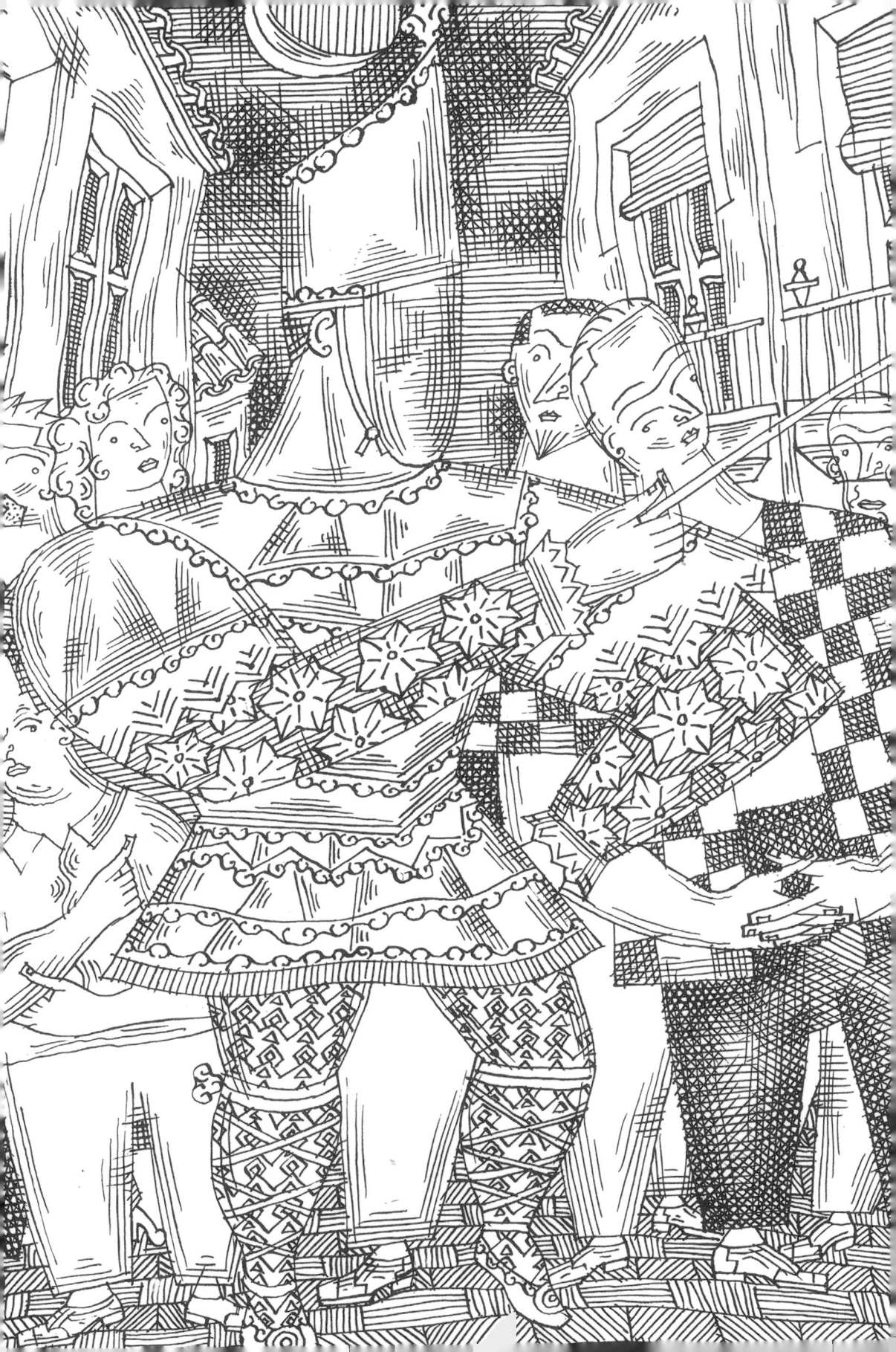

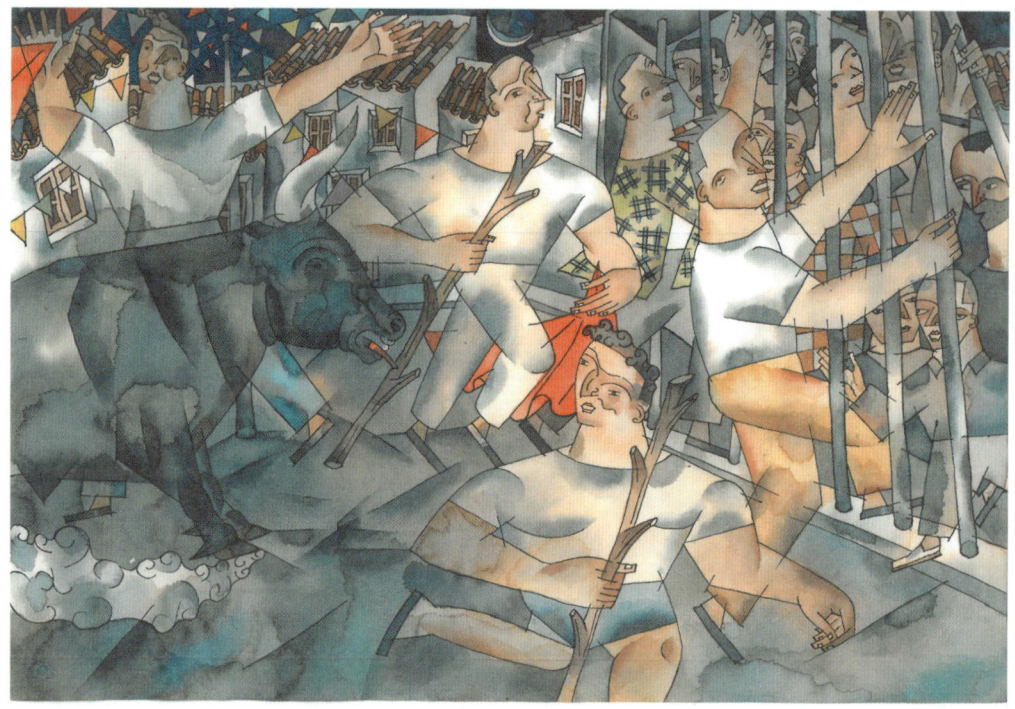

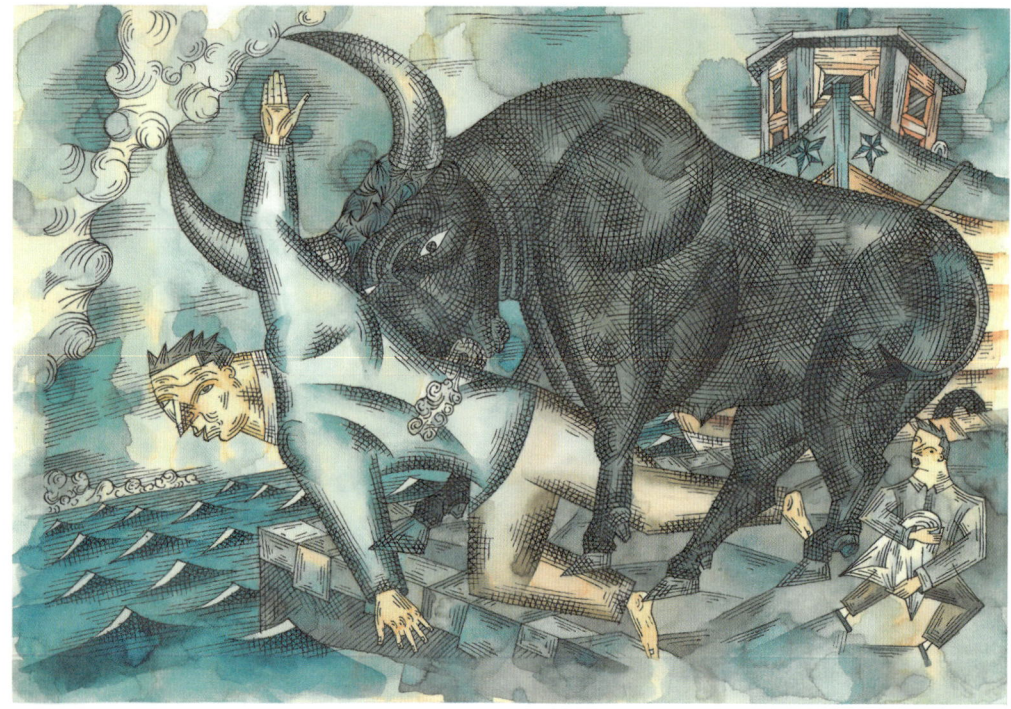

146

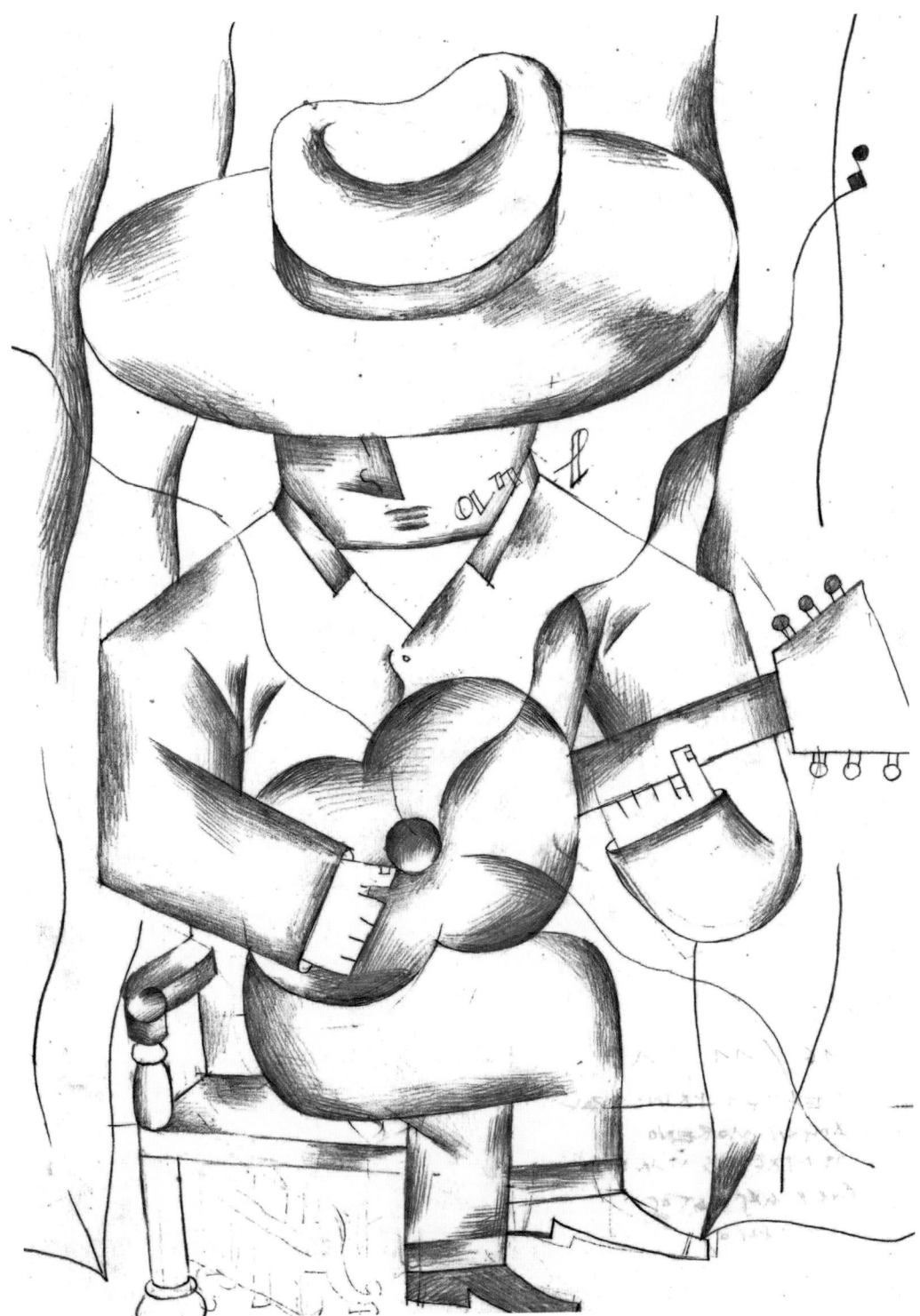

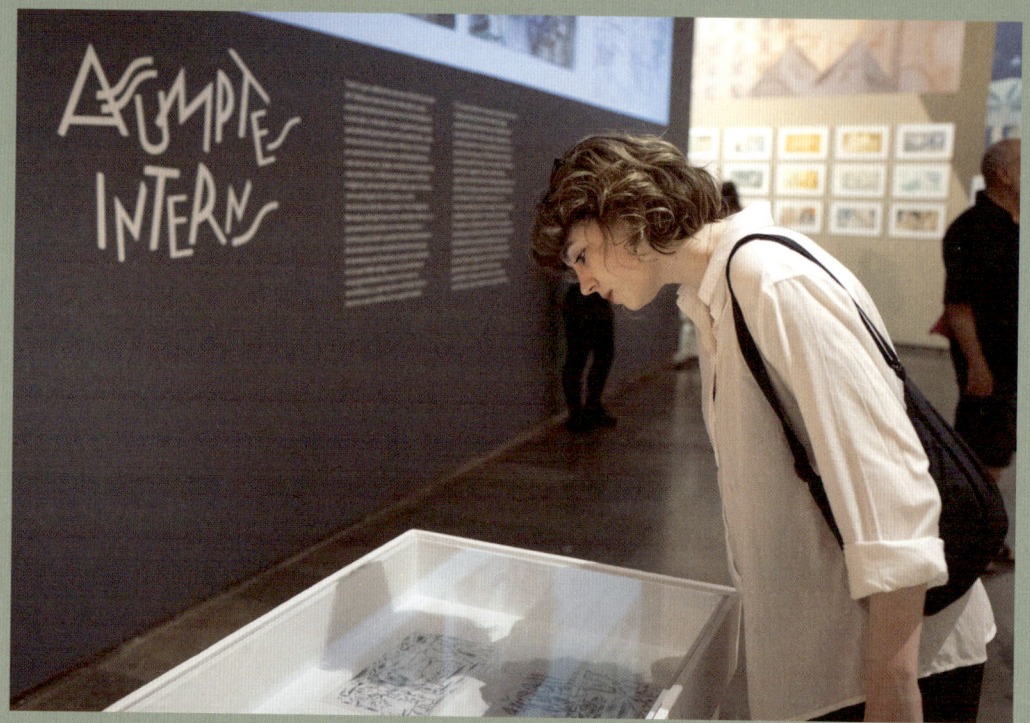

Bibliografia/Bibliografía

ABRIL, F., 2021. «Miguel Calatayud».
Lazarillo, 45.

ALBIR, S., 2009. «La il.lustració *reflexiva*».
El País Quadern, 22-10-2009.

ALBIR, S., 2008 «L'estil de les lletres».
El País Quadern 13-3-2008.

ALIAGA, M . J., 1999. «Una obra extensa. Análisis formal».
En *Miguel Calatayud. Imágenes compartidas.*
València: Institució Alfons el Magnànim.
Diputació de València.

ALTARRIBA, A., 2010. «Calatayud y el arco iris».
En *Los 12 trabajos de Hércules.*
Alicante: Edicions de Ponent.

ARENÓS, L., 1988. «Miguel Calatayud, dibujante».
Levante, 3-4-1988.

BALSEIRO, S., 2006. «Territorio ilustrado».
La Verdad, 16-12-2007.

BELTRÁN, A., 2009. «Calatayud gana el Premio
Nacional de Ilustración».
El País, 16-9-2009.

BELTRÁN, A., 2011. «La elegancia de un universo visual».
En *Miguel Calatayud. Ilustraciones 1970 / 2010.*
Pontevedra: Kalandraka Editorial. València: MuVIM,
Diputació de València.

BELTRÁN, A., 2011, «Recomanem... Les illes fabuloses».
El País Quadern, 8-9-2011.

BELLVESER, R., 2018. «Calatayud y Abad
se imaginan a Peter Pan».
El Mundo, València, 19-2-2018.

BERENGUER, C., 2017. «Miguel Calatayud. Aproximació a l'obra
infantil il.lustrada i el seu context».
Alicante: Institut Alacantí de Cultura Juan Gil Albert.

BONO, F., 2013. «Reivindicacióndel arte valenciano».
El país Comunidad Valenciana, 30-10 2013.

BORRÁS, D., 2011. «La ilustración ¿menor?».
El Mundo, 18-2-2011.

BOTELLA, J., 2015. «Miguel Calatayud en el país
de les maravelles175». *En Imaginari.*
Alcoi: Ajuntament d'Alcoi. Llotja de Sant Jrdi.

CALATAYUD, M., 2009. «Ciudadano Petrake».
En *Peter Petrake. De los años 70 al sigloXXI.*
Santiago de Compostela: El Patito Editorial.

CALATAYUD, M., 2010. «La fuerza del héroe a nuestro alcance».
En *Los 12 trabajos de Hércules.*
Alicante: Edicions de Ponent.

CALATAYUD, M., 2020. «Libros y FX».
En *40 miradas sobre el libro y su futuro.*
Madrid: Ediciones de la Torre.

CALATAYUD, M, 2000. «7 Motivos para dedicarse a la
ilustración». *En 7x7 razones para seguir leyendo.*
Arenas de San Pedro (Ávila): Centro de Profesores
y Recursos.

CALATAYUD, M, 2001. «Leer sin letras».
En *Sólo la letra es literatura.*
Arenas de San Pedro (Ávila): Centro de Profesores
y Recursos.

CALATAYUD, M. 2002. «Ojo por ojo». En *Por los Campos,
Antros y Palacios de la Memoria.*
Arenas de San Pedro (Ávila): Centro de Profesores y
Recursos.

CALATAYUD, M. 2002. «Una cultura plena d'imatges».
En *Els valors de l'art en l'ensenyament.*
Ricard Huerta ed. Universitat de València.

CAMPOS, JUAN., 1998. «El pie frito, de Miguel Calatayud,
una obra insólita y sorprendente».
Levante Posdata, 26-12-1997. Levante Posdata

CARRASCO, B., 2011.«Ilustradores sin fronteras».
El Mundo Comunidad Valenciana, 23-9-2011.

CARRASCO, B., 2011. «El mar llega hasta Russafa».
El Mundo ARTS, 11-11-2011.

CERVERA, A., 1995. «La balena que no se assemblava a Moby
Dick o molts personatges, molts, que, els sí, s'assemlven
a Ismael». En *L'aventura del dibuixant.*
València: Sala Parpalló, Diputació de València.

CUADRADO, J., 2000. «Calatayud (Miguel Calatayud Cerdán)».
En *De la Historieta y su uso.*
Madrid: Ediciones Sinsentido

DE LA CALLE, R., 2016. «Miguel Calatayud: la mirada
i les seues complexitats constructives». En *Diàlegs
entre les imatges i les paraules.*
Alacant: Universitat d'Alacant.

DOMÉNECH, ASUNCIÓN., 2003. «La aventura
de la nostalgia».
Descubrir el arte, 6-3-2003.

DOMÍNGUEZ, M., 2019. «Territori personal». *En Estudis d'art.*
València: Editorial Afers.

FERNÁNDEZ, VICTORIA., 2003. «Protagonistas singulares».
El País Babelia 1-11-2003.

FERNÁNDEZ, V., 2011. «Los libros que han marcado
el paso hacia el nuevo milenio».
El País Babelia, 22-1-2011.

FERRER, V., 2020.«Arrocitos». En *Miguel Calatayud. Constancia de imágenes y pesquisas*. Pontevedra: Kalandraka Editorial. València: MuVIM, Diputació de València.

FLUIXÀ, J. A., 1999. «L'esclat d'un univers". En *Creació gràfica - dibuixos*. Alcoi: Centre Cultural.

GÁMEZ, C., 2009. «La extraordinaria aventura gráfica de Miguel Calatayud». *El País Babelia, 19-12-1009*.

GÁMEZ, C., 2011. «La ciutat multiplicada». *El País Quadern, 14-7-2011*.

GÁMEZ, C., 2009. «Llibres per a mirar, imatges per a llegir». *El País Quadern, 15-1-2009*.

GÁMEZ, C., 2021. «Mi querido profesor». *Levante, 15-11-2021*.

GARCÍA, M., 1987. «Libros y carteles valencianos en México». *Las Provincias, 29-10-87*.

GARCÍA, M., 2011. «La línea clara del ilustrador de libros». *Cartelera Turia, 15-4-2011*.

GARCÍA, M., 2014. «El discurso gráfico de Miguel Calatayud». *Cartelera Turia, 16-1-2014*.

GARCÍA GARCÍA, J., 2012. *Jazz en la BNE*. Madrid: Biblioteca Nacional de España.

GARCÍA HERRÁIZ, F., 1999. «Un creador gráfico». En *Imágenes compartidas*. València: Institució Alfons el Magnànim. Diputació de València.

GARCÍA PADRINO, J., 1992. *Libros y literatura para niños en la España contemporánea*. Madrid: Fundación Germán Sánchez Ruipérez.

GARCÍA PADRINO, J., 2001. *Así pasaron muchos años (en torno a la literatura infantil española)*. Cuenca: Ediciones de la Universidad de Castilla-La Mancha.

GARCÍA PADRINO, J., 2004. *Formas y colores. La ilustración infantil en España*. Cuenca: Ediciones de la Universidad de Castilla-La Mancha.

GARRIDO, M., 2021.«Un ilustrador en el parnaso». En *Art Contemporani de la Genaralitat Valenciana IV*. València: Consorci de Museus de la Comunitat Valenciana.

G. DEVÍS, Á., 2021. «Primus inter pares». *Plaza, 79. Culturplaza*.

GASCA, L., 2010. «Las imágenes de Hércules». En *Los 12 trabajos de hérculles*. Alicante: Edicions de Ponent.

GIMENO, A., 2007. «La ilustración cotiza al alza». *Levante Posdata 19-1-2007*.

GISBERT, J. M., «Palabras a media voz que deseo guardes». *Educación y biblioteca, 183*.

GORRÍA, T., 2008. «Carteles valencianos en Varsovia». *Levante Posdata, 26-9-2008*.

HERAS, A., 2011. «L'aventura del dibuixant». *Educación y biblioteca, 183*.

HERNÁNDEZ CAVA, F., 1995. «Ut pictura poesis». En *L'aventura del dibuixant*. València: Sala Parpalló. Diputació de València.

HERNÁNDEZ CAVA, F., 2010. «Más que el/un gesto moderno». En *Los 12 trabajos de Hércules*. Alicante: Edicions de Ponent.

HERNÁNDEZ CAVA, F., 2021. «Dos ensoñaciones». *El Mundo El Cultural. 24-9-2021*.

LINDO, A., 1975. *La aventura del cómic*. Madrid: Doncel.

MARTÍ, J. C., 2016. «El cómic llega para quedarse en el museo». *Levante, 9-6-2016*.

MESTRE, P., 2011. «Gazpachos y pasillitos». *Educación y biblioteca, 183*.

MEZZAVILLA, S., 1994. *Di tutti colori*. Treviso: Editori del Grifo.

MICHARMUT., 2010. «En las fuentes del color». En *Los 12 trabajos de Hércules*. Alicante: Edicions de Ponent.

MUÑOZ, A., 2000. «La luz de Miguel». *Lazarillo. Asociación de Amigos del Libro Infantil y Juvenil*.

NARANJO, F., 2010. «Azul». En *Los 12 trabajos de Hércules*. Alicante: Edicions de Ponent.

NAVARRO, P. F., 2009. «Noveno Arte. Miradas». *30 Días, 9-2009*.

NAVARRO, P. F., 2010. «Reinventando el mito». En *Los 12 trabajos de Hércules*. Alicante: Edicions de Ponent.

NICLÓS, J., 2016. «La línia clara de Calatayud omplide dibuixos Sant Miquel dels Reis». *Levante, 20-7-2016*.

OBIOL, M. J., 1985. «Segona lectura del dibuix». *El país. Quadern de Cultura, 24-2-1985*.

OBIOL, M. J. 1989. «El color de Calatayud. Un alicantino en la Expo 92». *El País, 24-6-1989*.

OBIOLS, M., 2011. «Per a Miguel Calatayud». *Educación y biblioteca, 183*.

PARAMIO, L., 1986. «Imprecisión comprensible. Anotaciones a los dibujantes valencianos». *El País, 20-2-1986*.

150

Paramio, L., 1986. «Clásico y precursor».
El País, 10-4-1986.

Payá, J., 20008. «El ilustrador alicantino Miguel Calatayud publica el libro "Al pie de la letra"».
Información, 25-2-2008.

Payá, J., 2011. «Cuarenta años de dibujos no son nada».
Información, 16-1-2011.

Pérez, C., 2003. «Miguel Calatayud. Imágenes sobre el papel (con o sin palabras)».
Visual, 99.

Pérez, C., 2011. «Carta desde Baba Kamo». En Miguel Calatayud. Ilustraciones 1970 / 2010.
Pontevedra: Kalandraka Editorial. València: MuVIM, Diputació de València.

Prado, Á., 2018. «Miguel Calatayud revive a Peter Pan».
Información, 2-2-2018.

Prado, Á., 2016. «Miguel Calatayud, el pionero del cómic valenciano en elIVAM».
Información, 11-6-2016.

Prado, A., 2012. «400 obras de Miguel Calatayud esperan un año en un almacén del MuVIM».
Levante, 27-8-2012.

Prado, A., 2012. «Miguel Calatayud ilustra el surrealismo de los cuentos de Obiols en ¡Ay, Filomena!».
Información, 23-10-2012.

Prado, A., 2022. «Una historia de búhos de la mano de Miguel Calatayud».
Información, 11-5-2022.

Pons. A., 2004. «El pie frito».
Cartelera Turia, 13-2-2004.

Pons, Á., 2010. «Cuando haces "pop" ya no hay "stop" (o del pop a la libertad).. De Los 12 trabajos de Hércules.
Alicante: Edicions de Ponent.

Pons, Á., 2021. «La rabiosa modernidad de un adelantado a su tiempo». En La Pista Atlántica.
València: Desfiladero Ediciones.

Porcel, P., 2009. «En el principio fue el pop».
En Peter Petrake. De los años 70 al siglo XXI.
Santiago de Compostela: El Patito Editorial.

Porcel, P., 2010. «Hércules y las raíces populares del mito». En Los 12 trabajos de Hércules.
Alicante: Edicions de Ponent.

Porcel, P., 2021. «Donde rugen los leones». En La Pista Atlántica.
València: Desfiladero Ediciones.

Puerta Leisse, G, 2003. «El bosque de mi abecedario».
El Mundo El Cultural, 16-10-2003.

Puerta Leisse, G., 2006. «La mentira visual».
En Alicante ilustra.
Alicante: Ayuntamiento de Alicante.

Puerta Leisse, G., 2007. «Lorca para niños y niñas».
El mundo El Cultural, 20-12-2007.

Puerta Leisse, G., 2011. «La óptica del mundo al revés».
En Miguel Calatayud. Il.lustracions 1970 / 2010.
Pontevedra: Kalandraka Editorial. València: MuVIM, Diputació de València.

Játiva, J.M. 2012. «Kembo viaja por el mundo».
El País Comunidad Valenciana, 19-3-2012.

Ramírez, J. A., 1976. Medios de masas e historia del arte.
Madrid: Cátedra.

Ravoni, M.; Riva, V. Il piacere de la paura.
Verona: Arnaldo Mondadori.

Repiso, I., 2009. «Miguel Calatayud recibe el Nacional de Ilustración».
Público, 16-9-2009.

Sala Escalante, 2015. «In ove With Shakespeare».
El dramaturgo y sus pasiones.

Tabernero, P., 1999. «La batalla de la imgen».
El país semanal, 10-6-1990.

Teixidor, E., 1995. «Miguel Calatayud, l'estètica feliç».
En L' aventura del dibuixant.
València: Sala Parpalló, Diputació de València.

Velasco, V.,2016. «Las viñetas buscan lectores menores de edad».
Las Provincias, 6-2-2016.

Ventura-Melià, R., 2013. «Kembo y otros animales salvajes».
Levante, 3-7-2013.

Verdú, Joan., 2001. «Versus omnia. Calatayud».
Levante. Posdata, 28-12-2001.

Villena, M. Á., 1987. «Miguel Calatayud. Fundador de la escuela valenciana del cómic.».
EL País, 30-7-1987.

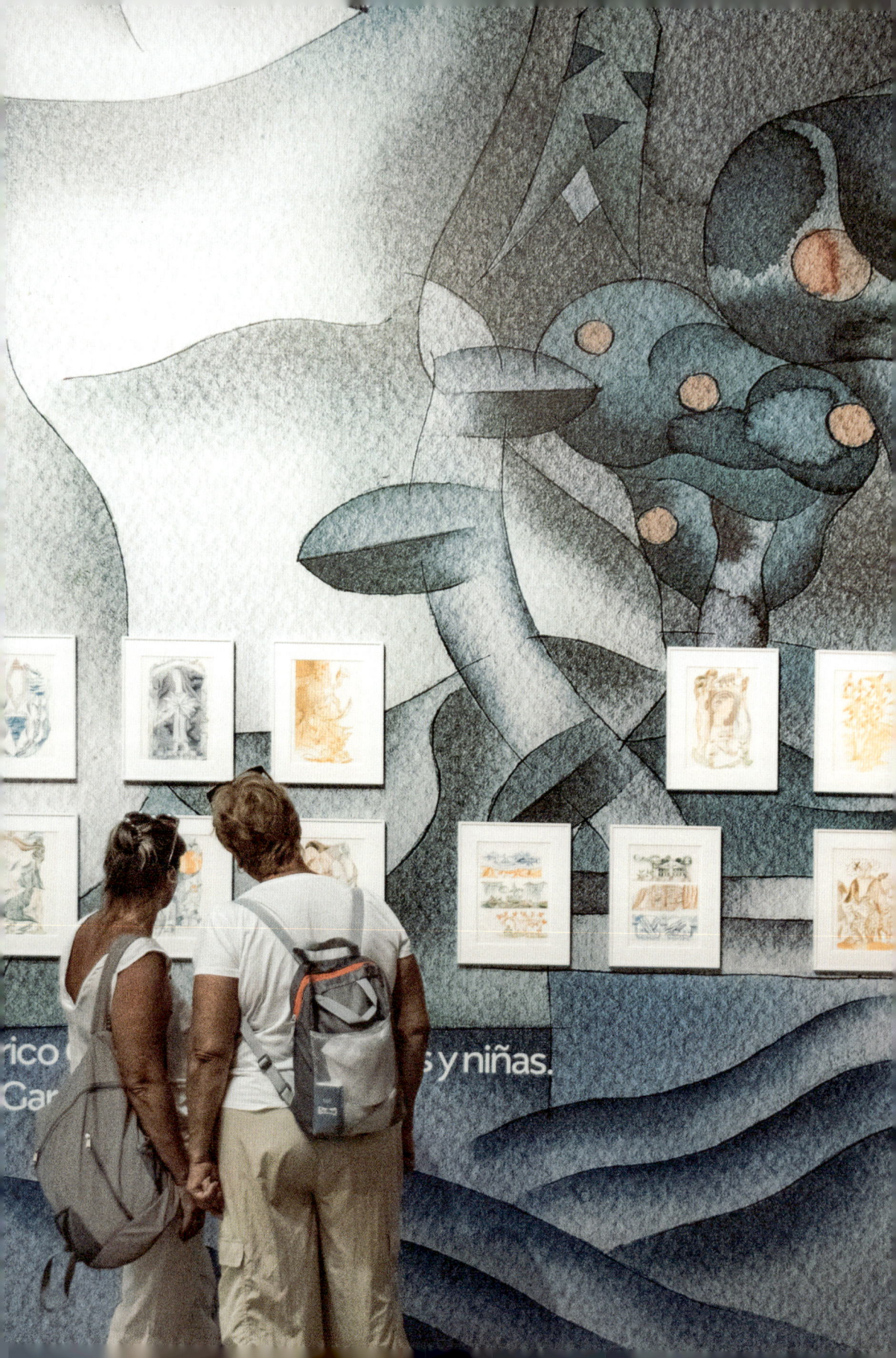